ヤマケイ文庫

# 北極圏一万二〇〇〇キロ

Uemura Naomi

植村直己

Y L
Yamakei Library

# 序——探検家について

西堀栄三郎

以前から私は、真の探検家がさまざまな探検の過程で築き上げたその人間性が探検家以外の人たちに与えるインフルエンス（影響）というものに、非常に大事な価値を認めていた。今回の植村直己君の北極圏一万数千キロに及ぶ犬橇《いぬぞり》旅の成功についても、その結果に探検史上の意味づけをするよりも、むしろ植村君自身のいわば探検家としての修業、あるいは素養が今までよりもさらに深められたという点を喜び、高く評価したいと思っている。

元来、真の探検家は危険を冒さないものである。探検という字は木偏の検が正しく、阜偏《こざと》の険を宛てるのは間違っている。まして探検は冒険などでは決してない。探検家に素養が必要だというのも、その素養によって危険を避けるためにほかならない。

探検家は危険を避けるために出来得る限りの準備をロジックの上に構成する。身のこなしから始まり、心の持ち方、判断力、直観力等々の人間的能力――テクニックの体得を行ない、次にハードウェアとしての物資を準備する。

しかし、一〇〇パーセントの完全な準備というものはあり得ない。なぜなら、準備というものはその性質上、わかっていること――思いもよっていることに対してのみ用意されるものだからである。実行に移れば、必ず思いもよらぬ出来事が大なり小なり起こるものである。そのとき、その事態にいかに対処するかということが、さらに探検家を試練し成長させる一つの要素となるのである。

幸いにして、植村君には今日まで営々と築き上げられてきた探検家としての素養がある。世界の大陸の最高峰すべてに登りたいという夢を持っている彼は、すでに五大陸の最高峰に登頂している。彼はその都度、準備し、試練されて、自身の夢を立派な現実の計画の中に織りこんできた。将来彼は南極大陸の最高峰ビンソン・マシフ（五一四〇メートル）に登りたいと考えているであろう。彼の心の中では、今回の北極圏における成功も、その南極への夢を実現するための準備として位置づけられているのだと思う。私は、彼は必ず南極をやるだろうと信じている。しかし同時に、自身で判断して準備不全と見れば、彼は南極の夢の実現を延ばすだろう。探検家とはそういうものだ。

今回の北極圏においてもそうであったが、植村君の心の中には、できれば探検を一人でやりたいという気持ちがあるのだと思う。しかし、アライン・ゲーン（単独行）という探検家にとっての厳しい自己錬磨を自身に課そうとする彼は、同時に、自分一人ではできないものがあることもよく知っている。今回の旅でもエスキモーやその他多くの人々の協力、援助を得ている。しかも大事なことは、一人で行きたいと考えている彼とパーティを組んだ人たちが、決して彼のことを悪く言わないことである。また、協力をした人たちも、彼のにくめない性格をよく感じている。これらは探検家としての彼の人間性をよく物語っているエピソードだと私は思う。

ところで、一般の人たちにとって探検とは何なのだろうか。思うに探検というものは必ずしも登山などの地理的探検のみにあるのではない。人間が持つ夢、希望、アンビションという類いのものは、さまざまな形をとって現われるものである。人生何事をか成さんとするならば、そこに何らかの目的――夢を持っていてこそ生き甲斐も生まれ、仕事もできるのである。植村君の今日までの足跡は、老人のそれのように時間的には長いものではないが、極めて充実した内容を持っている。この植村君の足跡——外面的に現われたものだけでなく、彼の心の奥底に刻まれた探検家としての足跡は、さまざまな仕事に従事している人たちにいろいろな教訓を与えることと思う。読者諸賢においては、未知なるものに挑む一人の探検家の行為の裡《うち》に、その人間性を読みとっていただきたいと私は願っている。

（一九七六年七月三十日　第一次南極越冬隊隊長）

北極圏一万二〇〇〇キロ　目次

序　探検家について　西堀栄三郎

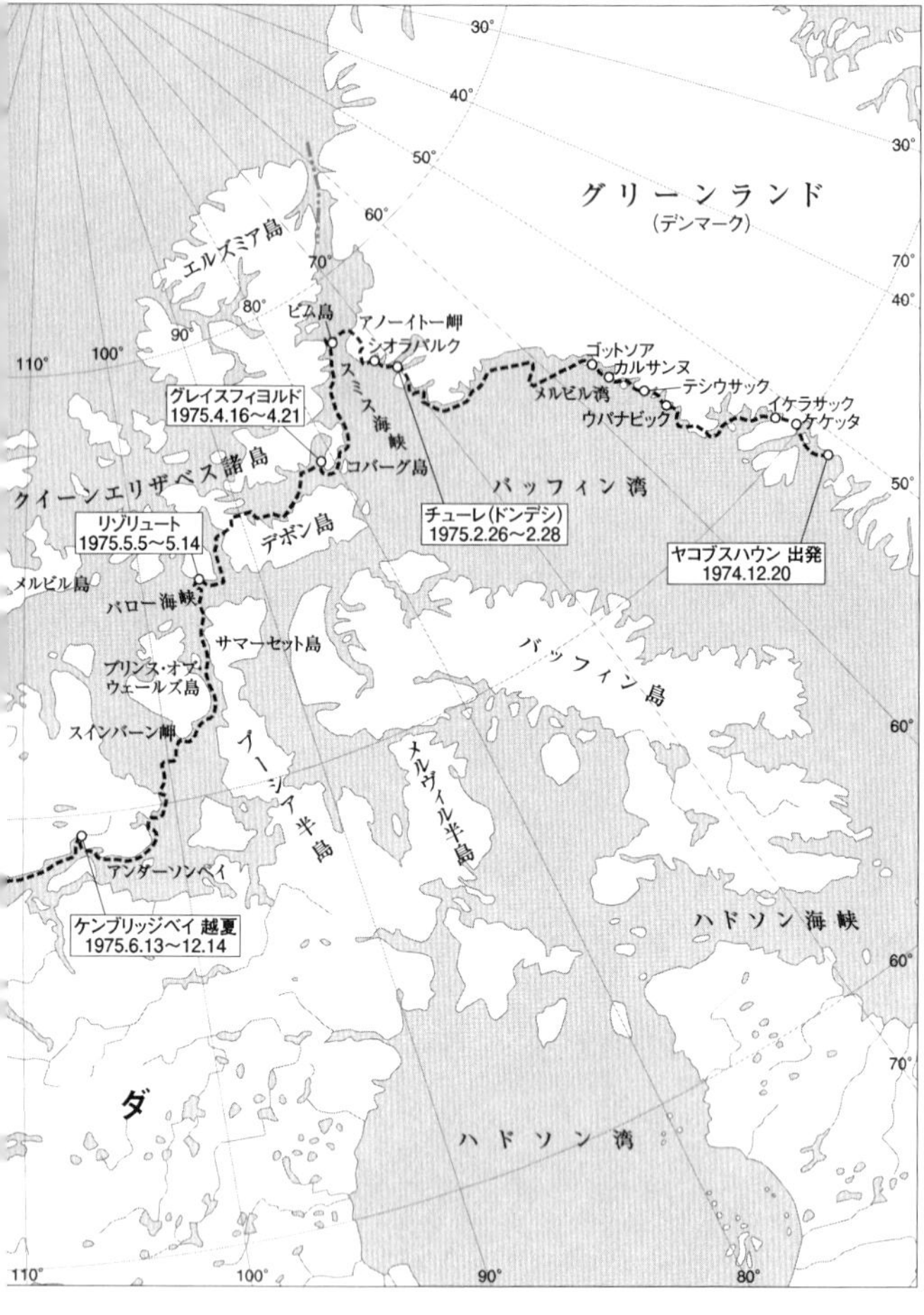

グリーンランド
(デンマーク)
エルズミア島
ビム島
アノーイトー岬
シオラパルク
ゴットソア
カルサンヌ
テシウサック
メルビル湾
ウパナビック
イケラサック
ケケッタ
スミス海峡
グレイスフィヨルド
1975.4.16～4.21
コバーグ島
クイーンエリザベス諸島
バッフィン湾
チューレ(ドンデシ)
1975.2.26～2.28
ヤコブスハウン 出発
1974.12.20
リゾリュート
1975.5.5～5.14
デボン島
メルビル島
バロー海峡
サマーセット島
プリンス・オブ・ウェールズ島
バッフィン島
スインバーン岬
ブーシア半島
メルヴィル半島
アンダーソンベイ
ケンブリッジベイ 越夏
1975.6.13～12.14
ハドソン海峡
ダ
ハドソン湾
30°
40°
50°
60°
70°
80°
90°
100°
110°

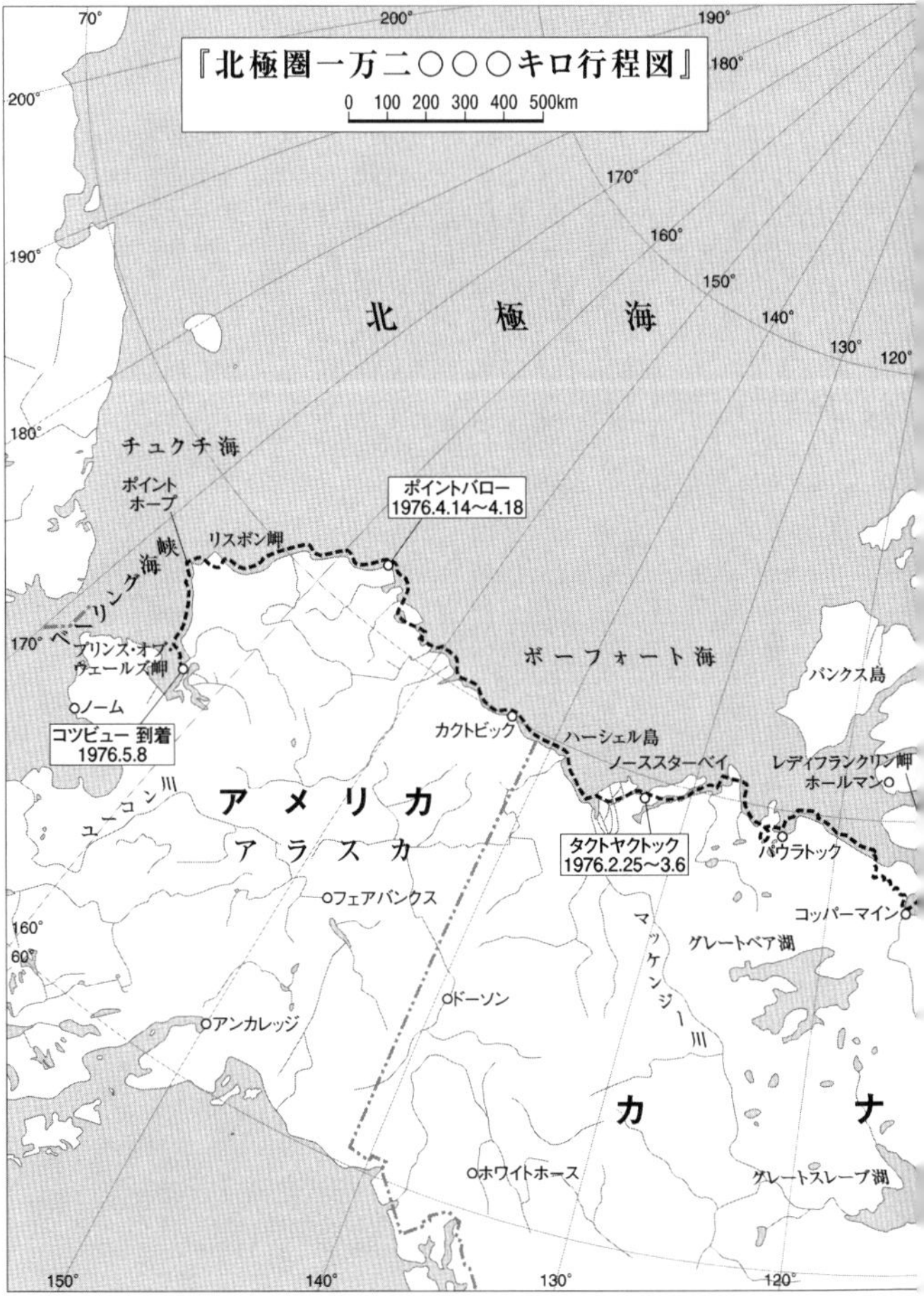
『北極圏一万二〇〇〇キロ行程図』
0 100 200 300 400 500km
北極海
チュクチ海
ベーリング海峡
ポイントホープ
リスボン岬
ポイントバロー
1976.4.14〜4.18
プリンス・オブ・ウェールズ岬
ノーム
コツビュー 到着
1976.5.8
ボーフォート海
カクトビック
ハーシェル島
ノーススターベイ
バンクス島
レディフランクリン岬
ホールマン
タクトヤクトック
1976.2.25〜3.6
パウラトック
コッパーマイン
ユーコン川
アメリカ
アラスカ
フェアバンクス
マッケンジー川
グレートベア湖
ドーソン
アンカレッジ
カナ
ホワイトホース
グレートスレーブ湖

# 第一章　氷の王国グリーンランドに挑む

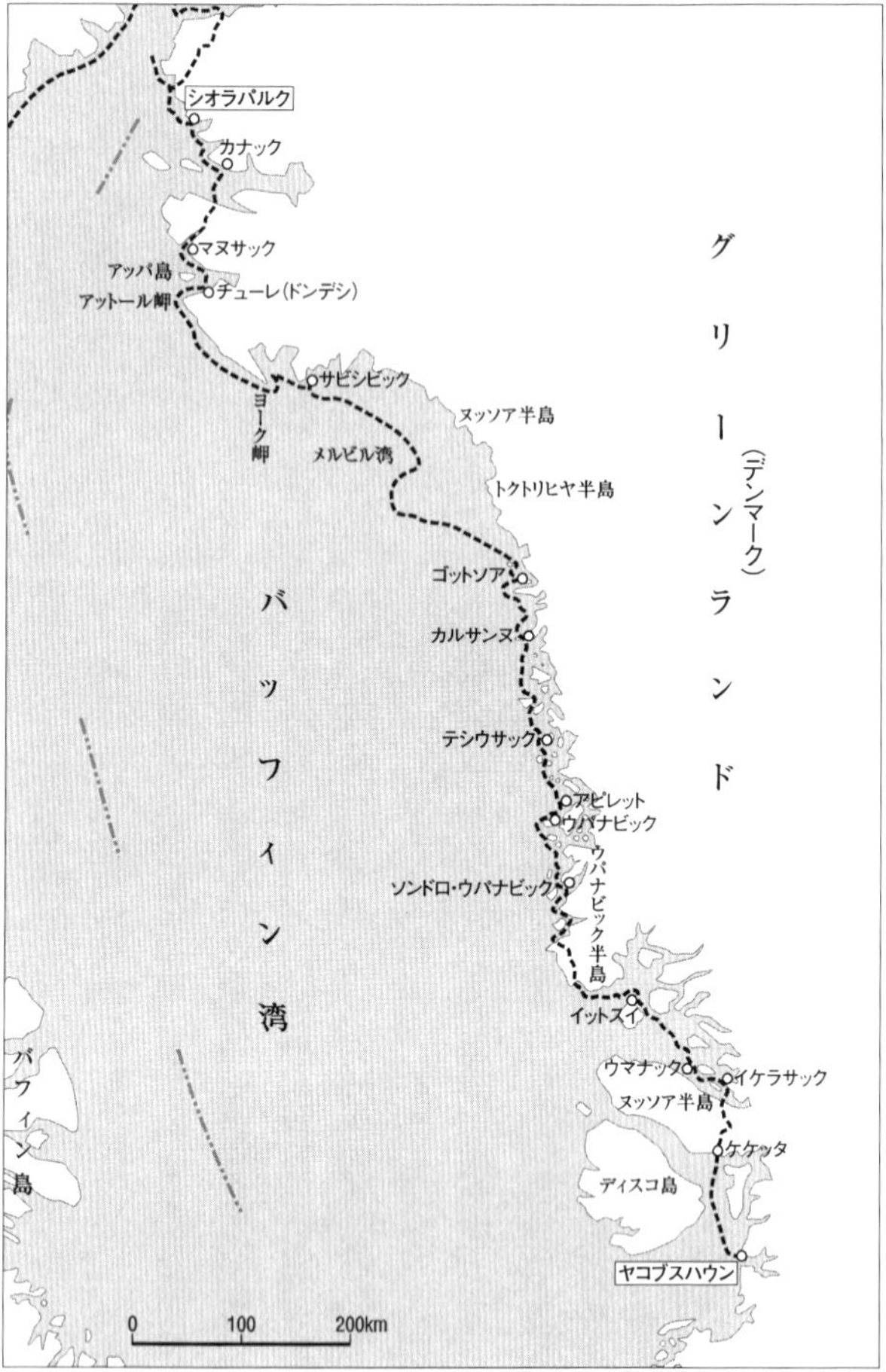
シオラパルク
カナック
マヌサック
アッパ島
チューレ(ドンデシ)
アットール岬
サビシビック
ヨーク岬
ヌッソア半島
メルビル湾
トクトリヒヤ半島
グリーンランド
(デンマーク)
ゴットソア
カルサンヌ
バッフィン湾
テシウサック
アピレット
ウパナビック
ソンドロ・ウパナビック
ウパナビック半島
イットズイ
ウマナック
イケラサック
ヌッソア半島
ケケッタ
ディスコ島
ヤコブスハウン
バフィン島
0
100
200km

## 出発、そして最初の苦闘

**一九七四年十二月二十日**

長さ一〇メートルほどの小さな焼玉船に、十二頭のエスキモー犬、まだ完全にできあがっていない橇《そり》、その他の装備を積んだ。午後十時過ぎ、ヤコブスハウンを出発。ここから九〇キロ北のヌッソア半島のつけ根にあるケケッタ部落に向かうのだ。

気温マイナス二十七度（摂氏）というのに、海はまだ氷結していない。海岸だけはさすがに氷が張りつめているが、少し沖に出ると、白波がたっている。私は羽毛服を着込み、木箱をたてたような小さな操舵室に立った。隣にはハンドルを握るエスキモーがいる。

船首のほうで、紙を破るような音がする。海の表面にハスの葉のような薄い氷が生まれ、それが張りつき、船はそれを破って進んでいるのだ。ときおり船は波をまともにかぶる。船脇につないである十二頭の犬たちは、波をかぶるたびに体を振って水を落とそうとするが、水はたちまち凍《い》てついて毛を固めてしまう。

キラキラと星のように輝いていたヤコブスハウンの町の灯がやがて見えなくなった。目をあげれば、夜空を二分するようにオーロラが天頂を横切っている。焼玉エンジンの音、船体にぶつかる波の音、薄氷のパリパリと砕ける音。

私の犬橇旅行が今はじまろうとしている。北極圏一万キロを越える、氷と寒気の世界が私の前途にある。きっとやり遂げるのだ、と固く決意し、心を奮い立たせるのだが、不安が胸の中にしこりのようにあって消えないのをどうすることもできない。暗い海が、正体不明の不安をかきたてるようだ。私はけっしてすくんでいるわけではないのだが。


東京を発ったのが十一月二十二日、コペンハーゲンに十五日間滞在した。ここでデンマーク政府グリーンランド省からグリーンランド犬橇旅行の許可が下りるのを待った。また、グリーンランド北部チューレ地域にあるアメリカ空軍基地の通行許可の手続きをすませた。

十二月九日、SASの定期便でグリーンランド中部西海岸にあるソンドロストロムフィヨルドに入った。そこからヘリコプターで、今回の犬橇旅行の出発予定地であるヤコブスハウンに入ったのが十一日。

ヤコブスハウンは人口三〇〇〇人。エスキモー、デンマーク人、それに混血の人たちも多い、大きな町だ。こういう文明化した大きな町では、エスキモーの家にころがり込むわけにいかず、私はやむなくホテルに滞在した。そして大急ぎで出発の準備を完了させなければならなかった。

いちばん重要なことは、私の橇をひいてくれるハスキー犬（エスキモー犬）を買い、ドッグ・チームを編成することだった。犬は私にとっての命綱だ。選択は慎重のうえにも慎重を期した。

幸いなことに、私が犬を求めていることを伝え聞いたエスキモーの人たちが、ひっきりなしに犬を売りたいといって訪ねてきた。昨年は一年中この付近一帯の海は凍らず、犬に橇をひかせることができなかったらしい。そこで犬が余り、売り手が殺到したのだ。

犬を得るときの最初の条件は、エスキモーの一家族から兄弟犬をまとめて買うことである。ボスがすでに決まっているから犬同士のケンカを防げる。また、バラバラになって逃げることがない。そういう利点がある。

さらに選定の基準をあげるとすれば、①橇をひいた経験がある、②オスを多くし、メスはチームのうち一、二頭にとどめる、③二歳以上のもの、ただし老犬はダメ、などである。②のオス、メスの関係をつけ加えると、メスには発情期があり、一頭ずつその時期にずれがあるからそのたびにオスが大乱闘をやらかして収拾がつかなくなるのだ。そしてオスのほうがやや体が大きく、体力もある。

このような基準にかなった犬のうちから、さらに強くて元気そうなヤツを選ぶ。足がふといこと、胸が大きいこと、毛の艶がいいことなどで強い犬が見分けられる。

犬の選択方法について、私は一九七二年のグリーンランド旅行で学んだ。グリーンランド最北部にあるエスキモー部落シオラパルクに十カ月間滞在し、エスキモーの人たちから犬のあつかい方、犬橇の走らせ方などを得心のいくまで教わった。そして私はシオラパルクからウパナビックまで往復三〇〇〇キロの犬橇一人旅をこなすぐらいの技術を習得した。二年前のその旅は、今回の北極圏犬橇旅行のためにどうしても必要なワン・ステップだった。

結局、二家族から六頭ずつ、十二頭の犬を入手した。一頭約八〇〇〇円だった。十二頭のうち一頭だけメスが入っている。このドッグ・チームが、私の旅の頼みの綱なのだ。

ヤコブスハウンでは、犬の調達のほか、橇を製作した。エスキモーの老人が三日がかりで作ってくれた。グリーンランドのエスキモーがふつう使っている橇とほぼ同型のものだが、後部に立てた長柄の形だけが私の注文で少し変えられている。五万円少々かかった。

元気そうな犬を入手し、橇も部分的に手直しは必要だが、いちおうはできあがった。私の心は大いに勇んだが、かんじんの氷が海に張らない。いつ始まるとも知れぬ氷結を待っている時間的ゆとりはまったくない。

グリーンランド西側の沿岸部を北上し、最北端チューレ地域に二月末か三月初めに到達するのが私の予定だ。日本を出発するのが最初たてた計画よりも一カ月以上遅れたためもあって、私には先へ先へと進まなければならないというあせりのようなものがあった。犬の訓練と私自身の寒さへの順化にゆっくり時間をかけるのが理想的なのだが、今や泣きごとはいっていられない。ともかく前進しなければならない。そこで焼玉船をチャーターし、氷と雪があると思われる地点、ケケッタ部落まで運んでもらうことにしたのだ。

暗闇と冷たい潮風の中を、船は八時間走りつづけ、ヌッソア半島のつけ根にある入江に到着した。ケケッタ部落は湾の中の小さな島の上にある集落だった。船着き場があるわけではない。船は一〇センチほどの氷の上に船首を乗りあげるようにして停止した。

部落のある島は二時間もあれば一周できるほどの広さである。島の端の、岩石の点在する丘の上やそこから一段低くなった海岸に、小さな家が十軒ばかりあった。私はＫＧＨ（デンマーク政府直営販売所）の店主であるカーリというエスキモーの家に泊めてもらうことになった。カーリは私と同年輩で、奥さんと二人で部落の人たちが持ち寄るアザラシの毛皮などを買いとり、紅茶、砂糖、石油などの生活必需品を売っている。私はここに数日間滞在し、装備の総仕上げを行ない、情報を集めて犬橇旅行の第一歩を踏み出すルートを決定しなくてはならない。

## 十二月二十六日

二十四日から今日まで、人口六十人のケケッタは、部落あげてクリスマスを祝った。村の人びとはアザラシ獲りの網張りやオヒョウ釣りをやめ、正装して一日に三回も教会に足を運ぶのだ。男たちは血のついた毛皮を脱ぎ、白いアノラックを着た。女たちは白、赤、黒三種の糸で刺繍したアザラシのパンツを着け、アザラシの白い長靴を履いた。そしてビーズの玉の肩かけで身を飾っている。二年前に滞在したチューレ地方のエスキモーは、北極ギツネのパンツに股まであるアザラシの白いカミック（長靴）が正装であった。ここのほうが色彩的に華やかなのは、デンマーク本国の文化に早くから接しているためだろうか。

私にはクリスマスはなかった。最終準備で忙しいのだが、欲しいものがなかなか手に入らないのが憂鬱のタネである。だいいち犬の餌になるアザラシやタラがここにはないのだ。仕方なしにここ数日は、カーリのKGHからアンマサという乾燥魚を買って犬に食べさせているが、干しキスのような魚で質量ともに頼りないうえに、一回分が六〇〇〇円以上もかかる。

出発のときに橇に積む犬の食料だけは何としても確保しなければならない。私は一人湾の中ほどまで犬橇を出し、氷に穴をあけてオヒョウを釣った。体長七〇センチから一メートルのオヒョウを何十尾かと、さらに幸運にもサメを一尾釣りあげることができたので、当座の犬の食料は心配がなくなった。

今日はクリスマスの最後の日で、カーリに誘われて部落の真ん中にある教会へ行ってきた。神父もエスキモーで、村人たちはその人の指揮で一心に讃美歌を歌っていた。奇妙なことに、日ごろは無信心の私が、キリストの像を見ているうちにいつのまにか心から祈っていた。

私の旅がこれからはじまる。グリーンランドを北上し、カナダ領北極圏を横断し、アラスカに入ってベーリング海峡にいたる長い長い旅。はたして無事に犬橇で走り抜けることができるだろうか。冷静に前途を思いみれば、一万二〇〇〇キロの長旅を無事に切り抜けられるかどうか、はなはだ心もとないのだ。正直にいえば、グリーンランドに入ってから二週間弱、マイナス三十度の気温は、私には耐えがたいほど寒く感じられる。オヒョウ釣りをしていて、アザラシの手袋をはめていたにもかかわらず私の手は寒さのために感覚を失った。まだ自分の体が寒さに十分に慣れていないのだ。凍死の不安が心につきまとって離れない。

ローソクの明りでぼうっと照らし出されたキリスト像に向かって、自分の安全を見守ってくれるよう懸命に祈った。キリストであれホトケ様であれ、神に変わりはないだろう、何者でもいい、私の旅を無事に導いてくれるものに対して、私はすがりつきたいような気持ちだった。

## 十二月二十八日

明日出発することにした。ケケッタから北へ一〇〇キロ、ヌッソア半島を越え、半島の北側にあるウマナックフィヨルドへ出るコースだ。谷をつめ、湖をわたり、標高七〇〇メートルほどの地点を越えていく。

カーリをはじめ、ここのエスキモーの人たちは、今は雪が少なくて山越えはとても無理だといってしきりにとめる。しかし海岸部はいつ氷結するかわからないし、山に十分の雪がつくのは二月に入ってからというのだから、とてもそれを待っているわけにはいかない。村の人たちの忠告どおり、太陽が出るようになり、谷に雪がつくまで出発を延ばすべきか迷いに迷ったが、とにかく、行けるところまで行ってみて、自分の目で山と雪の状態を見てやろうと決心した。

どうにか準備は完了した。未完成だった橇も、細部に手を入れてもう心配はない。犬の胴バンド、皮製のムチの不足分も都合できた。ここまでくれば、もう出発しかない。

私の橇は全長三・二メートル、幅〇・九メートル、グリーンランド・エスキモーの使う標準型である。二本のランナー（エスキモー語でペッタ）は、木の厚さ約二・五センチ、底に鉄板を貼り、釘でとめてある。ランナーの上に厚さ約一・五センチの木板を数枚わたして床になっている。ランナーの上部に穴をあけ、紐《ひも》をとおして木板を順々にとめてある。このため、地面にギャップがあっても橇は自由にねじれて破損することがないわけだ。使用する紐は地方によっていろいろだが、私の橇のは釣りに使う極太のナイロン糸である。

ランナーの最後部にエスキモー語でナパラヤという長柄がついている。エスキモーの橇はこの長柄が後方に反っているものが多いが、私は自分の好みでこれを真っ直ぐに立ててもらった。左右二枚の長柄は、上部で一本の棒で結んである。

この犬橇はムダがなく単純な形で、しかも合理的で頑丈だ。ギャップの多い氷上や雪上を走るため、また重量をできるかぎり小さくするために、釘その他の金属は最小限しか使っていない。

この橇の上に、約三〇〇キログラムの荷物を積んだ。テント（四重張り）、シート、シュラフ、ピッケル、ザイル（五〇メートル）、ラジウス（一個）、鍋（一個）、灯油（二〇リットル、ラジウス用）、ムチ、犬の胴バンド予備、カメラ、8ミリカメラ、替え衣類、修理具、釣具、トウ（ノミのついた棒、氷に穴をあけるもの）、狩猟用の網（アザラシ獲り用）、銛《もり》（エスキモーの使用するハープーンというもの）、薬品、それに食糧。

食糧は、自分用の紅茶、コーヒー、砂糖、ビスケット。私と犬兼用のオヒョウおよびサメあわせて五〇キログラムほど。

犬の食糧としては、脂肪分の多いアザラシ、セイウチ、クジラなどがもっともよい。カリブー（トナカイの一種）は脂肪分が少ないのであまりかんばしくなく、オヒョウもまたよくない。今回はアザラシを調達することができず、私が三日前に釣ったオヒョウとサメしかない。しかし、私の針にサメがかかったのは幸運だった。およそ四メートルほどの巨大なサメで、氷に開けた穴から全身をひきずり出すことができず、穴からとび出た上半身の肉をナイフで削りとってきたものだ。これで四、五日分の食糧は大丈夫だ。

犬の食事は原則として一日一回、一頭につき二・五キログラムほどのオヒョウを食べさせればよい。もっと多く食べさせるにこしたことはないが、橇に積める重量には限度がある。重い橇をひかせるのはそれだけ犬の消耗が大きくなる。

明日はいよいよ旅の第一歩だ。今夜は何も考えないでぐっすり眠りたいものだと思う。前途を思えばさまざまな不安が群がり起こるが、今それとつきあっていても仕方がない。

冬期のグリーンランドは、一日中太陽が出ない。太陽がわずかながら顔を出すのは、二月に入ってからだ。北半球では太陽が一年に一度ずつ、二十四時間天空をまわり、二十四時間水平線下にあるところを北極圏《アークティック・サークル》といい、緯度が高くなればなるほど、水平線下に太陽の沈む日と沈まない日が多くなる。ヤコブスハウンあたりでは十二月中旬から一月上旬にかけて、北極点に近いグリーンランド最北端のシオラパルクで十月末から二月中ごろまで、太陽の出ない暗黒の世界になる。ただ正午から一、二時にかけてはわずかに薄明るくなることがある。

明日の朝、部落を出発してからは暗闇の中を走るのだ。山に、橇が走れるだけの雪がついていてくれることを痛切に願う。

## 十二月二十九日

一万二〇〇〇キロの犬橇旅行の出発の日。午前九時で気温マイナス三十度、晴れ、満天の星だ。カーリの奥さんがつくってくれた熱いアザラシのスープで腹ごしらえした。

セーターとウインドヤッケを着、さらにエベレスト登頂のときに使った羽毛服を重ねた。下は毛の下ばきの上に白熊のズボン、白熊の毛皮でつくったカミック（靴）を履いた。頭には羊の毛の帽子。

十二頭の犬を一頭ずつ扇状につなぎ、それを橇の前に結びつけた。犬を扇状にして走らせるのは、グリーンランド・エスキモーのやり方で、私はこれを二年前チューレ地域のシオラパルク部落で学んだ。カナダ・エスキモーには、二頭ずつ一列につなぐ別の隊列の組み方があるらしい。

ムチをもらったり、銛をもらったりした人たちの家に出向いて、お礼と別れの挨拶をした。なかにはまだ眠っていたのに、寝呆《ねぼ》け顔でわざわざ起き出してくる人もあり、私は恐縮した。

午前十時すぎ、カーリ夫妻と四、五人の老人に見送られて出発。私は精一杯の大声で、「ヤー、ヤー」（行け、行け）と叫び、犬たちをうながした。

「イヌット、ワンナ」（体に気をつけて）

エスキモーたちが口々に叫び、手を振ってくれた。橇が一〇〇メートルも進むと、彼らの姿はもう闇の中に消えていた。島の端で、海氷の下にアザラシ獲りの網を張っている老人に出会ったのを最後に、村の明りも見えなくなり、十二頭の犬と私一人だけの世界になった。

湾内の海氷の上を、犬橇はジグザグに進んだ。犬たちが真っ直ぐに走ろうとしないのだ。「アッチョ」（右へ）、「ハク」（左へ）という号令をまだ覚えようとしない。アッチョ、ハクはチューレ地方の言葉で、ここ中部グリーンランドでは、イリイリ（右）、ユーユー（左）という言葉を使う。私はチューレで犬橇を覚えたのだから、万事チューレ式でやりたい。犬が早くアッチョ、ハクを覚えてくれなくては困る。といっても、この犬たちは手に入れてまだ半月足らず、覚えるのは無理であろうし、だいいち私になついていないのだ。犬たちはただひたすらムチを恐れ、ムチを避けようとして右へ左へと逃げる。どう走っていいかわからないというようすで走るのだ。

それでも、平坦な海氷の上をゴトゴトと音たてて走る橇に乗っているのは、何ともいえない気分だ。着替え、カメラなどの入ったトランクを橇の後部に置き、その上にカリブーの敷皮を敷いて私が腰かけている。右側に足を下ろして、右半身《はんみ》の構えだ。スプリングの役目をするものが何もないから振動は頭までひびくが、エンジンのないこの乗り物は奇妙にも乗り心地がいい。

山の端《は》から月が昇った。満月だ。長旅の出発にふさわしい、と私は思った。皓々《こうこう》たる月明りが視界をきかせ、半島の山から湾に落ち込んでいる谷を簡単に見つけることができた。湾の奥に切り込んだ谷がのぞいている。岩のゴロゴロした涸《か》れ谷だった。近づいてみると、幅二〇〇メートルの涸れた河原には、橇を通せるほどの雪はなかった。大岩のかげに、わずかに雪が吹きだまっているだけだ。

引き返すしかないのか。血眼になって雪つきの場所を探した。河原の右端に、わずかな雪の吹きだまりがつらなっているところがあった。犬にムチをくれ、その雪つきに橇を押しあげた。

苦しい登攀がはじまった。私は橇を降り、ところどころに露出する岩を縫うように犬を誘導する。石ころの上に橇が乗りあげると、ピタリと動かなくなる。いくら大声で叱咤しても、犬の力だけではどうにもならない。私は橇の後部の長柄に肩をあてて、押した。犬を怒鳴りつけながら押さないと両方の力が合わないのだから、やっかいだ。たちまち汗が噴き出し、その汗が顔面に凍てついた。

四十五度もあろうかという急斜面に行きあたった。雪のほとんどついていないガラ場だが、広い河原は大岩がころがっているばかりだから、ここを巻き込むようにして登る以外にない。橇の荷をほどき、一個一個自分の肩で運びあげた。空身の橇でも、この傾斜では犬に負担がかかりすぎた。動かない。

私は叫びながらムチを振る。ムチは寒さで凍てつき、棒のようになってうまくあたらない。アザラシの毛皮の手袋はバリバリに凍った。履きなれていないせいか、白熊の長靴は歩いているうちに脱げてしまう。息と汗はたちまちに凍り、汗はセーターと羽毛服の下でもバリバリ氷結する。すさまじい寒さだ。

ムチのかわりに銛の棒を持った。棒を振り回し、動かない犬の尻をめがけて叩きつける。犬は悲鳴をあげ、逃げようとするが逃げられない。私はなおも叩いた。橇はジワジワと上がり、ガラ場の上に出た。犬も、私もそこで力尽きた。

ケケッタ部落を出て八時間、午後六時過ぎ、湾からわずかに上がった地点でテントを張った。満月が明るい、静かな夜だ。テントは底面が二メートル×一・八メートル、高さ一・五メートルの四角錐。防寒のため四重になっていて、四重の空気の層が保温の働きをする。石油コンロをたき、テントの天井に凍った手袋、靴、帽子、羽毛服などを吊して乾かすと、身動きがとれないくらいの狭さだ。

雪を溶かしてお茶を飲む。凍ったオヒョウの身を刻んで口にするが、腹が空いているのに食えない。しなければならぬことがたくさんあった。ほころびた靴の底を縫った。乾いた毛皮の靴は縮んでしまったので、手でもんで柔らかくした。それからランプの下で、二十五万分の一地図をひろげ、これからどうするかを思案した。

先に進むか否か。カーリをはじめとするケケッタ部落のエスキモーたちが、私の出発をあまり心配していなかった理由が今わかった。どうせ先へ進めないのだから、私がそれを自分の目で確認すればすぐに戻ってくるものと思っていたのだ。

部落に引き返すのがほんとうだ。そこで新たに犬を補強するか、手助けのエスキモーをやとうか、あるいは思いきってエスキモーの忠告どおり、太陽が還ってきて雪のつく二月まで出発を延ばすか。そのうちの一つを選ぶしか方法はないと思う。それがまっとうな考えというものだ。

しかし私は引き返したくない。少しでも前に進んでおきたい。といっても、進むのが無謀なことは今日一日の行動で立証ずみだ。ここで引き返したとしても、この旅が失敗したことにはならない。動ける条件が整うまで待つことだ。今日のような行動で先へ進もうとするのは、気違いのすることだ。気違いめいた行動と冒険とは違う。もう迷うな。就寝、午前二時。

## 十二月三十日

朝九時半起床。九時に起きるつもりだったのだが、体が思うように動かなかった。ようやく起きあがって石油ランプをつけ、氷を溶かし、砂糖をいっぱい入れた紅茶を飲み、一枚のビスケットをかじった。石油コンロの熱で温めた毛皮類を身につけると、体がしゃんとして、心も落ち着いた。

昨夜から一転して、もう引き返す気持ちにはなれなかった。この旅をやろうとする限り、いずれはこの山越えをやらなければならない。行けるところまで行ってみよう。谷をつめてみよう。そうしたからといって死ぬわけではないのだ。

十時半、そう決心してテントの外に出た。テントの横につないである犬は寝たきり動かない。昨日あまりに棒で叩いたので、死んでしまったのかと一瞬ギクリとした。うずくまる犬に足でふれてみると、犬はいやな顔をして頭をもたげた。

気温マイナス三十一度。コロサック谷から吹きおろす風は猛烈に冷たく、顔にあたると痛いので正面を向けないほどだ。手袋をはずし、痛む頬を素手の掌でおおい、マッサージをした。この先どんな登りがあり、どんな雪の状態になるかわからない。ただ地図の等高線を頼りに進むしかない。

身動きもしない犬たちの胴バンドから曳綱《ひきづな》を橇の先に結んだ。

「ヤー、ヤー」(行け、行け)

出発の合図をしても犬はまったく知らぬ顔で頭をあげない。またもや棒を振り回すと、犬はやっとノソノソと歩きはじめた。

高さ九〇〇メートルほどの岩山に挟まれたコロサック谷は、ありがたいことに露岩がなく、川が凍りついて青氷が吹きさらされていた。犬は青氷の上を滑ってはころびながら、よろよろと進んだ。時折、雪の吹きだまりにはまり込むと橇が雪にもぐってまた進めなくなる。私はムチと棒でいやがる犬を叩き、青氷の上に橇を戻す。この繰り返しで、犬はどうにか橇をひきずり上げてくれた。

青氷の終点はゴルジュ(咽喉《のど》)状に凍った滝だった。犬をそこで休め、私は薄暗がりの中をルートの偵察に出かけた。ゴルジュの右側に、雪つきの急斜面が山の中腹に向かってのびていた。高度にして一五〇メートル。ここを行くしかない。一時間ほどして偵察から戻ると、犬は橇に積んでおいたオヒョウを食い荒していた。私の不注意からとはいえ、いまいましい奴らだ。

また地獄のような前進を開始した。犬は急峻な登りをいやがった。後ろで棒を大きく振ると、犬たちは叩かれまいとして死にもの狂いで橇をひいた。私も犬になった。棒を振り回しながら橇を押した。三〇メートルほど上がっては、ひと息つく。また棒をふるいつつ、前進。

夜に入ってようやくコロサック谷を抜け、イソルトック湖の端に出た。星空がオーロラに変わり、その明るさで視界がきいた。犬も私ももう限度だった。凍った湖の端にテントを張った。犬たちにはサメの肉をほんの少しずつ与えた。

**一九七五年一月二日**

三日目の三十一日、最後の峠にあたる七二〇メートルの鞍部に達した。あとは下りだが、少しも息は抜けない。暗闇の中で周囲の山岳地帯の地形がつかめないのだ。

どこをどう通って下りるか。いったん下りはじめたら、今度こそもうケケッタ部落に戻ることはできないのだ。しかしそれならばそれで、いっそやみくもに下りてしまったほうが、迷いがふっきれていいかもしれない、と思ったりした。

一月一日朝、テントの外へ出てみると、犬が一頭いなくなっていた。曳綱を切って逃げだしたのだ。ここで逃げても、おそらく野たれ死にしかないだろうに。だが、もし全部の犬が私を置き去りにして逃げてしまったら、野たれ死にするのはこの私だと思うと、ゾッとせずにはいられなかった。

峠を出ると、すぐに急斜面の下りになった。下りるというよりも、犬と橇もろとも深い谷の中を滑り落ちるのだ。橇の前を走る犬が、加速して落ちる橇のスピードに追いつかず、犬は橇の下敷になるまいとして必死に逃げまどいつつ走った。数頭の犬が橇の下に曳綱を引き込まれ、キャンキャンと悲鳴をあげる。また、かろうじて端に逃れた数頭は、スピードのついた橇にひっぱられ、橇の後ろからころげ落ちる。無残だと思う。しかし、まだ私に慣れていず、私のいうことを聞いてくれないこの犬たちは、橇から曳綱をほどいてやるわけにはいかないのだ。橇の後ろから犬を下ろしてやるわけにはいかない。何時《いっ》でもがっちりと胴バンドをつけ逃げられないようにしなければならない。とくに棒で叩き、苛酷なまでの無理を強いている今は、寸時の隙も犬に与えられない。もし犬たちに今逃げられたら、それは私の死だ。

もう犬がかわいそうだとは思っていなかった。下りだした以上、何がなんでもこのヌッソア半島の北側に抜け出さなくてはならない。引き返すことは不可能なのだ。一つの谷を抜け、休憩するたびに、犬はもうこれ以上動けないといわんばかりにうずくまってしまう。しかし、見通しのきかない前方の暗闇をうかがっている私は、別な不安と心配でいっぱいなのだ。

もしウマナックフィヨルドの海が氷結していなかったら、どうしたらいいのか。食糧はわずかにサメの凍肉が二〇キログラムしか残っていない。少しずつ食いのばしても、三日分とない。海が凍っていなければ、オヒョウ釣りもできないのだ。この四日間、一頭のカリブーにも出会わなかった。この半島には動物がいないのだろうか。残る方法は犬を殺して共食いをさせて生きのび、海が氷結するのを待つほかないだろう。

それにしても、痛いような寒さだ。そしてどうにもならない暗闇。星の光など何の頼りにもならない。

ふたたび北側の谷を下りはじめた。雪のついた広くゆるやかな谷を下りていたのに、どこでどう間違えたのか、いつの間にか犬たちは深く切り込んだ沢の中を駆けていた。橇が通れないほどの狭い沢で、橇は横転して止まった。とりかえしがつかない沢に入り込んでしまったのだ。行手にどんな滝があろうと、ここを下るしかなかった。そう決心すれば、ルートを間違えることもない狭い沢だから、犬にまかせて駆け下った。

目の前が急にひらけて、黒い岩肌が視界から消えた。北側の海岸に出たのだ。橇をとめて、まっすぐに海に向かって歩いた。海辺は仄白《ほのじろ》い海氷で光っていた。ありがたい、結氷している。どのぐらいの厚さか。恐る恐る氷の上を進んでみる。どうやら割れるような氷ではない。これなら氷に穴をあけ、オヒョウ釣りをすることが可能だ。やっと長い間の緊張が少しほぐれるような気がした。

心が落ち着くと、顔の凍傷に気づいた。顔がモチでも貼りつけたようにコチコチになって、感覚を失っている。あわてて手袋をぬぎ、素手で頬を温めると針で刺すような痛みがよみがえってきた。

午後七時近かったが、疲れ切って腹を減らしている犬に食べさせるために、オヒョウを釣ってやろうと思った。海氷に橇を入れ、私は徒歩でゆっくりと犬たちを導いた。薄氷に踏み込んで海に落ちることのないように、細心の注意が必要なのだ。犬たちは疲れ果て、人の歩くスピードで進むのがやっとだった。

一時間ほど歩いてフィヨルドの沖合に出た。オヒョウは深場にしかいないので、沖合で糸を下ろさなければ釣りにならないのだ。橇を止め、どの辺で釣ろうかとあたりを見回したとき、真っ暗闇の中にかすかな明りらしきものを見つけた。北の方、海氷の続く果てに、いくつかの明りがたしかに見える。方角からしてイケラサック島にあるイケラサック部落に違いなかった。

朝九時半に出発してから十一時間も行動していたが、私は釣りを中止し、明りの見えるエスキモー部落に向かってまた橇を走らせた。小さな乱氷帯があっても回り込むこともなく、無我夢中で走った。二時間かかって午後十時過ぎ、ランプの明りが窓からキラキラともれているイケラサック部落に到着した。灯のともった一軒の家の前に橇を止め、窓から中を覗き見すると、エスキモーたちが談笑していた。私は戸をノックして家の中に入った。

「ヤコブスハウンから一人犬橇でやってきたのだ」

というと、エスキモーたちは驚きの声をあげた。話もそこそこに、主婦らしい女の人が、熱いアザラシのスープと山盛りのオヒョウを私の前に出してくれた。私は黙ってガツガツとそれを平らげた。

五メートル四方の部屋が一間きりの、小さな古ぼけた平家だった。そこに老夫婦、息子夫婦、それに三人の子供が住んでいた。体の置き場所もないぐらいの狭い家だったが、しかし部屋の中は暖かく、体の硬直が快くほぐれていくのが感じられた。そして、この家――マッチルセン一家の人びとも温かかった。母親が子供にするように、私の凍てついた手袋や靴を脱がせてくれた。犬たちを橇からはずし、家の前につなぎ、アザラシの肉をたっぷり与えてくれた。

元旦というのに、私は新年のお祝いを何も持っていなかった。デンマークからグリーンランドに入るとき飛行機の中で買ったタバコが五箱ばかり残っていることに気がつき、それをマッチルセン一家への貧しい贈物とした（私自身はタバコは吸わない。世話になるエスキモーへおみやげにするために買ってきたものだ。エスキモーは九〇パーセント以上がタバコを吸う）。

七人家族の中に割り込むようなかっこうで横にならせてもらった。ともかくも、生きてヌッソア半島を越えた。天井からぶら下がったランプの光が、いいようもなく温かく感じられた。安堵感と深い疲労で私はすぐ眠りについた。

今日（二日）、海岸に点在する二十軒余りの家から次々とコーヒーに招待され、歩き回った。アザラシの凍肉、オヒョウの水炊き、雷鳥の丸煮と、この土地でとれるあらゆる種類の肉をご馳走になった。

彼らはじつに人なつこく、愛想がいい。それに日本のどこにでもある顔なのだ。寄り合いに集まってくる彼らの顔をまじまじ見ていると、自分が日本人であることが不思議なことのように思えてくるから奇妙だ。そういう私を彼らは何と思って見ているのだろう。覗き込むように私の顔――凍傷で黒ずみ、一段と見栄えのしなくなった顔に見入り、目が合うとニヤリと笑う。私を日本人と思っていないのかもしれない。

私の凍傷は皮膚の下に深く入り込んで黒ずむまでには至っていない。両頬とアゴが火傷のように見える。左手中指の第一関節から先に水疱ができているが、大事にはならないだろう。

それよりもヌッソア越えで消耗しきった犬が心配だ。買ったときは十二頭は多すぎるかと思うぐらい全員がまるまると太っていたのだが、一度の山越えですっかり痩せ細り、毛が艶を失ってしまった。もう一日、ここでの休養が必要のようだ。

# リーダー犬・アンナ

**一月四日**

午前十時半、出発。気温マイナス三十二度。一等星が輝き、南の空がわずかに明るい。西へ約四五キロ、ウマナックの町に向かう。

部落を出ると海岸より二〇〇メートルほど沖合を走った。青氷は日本の湖水にある自然のスケート場の氷の色によく似ている。青黒い氷の下に、白い泡のようなものが浮いていていて橇が通過するとそれが揺れるようだった。

十一頭の犬は思ったより快調に走った。橇のランナーに打ちつけてある鉄板がゴー、ゴーと快音をたてて気分がいい。顔面の四カ所の凍傷が、冷たい空気をまともに受けて刺すように痛いが、それでも橇がよく走ってくれたほうがいい。

犬たちは手きびしく扱ったのがたたって、あいかわらずなつかないが、それでも、

「アイ、アイ」（止れ、止れ）と叫ぶと、いっせいに足をとめてこちらを振り向くようにはなった。

今日は試験的に、ケンカにいちばん強い犬をリーダー犬として仕込むために、そのオス犬の曳綱だけ二メートルばかり長くして先頭を走らせてみた。他の犬を誘導するところまではいかなかったが、ずっと先頭を走りつづけたのでこれをリーダーにすることにした。

わりに調子よく走っていた犬たちは、二時間もすると疲れをみせはじめ、何頭かの曳綱がたるんできた。そして一頭の犬がよたつき、ムチを振っても走らなくなった。橇をとめると、すぐうずくまって動こうともしなかった。これはチームでただ一頭の六歳以上の老犬で、半島越えのときもほとんど橇をひかなかった犬だ。

私は胴バンドをはずし、この犬を捨てた。橇に乗せて介抱したとしても、これから先使える見込みはない。働かない犬を連れて歩く余裕はないのだ。未練はなかった。

夕刻、ビルのように巨大な氷山がそそり立っているフィヨルドに入ると、前方にウマナックの町の明りが見えだした。灯の数からしても一〇〇軒以上はある相当に大きな町だ。そこで橇をとめ、テントを張った。月はなく星だけの暗い夜だったが、東の空にうっすらとたなびいていたオーロラが次第に天頂にまでのびてきた。真上にかかったオーロラは、二重、三重のカーテンが風になびくような姿だ。七色の色彩の照明灯をあてたように、赤、紫、緑、白と、刻々と色が変化する。月光よりも明るくなった。この場所にしばらく腰をすえて、オヒョウ釣りに専心することにした。必要になれば、ウマナックの町へはいつでも行ける。

近くにある氷山の一角の氷に穴をあけ、橇からはずした犬の紐を穴に通して犬たちをそこにとめた。犬は橇からもテントからも十分に離れたところにつないでおく必要があるのだ。犬を橇の近くに置くと、食糧はもちろん、積んであるカリブーの敷皮、ムチ、手袋などの皮製品は、手当りしだい犬に食べられてしまう恐れがあるからだ。しかし犬はどんなに腹が減っても、絶対にといっていいほど人間に向かってくることはない。だから私自身が襲われたり食べられたりする心配はない。その意味ではハスキー犬は純粋な家畜なのだ。

オヒョウ釣りは、まず氷に直径七〇センチぐらいの穴をあける。最初ピッケルで表面の氷を砕く。炊事用の鍋でその氷をかきだす。次いで三メートルほどの木の棒の先にノミ状の刃をつけたトウで、さらに氷を砕きながら穴の形をととのえていく。穴あけに三十分かかった。マイナス三十二度というのに汗がにじみ出た。氷の厚さは四〇センチあった。これでもまだ一月の新氷だから仕事は楽なほうだ。

テントに戻り、石油コンロを焚いて氷から温水をつくる。冷凍のアンマサ（小魚）を水にいれてもどす。これがオヒョウ釣りの餌だ。釣り道具は、六〇〇メートルの細い麻糸だ。先端に小さな座ブトンぐらいのトタン板がついていて、さらにその根もとにソフトボール大の石のオモリがある。オモリの上から、二メートル間隔に四、五センチの釣り針が六十本ついている。最後の釣り針の上にもう一つこぶし大の石のオモリがある。

もどしたアンマサを半分に切って六十本の針につけた。先端のトタン板からゆっくりと海中に下ろしていき、六〇〇メートルの麻糸を流し込んだ。糸の末端を穴をあけた氷のブロックに結びつけ、とめた。穴掘りから糸を流し終わるまで三時間半かかった。

四時間後の午前零時、白熊のズボンとカミックを履いた完全装備でテントを出て、引き上げ作業にとりかかった。テントを出るとすさまじい寒気が体を包み、顔の凍傷がキリキリと痛む。

氷の穴は四時間のあいだに新たに一〇センチの氷が張っていた。トウで慎重にその氷をくだいた。たれた糸が新氷にくっついてしまっているから、トウで切り込まないように注意する。糸がくっついている氷ごと穴からひきだし、糸についた氷を叩き割った。

次は糸の引き上げだ。穴からたれた糸を持ってみると、ずっしりと重い。糸を肩にかけ、穴からゆっくりと離れていく。急に糸を引っぱると、直径一ミリの麻糸はちぎれてしまうから無理はできない。七、八〇メートル歩く。そこで糸を寝かせ、糸が海中に戻らないように糸の上を踏みながら穴のところに戻る。また糸を肩にかけ、先に上げた糸ともつれないように少し感覚をおいてゆっくりと七、八〇メートル歩く。

糸は肩に重くかかっているが、はたして釣れているかどうか、気が気でない。せめて今日一日分だけでも釣れてくれれば、と思った。イケラサックを出てからこの真夜中まで犬たちに餌をやっていない。犬たちは首をもたげて、私のノロノロとした動きをじっと見つめている。しかしあせってはいけない。万事ゆっくりと、手順どおりにやらなければならない。

上のオモリの石が氷の穴にひっかかってとまった。急いで穴に戻り、穴の上にまたがるようにして重い石を引きあげた。手袋をとって釣り針のついた部分を引きあげる。針が上がってくるたびに、もつれないように穴のまわりに並べる。手が濡れ、それがすぐ凍りつき、刺すように痛い。四本、五本と餌のアンマサがついたまま上がってくる。

十一本目、ようやく水面に黒いものが顔を出した。五〇センチばかりのオヒョウだった。オヒョウはぐったりと動かないまま水面に出、外気にあたるとたちまち表面が凍りついた。次にきたのは野球のボールぐらいの大きさの、ピンク色をしたイソギンチャクだった。それからまたオヒョウ。エイも一尾釣れた。全部で七尾釣れた。いちばん大きいのは八〇センチ、七キロはあろうか。

犬たちは目を光らせて、こっちを見ている。私はまず一尾のオヒョウの背中をナイフで切りとり、それを細かく切り裂いてふたたび六十本の針につけ、糸を海中に流し込んだ。それから鉈を持ち出してきて七尾の魚をくだき、犬に食べさせた。犬はあっという間に跡形もなく平らげた。私も一片のオヒョウの肉を頬ばった。

午前二時半、氷上においたカンテラを手にテントの中へ戻ろうとして目をあげると、ウマナックの町の近くに、ランプの灯りがいくつか動いていた。私と同じように、エスキモーが夜中のオヒョウ釣りをやっているのだろう。

## 一月十日

五日から三日間、ウマナックの町まで行かず、同じ場所に居座ってオヒョウ釣りに専心した。魚の多いこの場所で、次の旅程に必要な犬の餌を確保することにしたのだ。幸い三日間で五十尾のオヒョウやエイを得た。これだけあればまず大丈夫だ。

八日の朝、ウマナックの町の下まで来てテントを張った。岩の丘の上に点々とたつウマナックは人口一〇〇〇人余のかなり大きな町で、私はどうもこういう大きな町は苦手なのだ。電燈がともり、石油ストーブをがんがん焚いているような家に入るのはどうしてもためらわれる。私の手は十日以上洗っていなくてうす汚れているし、衣服はアザラシやオヒョウの血と脂でギトギトしている。こんな恰好で見ず知らずの私が泊めてくれと頼めば向こうも迷惑だろうし、泊めてくれたとしても私は小さくかしこまっていなければならず気づまりだ。私は結局きわめて利己的な人間だと思う。狭くて寒いテントの中で気ままにふるまっていたほうが気が楽なのだ。

ウマナックでしなければならぬ仕事は山ほどあった。予備の毛皮靴、毛皮手袋、犬の金具などを買った。新たにライフルも一挺入手した。サーコ３００６という軍隊用の銃である。これでカリブーを射ち白熊を追い払うことができる。履いていた白熊の靴もアザラシ皮の底がすり減っているので修理しなければならない。さらに大事なことは、犬を二、三頭入手したい。現在の十頭の犬では、どうしても一頭にかかる負担が大きすぎる。

今日、とんでもない出来事があった。町で用をすませてテントに戻ってみると、数十頭の野犬が私の橇のまわりに群がり、橇の床の下に隠しておいたオヒョウを食い荒らしていた。あわてて野犬どもを追い払ったが時すでに遅く、オヒョウの大半はなくなっていた。橇からそうとう離れた氷のブロックに繋いである私の犬は、自分たちも食いたかったのだろう、狂ったように吠えていたが、どうにもなるものではなかった。私は野犬に対する憎さと、管理がずさんだった自分に対する腹立たしさとで煮えるような思いだった。これでまた犬の食糧を買い集めなければならなくなった。三日間のオヒョウ釣りの労働が水の泡だ。

**一月十二日**

四日間のウマナック滞在を切りあげ、北へ向かって出発した。目指すはここから三〇〇キロのウパナビックだが、とても一気には行けない。途中で何カ所かエスキモー部落に寄って、犬の食糧を都合するつもりだ。とりあえず今日は、北へ約八〇キロ先のイットスイ部落に泊まる予定。

新しく三頭の犬を買い入れ、十三頭のチームになった。三頭を最初に連れてきたとき、たちまち前からの十頭と乱闘になったが、リーダー犬に仕立てようとしているヤコブスハウンの犬が勝ってボスの座を守った。

このボス犬を橇の先頭に立てた。だがちっとも私の指図どおりに走らない。私が怒ってムチを振ると、すっかりいじけて他の犬の中にもぐり込んで橇をひこうとさえしないていたらくだ。私は業を煮やし、リーダーを交替させた。立った耳をピクピクと動かす、チームでいちばん利口そうな犬を先頭に立てて走らせてみた。しかし、これはあまりにケンカに弱すぎた。後ろの犬たちがこの先頭の犬に追いついてかみつこうとする。先頭の犬はかみつかれまいとしてさらに後ろにまわり込み、大きな犬の尻の後を走ることになる。これも失敗だ。

最後に、チームの中では小柄なほうではあったが、他のどの犬ともケンカをしなかった一頭のメス犬を先頭に走らせてみた。このメス犬も私のいうことはほとんど聞かなかったが、他の犬たちはメスの尻を追うようにしてこれに従って走った。これでやっとうまくいきそうだ。私はチーム唯一のこのメス犬をリーダーとして使うことに決め、「アンナ」と命名した。アンナはエスキモー語で女性を意味する。また、エスキモーの女たちには、アンナという名前がきわめて多いのだ。

午後十一時、イットスイ島にある、小さなイットスイ部落に到着。アーヨという五、六十歳の老人の家に泊めてもらっている。

## 一月十六日

十三日から三日間、村から四キロほど沖合の氷上に出て、オヒョウ釣りをした。ウマナックでは十分に犬の食糧が入手できず、その上ものすごく値段も張った。私は金の点でも余裕がない。ウパナビックに出るための犬の食糧は、やはり自分の手でオヒョウを釣り上げる以外に方法はなかった。

## 一月二十日

惨憺たる行程だった。

十七日、イットスイで獲れたオヒョウとアーヨおじいさんにもらったサメの肉を橇に載せて出発、ウパナビック半島まで来た。半島の先端はまだ氷結しておらず、海岸を走ることができない。十八日から二度目の半島越えを強いられた。

地図によればウパナビック半島は標高二六〇メートル。海岸から陸へ橇を乗りあげると、たちまちゆるやかな丘陵にかこまれて、暗闇の中、方角を見失った。磁石だけを頼りに北へ北へと犬を追いあげた。

この半島は大岩がごろごろするヌッソア半島と違い、コケの上を雪がくまなくおおっていた。しかし雪がまだやわらかく、橇は滑るのだが犬の足が雪の中にもぐってしまって、やはり遅々としか進めなかった。そして下りはヌッソア半島のときと同じく、急峻な沢を橇の逆落としだった。私は橇を降り、橇の軌跡《トレース》の上をシリセードでころがり落ちた。雪にまみれ、起きあがり、またころがるようにして滑り下りる。顔面が二度目の凍傷にやられた。

二日かかって、ようやく半島を越え、ミッドルフ湾に出た。すでに夜も遅く、犬も私もくたくただったが、もう橇の上に食糧は残っていなかった。私は犬を先導して湾の沖合に出、テントを張り、オヒョウ釣りをはじめた。糸を海中に下ろし、テントに戻って休んでいるうちに抵抗しがたい睡魔に襲われて五時間も眠ってしまった。あわてて釣り糸を引きあげてみたが、オヒョウはついに一尾もあがってこなかった。一五センチほどのカナヨという哀れっぽい名前の全身にトゲのある魚が一尾だけ釣れた。水深一〇〇メートルほどのこのあたりには、深海魚であるオヒョウは棲まないのだろうか。私はたった一尾のカナヨを、テントの中に持ち込み、海水で煮て食べた。味も何もなかった。

犬の餌がとれないとなれば、少しでも犬の活力が残っているうちに、エスキモー部落のある場所に向かわなければならない。乱氷に行手を塞《ふさ》がれ、薄氷におびやかされながら、迂回に迂回をかさねてノロノロと橇を進ませた。

途中、犬たちが氷上にアザラシの呼吸穴を見つけた。私は貴重なそのアザラシを獲りそこねた。呼吸穴から二メートル離れたところに寒さに震えながら身をかがめて待ち、アザラシが黒い頭を氷上に突きだしたとき、ライフルの引金をひいた。ライフルはカチッという金属音を立てただけで発射しなかった。油が凍てつき、薬莢《やっきょう》が爆発しなかったのだ。

オヒョウ釣りの失敗、アザラシ射ちの失敗が心にこたえた。こんな未熟な技術では、この先いったいどうなることか。イットスイを出て四日目、今日（二十日）の夜中に、私はソンドロ・ウパナビックというエスキモーの小集落に悄然としてたどり着いたところだ。明日一日はここで停滞せざるを得まい。

## 一月二十四日

太陽が一日中出ない一月中旬は、気温も連日マイナス三十度以下、いちばん寒い時期だというのに、中部グリーンランド西海岸は完全に結氷していなかった。これは私にとってまったく予想外の障害だった。

二十二日、ソンドロ・ウパナビックを出て針路を北にとって橇を進めると、半島の突端とか島と島との間の潮流の早い場所などでは、黒々と海面が開いていた。海面の上は白い蒸気が立ちこめていて、いかにも不吉な感じだった。

何度か小きざみに迂回したり、陸の端にあるカイング（潮の干満でできる海岸の棚氷）の上を、おっかなびっくり、ノロノロと橇を前進させた。そして午後二時頃、シンガナック島とカンゲ島という小島の間にさしかかったとき、ついに橇を乗せられそうもない薄氷に行手をはばまれた。カンゲ島の外は黒々と波打つ海。シンガナック島の内側へまわり込むためには来た道を引き返してコの字型に大まわりしなければならない。

橇を降り、トウで氷の厚さをチェックしてみると、ある箇所では一〇センチ以上あったが、ある箇所では力を入れなくても、ズブッとトウが海水に達した。それでも私は大迂回をする気にはなれなかった。

橇の前に立ち、厚い氷を探しながら薄氷の間を縫うようにして進んだ。犬たちはなかなか私の指図どおりには動いてくれなかった。ふつうだと犬は本能的に薄氷を恐れてうまく避けるものなのだ。ところが私の犬たちは、私が容赦なく振りまわすムチやクサリをこわがって、外側を走るべき犬が内側に入ってくる。そのため犬の曳綱がもつれ、よじれて一本になる。私は橇をとめ、いったん橇から曳綱をはずして、もつれをほどいてやらなければならなかった。

曳綱をほどこうとしていたとき、どうしたわけか、犬たちがケンカをはじめた。犬は二組にわかれて吠えあい、噛みあう。曳綱をほどき終えようとしていた私は、「オーレッチ」（動くな）と大声で叫んだ。私に叩かれると思ったのか、入り乱れていた犬たちが、私から離れようとしていっせいに曳綱を引っぱった。その力は強く、私の二本の腕では支えきれなかった。一瞬、私は曳綱を離してしまった。身軽になった犬は、アッという間に曳綱をつけたまま走り去って闇の中に消えた。

「アイー、アイー」

叫びながら懸命に追いかけた。闇の中で答えるものはなかった。一瞬の出来事に、私は茫然自失した。私はすべての犬を失ったのだ。橇の上にへなへなと座り込んだ。どうしよう、どうしよう、どうしよう。俺はたった一人で、暗闇と寒気と氷の中に取り残されたのだ。ムチを振り、棒やクサリまで叩きつけた罰が当たったのだろうか。目指すウパナビック部落まではまだ六〇キロ以上ある。それなのに俺はたった一人、ここに置き去りにされた。

十分もそうしてへたりこんでいただろうか。日本のことが頭に浮かんだ。結婚して間もない女房、友人、先輩たち、一人一人の顔を思い出しているうちに心が落ち着いてきた。まだここで死ぬわけにはいかない。俺はこれと同じような目に何度も遭ってきているじゃないか。生きて、エスキモーの部落までたどり着かなければならない、と自分にいいきかせた。

橇は犬の食糧のアザラシの凍肉、生活用具などを積み、総重量三〇〇キロはある。橇は捨てよう。テント、シュラフ、石油コンロ、少量の肉、それに地図と磁石を背負って歩くのだ。暗闇の中でもピッケルを持って薄氷をチェックしながら進めば、何とか切り抜けられるのではないか。マイナス四十度の寒さにだけは気をつけねばならぬ。凍死の危険は大きい。

橇から荷物を下ろそうとして紐に手をかけようとしたとき、橇の前に走り寄ってくる影があった。アンナだった。アンナが五頭の犬を連れて帰ってきてくれたのだ。うれしかった。私はとびあがった。すぐにアザラシの肉を鉈で割って、少量ずつだったが、六頭の帰還者たちに与えた。アンナたちは肉の塊を噛むこともせず、アッという間にまる呑みにした。

他の犬も戻ってくるかもしれないと、希望をつないだ。一時間待ったが、むなしかった。六頭の犬を橇に繋ぎ、私が後ろから橇を押して歩きはじめた。

私は犬四、五頭分の力を出さなければならない。顔から汗が流れ、汗はアゴのあたりで凍りついた。かぶっているキツネのフードは、汗が凍って真っ白になった。一〇〇メートルも押すと私はたちまちにして息が切れた。止まると体中の汗が冷え、身が凍りつくような寒さだった。また、押して歩く。何度も何度も繰り返すうちに、頭をおおうフードが、カブトのようにカチンカチンに凍った。頭を動かそうとしても動かないのだ。

犬にかわって自分で橇を押してみると、犬たちがいかに大変かがよくわかった。冷たく、痛く、苦しい。しかし犬たちはだれに甘えることもできないのだ。そして今の私も。疲れ果て、体が動かなくなると、私は橇の上に乗った。六頭の犬は、それでもノロノロと私の乗った橇をひいてくれた。私は次第に薄氷の危険に鈍感になっていく自分に気づいていた。だが、どうすることもできない。最短距離をとって進むことを自分に許した。

一つの島をまわり込むと、暗闇の中に、遠い明りがあった。ウパナビックだ。時計を見た。午前五時。歩きはじめてから十三時間経っていた。

丘の上に点々と家が立ちならぶ。見覚えのあるウパナビックの町だった。町は寝静まっていて、人影はなかった。エスキモーの家に行く気力もなく、海岸にテントを張った。テントの中で石油コンロ（ラジウス）に火をつけた。内部が暖まり、凍った体が少しずつほぐれた。助かった。生きてここにたどり着くことができた。汗に濡れた下着が気持ち悪いが、着替えをする気力はなかった。靴を履いたままシュラフの中に入ると、すぐ眠りに落ちた。

テントの外でエスキモーの子供たちが騒ぐ声で目が覚めた。六時間も眠っていなかった。横になったまま、テントの低い天井を見ながら昨日のことを考えた。もし六頭の犬が戻っていなかったら、もし薄氷が割れて海水に落ちたら、自分はどうなっていたか。私は恐ろしくなった。

これからどうするか。とても先の見通しは立たないように思われた。ヤコブスハウン出発以来、一カ月の間に、あまりにも次から次へと予期せぬ危険に出遭いすぎた。海が結氷していないという悪条件、二度にわたる山越えの苦闘、犬の食糧の欠乏、暗黒、すさまじい寒気に順化していない私の体、そして犬の逃走。わずか一カ月の間にこれだけのことがあっては、これから先何が待ち受けているかわかったものではない。いつまでも幸運がつきまとうとはかぎらない。どう考えてもこれ以上旅を続けることはできない。もし生きて還りたいのなら、もうこの旅は中止すべきだ。

私はフラフラとテントを出た。町へ行って罐入りビールを半ダース買った。またテントにもぐり込み、一本のビールを一気に飲んだ。何もかも気に入らなかった。テントの外で騒いでいるらしいエスキモーもうとましかった。

コペンハーゲンを出発するとき、今度の旅の間はアルコールをいっさい口にしないという誓いを自らに立てた。極地の旅を成功させるためには、アルコールは禁物なのだ。だが、もうどうでもいい。二本、三本とまずいビールを飲むうちに、涙がボロボロ出た。泣いてもしかたがないことだとはわかっていても、涙のほうで勝手に出てくるのだ。自分としては一所懸命やってきたつもりだった。だがこれ以上続けると、生命を落としてしまう。自分自身に向かってそう言い訳をしながら、私は苦いビールを飲んだ。

何時間たったか、目が覚めると石油コンロが消えていて、寒さに震えた。かじかむ手でコンロに火をつけた。ビールの酔いはとれていたが、頭痛が残った。外にはエスキモーの声ももう聞こえなかった。

深い静寂があり、ときおり風の吹きぬける音だけが聞こえた。私は暖かいコンロの火を見つめながら、過去のことを想い出していた。これまでも単独登山や単独の冒険行で、テントの中や雪洞の中で待機しなければならないようなとき、私はよく過去の想い出にふけり、それが一つの癖になった。それは単独行にのみ許される、楽しく、ときには甘美でさえある時間だった。今、楽しい想い出にふけっているような状況ではなかったにもかかわらず、なぜか過去の出来事が次から次へと脳裡によみがえってきた。

ケニヤのジャングルの中を、ピッケルを槍のようにかまえ、案内の黒人青年とヒョウにおびえながら登った。初めてヨーロッパ・アルプスを見たとき、興奮のあまり駆け上がるようにしてモン・ブランにとりついた。ボッソン氷河を横断中、隠れたクレバスに落ちこんで氷壁のあいだにはさまって宙吊りになった。クレバスは底なしに暗く深く、奈落のように見えた。アルプスのふもとのモルジンヌのスキー場でアルバイトをしていた頃は、山行の旅費を貯めるために、毎日毎日ジャガイモばかり食っていた。アマゾンの最上流からのイカダ下り。真夜中、嵐にあってイカダがひっくり返りそうになった。どうすることもできず、旅で知り合ったある尼僧の名前を呪文のように口の中でつぶやいていたものだった。エベレスト、頂上まであと五〇〇メートルというときの緊張と息苦しさ。厳冬期のグランドジョラスの北壁登攀。地獄のような寒さと飢えだった……。

すべてがつい昨日のことのように、鮮明なイメージとなって頭の中を通過していった。

少しずつ、体の中に勇気がわいてくるようだった。俺は今と同じくらいきびしい場面に耐えてきたではないか。危険を乗り越えてきたではないか。状況がきびしいという理由で、今ここで旅を中止すればどうなるか。大嘘つきとまではいわれないにしても、今後俺が考える冒険のプランは、だれもまともには聞いてくれなくなるだろう。俺の今後の夢はそれがどんなものであれ、実現はきわめてむずかしくなるだろう。

明日行動したからといって、俺は死ぬわけではない。俺はまだほんとうに死に直面していないのだ。旅を中止するのは、それからでも遅くはないはずだ。もう一度、犬を補強して新しいチームをつくってみよう。一日一日を力いっぱいやってみて、それでもダメだったらあきらめればいいのだ。

私は我に返ったような気持ちで、どん底の状態から抜け出した。弱気はいつのまにかぬぐい去られ、ふたたび血が燃えてくるのがわかった。たぶん私はあまりにも疲れすぎていただけなのだ、と思った。

## 一月二十七日

今日、ウパナビックから三〇キロほど離れた小島の上にあるアピレット部落に移動してきた。

ウパナビックはなじみのある町だった。一九七二年から七三年にかけて、グリーンランド最北端にあるエスキモー部落シオラパルクから、このウパナビックまで犬橇一人旅を試みた。距離は往復三〇〇〇キロ、あのときは西海岸を逆に南下してきたのだった。ウパナビックで折り返したのは三月も終わりに近く、空には太陽が戻っていた。

ウパナビックは人口一〇〇〇人以上ある大きな町で、私にとっては必ずしも居心地はよくないのだ。顔も体も洗わない汚れた体では文明化したエスキモーの家にはどうしてもころがり込みにくい。それに、犬や犬の食糧がきわめて手に入りにくい。物価も高い。そこで私は人口一五〇人ばかりのアピレット部落に移ってきたのだったが、ウパナビックを去る前に警察署を訪れ、旅の途中で犬を失ったことを話し、もし誰かが私の犬を見つけたら知らせてくれるようにと頼んでおいた。

アピレットでは、前の旅でも世話になったエスキモーのカーリの家に泊めてもらった。カーリの話によれば、このアピレットでも現在犬はなかなか買えないだろうとのこと。頭が痛い。

## 一月二十九日

逃げた犬のうちの五頭が見つかったと、ウパナビックのポリスから無線で連絡があった。昨日は一日、カーリの息子たちとフィヨルドをあちこち駆けめぐって、釣りをしながら犬を探したのだが見つからなかった。それもそのはずで、犬たちは二十二日に通過したプロベン部落に姿を現わしたのだという。

午後、プロベン部落の青年クールマ（私と同年代に見えた）が、薄氷の危険をおかして五頭の犬を連れてきてくれた。彼は拾い賃と運搬賃として三〇〇クローネ

（一万八〇〇〇円）要求した。彼には大いに感謝したものの、これは少し高すぎると思った。三〇〇クローネあればいい犬が三頭も買える。しかしせっかく連れてきてくれたのを拒否することもできない。結局、彼の要求に応じた。金を渡すとき、たぶん私は仏頂面をしていただろうと思う。

**一月三十一日**

昨日アピレットを出発し、今朝、テシウサックに到着。小・中学校の先生であるアーネ・オランド氏の世話になる。

アーネ氏はデンマーク人で、デンマーク政府からこの一〇〇人足らずの小部落に派遣されてきている先生だ。派遣教師としてはまったくめずらしく、部落のエスキモーに完全に溶けこんでいる人だ。三十人ばかりを相手の授業が終ると、アーネ氏は犬橇を駆ってアザラシ獲りやオヒョウ釣りに出かける。夕食はアーネ氏が獲ったアザラシを、奥さんのボーデルさんがデンマーク風の焼肉にして食べさせてくれた。夜になると、部落の大人衆がたくさん集まってきていつ果てるともないお喋りになった。

なによりありがたかったのは、部落の信望厚いアーネ氏の斡旋によって、元気な犬四頭が買えたことだ。一頭約七〇〇〇円。ウパナビックとアピレットで犬を買おうと努めたがぜんぶ断わられた。一チームが十頭以下という頭数の少ない犬橇を走らせるこの地方では、今が犬橇のシーズン中であるため、だれも売ってくれなかったのだ。しかし、アーネ氏がエスキモーを口説いてくれたおかげで、待望の犬を入手できた。私の犬の中で非常に弱っているのを一頭手放し、新たに四頭加え、十四頭のチームになった。これでずいぶん心強くなった。

ウパナビックから最北部のチューレ地域までは、二年前に体験しているコースであるとはいえ、きびしい場所だ。二年前にも非常に苦戦した。行く先には四〇〇〜四五〇キロに及ぶ無人地帯メルビル湾がある。明日からは新しい旅に取り組むぐらいの覚悟がいる。

# 戻ってきた太陽

## 二月一日

犬橇旅行出発以来、今日初めて太陽が昇った。

朝十時半、テシウサック部落を出発、二時間走ってヌターミュ部落にたどり着いたとき、南の海氷の水平線の上に、大きな赤い太陽が昇った。あたりに乱立する氷山は、長い暗闇から純白の姿をくっきりと現わし、側面がオレンジ色に染まった。太陽が万物の上に立つ神だというのは、ほんとうだ。太陽が輝き、すべてのものがはっきりと見わたせるのは、何という喜びだろう。

わずか十軒ばかりの小屋が海岸に点在するヌターミュ部落の子供たちは、家の裏側の丘の上に立って、両手をあげ、歓声をあげてはしゃいでいた。彼らにとっても、一日中暗闇のなかにいるのは辛いことなのだろう。

この一カ月、太陽のない一カ月の旅は、私にとっても辛かった。星とオーロラのなかを、地図と磁石だけを頼りに、暗中模索しつつ一五〇〇キロ走った。雪のない山越えに苦しみ、薄氷におびえ、寒さに悩み、犬に逃げられて泣いた。

今日初めての太陽を見て、ようやく私の心も落ち着きを取り戻した。物が見えるというのは何とありがたいことか。いらだっていた精神が安らかになるのが自分でもよくわかる。

ヌターミュの部落に着き、海岸にある板ぎれを集めて建てたような小屋の前に橇をとめるが早いか、パービアの奥さんが飛び出してきた。

「チキニャット、ナオミ」(よくきた、ナオミ)

二年前、シオラパルクから南下してきたとき、すっかり世話になった人である。奥さんと両手を握りあった。後ろから娘たちがゾロゾロと出てきた。みんな顔馴染だ。娘たちは私と顔が合うたびに、うれしそうにニヤニヤ笑った。

「なかへ入ってお茶を飲みなさい」

奥さんは手をひいて家のなかに招じ入れてくれた。あのとき私は一週間この家に泊めてもらい、休養がてら毎日オヒョウを釣った。夜はこの家の娘マリアたちと、部落の家を次々と渡り歩き、たわむれた。

家のなかは二年前と少しも変わっていなかった。トンネルのような暗い入口を入ると、隅にある石炭ストーブが目に入る。その横に氷山から切り出してきた氷のブロックがバケツにいれて置かれてある。これを飲み水にするのだ。飲み水の横に、排泄用のバケツがある。入口のわきには、凍りついたアザラシが一頭ゴロンところがっている。二間あるうちの奥のほうは、パービア夫妻の木製のベッドがひとつあるきりだ。

十八歳になったマリアは、すっかり大人っぽくなっている。二年前は手を握ると恥ずかしそうに手をひっこめたものだったが、今は胸も大きくなり、私と体がふれても平気だし、白い歯を見せて笑いかける。

出された紅茶を飲み、煮たアザラシの肉を食べていると、私の再訪を知った部落の人たちが続々とやってきた。今夜はここで泊めてもらおうかとも思ったが、いまはのんびりと旅の気分にひたっているときではないので出発と決めた。

二時間後、弱りきった犬一頭を後に残してふたたび橇を走らせたときは、もう太陽はすっかり姿を隠していた。今日太陽が出ていたのは三十分ばかりだったろうか。

午後五時、高度一〇〇メートルほどのトクトークォトーク島を山越えし、島の北側にテントを張った。風がやみ、オーロラが空にかかった。

ケケッタ出発以来、今日はいちばん楽しく橇を走らせることができた。犬たちもよく走った。ヌターミュで手に入れたアザラシ、オヒョウ、サメなどを、腹いっぱいとまではいかないが、いつもより多く食べさせた犬たちは、夜になっても騒ぎたてることなく、氷のブロックの下でまるくなってよく眠っている。

## 二月二日

暖かい朝だった。いつもは目が覚めると顔を動かすことができないほど、シュラフのまわりに自分の呼吸による霜が付着しているのだが、今朝はそれがなかった。シュラフのチャックをはずして手を出しても冷たくなかった。

七時半に目が覚め、テントを出たのが八時、まだ満天の星だ。犬は身動きもせずテントの横で眠っている。曳綱を橇につけてもまだ眠っている。九時半、ムチを振って犬を起こし、走り出す。

犬たちはまだ寝ぼけ顔でノロノロ走っているが、橇は氷の上を快音をたてて滑った。雪はほとんどなく、氷の状態は非常によい。アッパスイ島の近く、氷山のあいだを縫うようにして進む。十一時をまわると、南の空が赤く染まった。赤い輝きが、雄大な氷山の白い壁に映った。息をのむような風景だ。

氷壁から氷塊が落ちてくるのが心配だったが、あまりの美しさに犬橇をとめ、三脚を据えてカメラのシャッターを切った。昨日以来、カメラをとり出す余裕の出てきたことに自分ながら驚く。全く別の人間になったような感じだ。みんな、初めて姿を現わした太陽のおかげだ。これまでの一カ月、たしかに私は気違いのようなものだった、と思う。

目指すはカルサンヌ村、距離からいってもそんなに急ぐ必要はない。犬はリズミカルに時速一〇キロぐらいで走る。

午後になって気温がさがり、マイナス三十度になった。足先が冷たくなってきたので、犬橇をとめ、アーネ先生がくれたアザラシの凍肉をかじった。寒いなかでも凍肉を食べることで体が温まり、足先から冷たさがとれていく。橇のまわりを足ぶみして体を動かしながら冷たいものを食べるのは、一時的に全身が冷えるような気がするから勇気がいる。寒さを強く感じたときは、温かいお茶を飲むのもいいのだが、お湯をわかすまでに三十分近くかかるから、時間のないときは凍肉をかじるのが、寒さから身を守る最善の方法だ。

午後四時半、カルサンヌ到着。以前世話になったフィン氏の家を訪れると、私が頼み込む前に家の中に迎え入れてくれた。空きっ腹の犬たちに、クジラの肉を腹いっぱい食べさせてもくれた。クジラの肉はこのへんで獲れる動物のうちもっともうまいものだ。自分の犬にもやらないものを、気前よく私の犬たちに与えてくれたのだ。なんと感謝していいかわからない。犬たちにはクジラの肉を、私には米と肉を煮た料理を、奥さんのハーネさんがご馳走してくれた。

明日ここからゴットソアに向かって走り、オヒョウ釣りをするつもりでいたが、フィン氏の話では、ゴットソアではまだオヒョウ釣りは無理だろうとのこと。フィン氏自身、先日カルサンヌの北のフィヨルドでオヒョウ釣りをしてみたが、四日間でたった一尾しか釣れなかったという。フィン氏は三日間ここに滞在し、休養することをすすめてくれた。その間、ハンターであるフィン氏が私の犬に食糧を与えてくれるという。私はフィン氏の好意にあまえることにした。

フィン氏は、デンマーク人で、エスキモーにもまさるハンターである。昨年夏、この村でクジラが総計四十八頭仕留められたが、そのうちの十八頭を彼が獲った。ハーネ夫人は、医者のいないカルサンヌの病院でたった一人の看護婦さんである。病院には付近の村人が押しかけて、ハーネ夫人は一日中働いている。夫妻は、最近全長四〇メートル近い大きな船を買った。グリーンランドから、デンマーク、カナダ、アメリカへまで、十分セーリングできる船だ。二人はこの夏、ハーネ夫人の休暇に、チューレまで船で北上するというプランを、楽しげに語った。

## 二月六日

カルサンヌ。三日間の滞在予定だったのがまだ出発できずにいる。フィン氏に世話になりっぱなしで心苦しいかぎりだが、どうすることもできない。二日前、テシウサックで買い入れた四頭の犬に逃げられてしまったからだ。四頭がテシウサックへ逃げ帰ったことは確認したのだが、ここまで連れてきてくれる人がなかなか見つからない。無線でくれぐれも頼んだのだが、四頭の犬は今日もこなかった。明日もこないようだったら、私が九頭の犬で橇を出し、迎えに行かなければならない。

フィン氏のおかげで残りの九頭の犬は十分に肉を食べ、よく太ってきた。私の準備も整ったのに、逃げた犬のために動きがとれないのだ。何事もすべてスムーズにいくとはかぎらないということはよく承知しているつもりだが、こんな行き違いにはやっぱり心がいらだってしまう。

フィン氏は、かゆいところに手のとどくように、私の世話をしてくれた。まず装備の総点検。私のトウは小さいから穴があけにくいといって、棒の先を鉄板と板で補強し、重くした。橇に犬の曳綱をつなぐ部分に、カリブーの角で三日月形のバンドどめをつけた。それから私の鉄砲を一目見るなり、「ノー・グッド・ガン。これでは弾があたらないよ」と断言した。

私のライフル３００６は、口径が大きすぎて弾がまっすぐにとばず、ゆるい抛物《ほうぶつ》線《せん》を描くのだという。22口径のサーコ２２２を買うようにすすめられた。フィン氏はサーコ２２２を使うようになってから命中率が八〇パーセントになったそうだ。二年前の旅では、私の命中率は一〇パーセント以下で、アザラシを目の前にしながら獲ることができず、犬の食糧にさんざん悩まされた。私は自分の腕の未熟をおおいに反省したが、鉄砲のよしあしが、相当の比重を占めるらしい。３００６は、ウパナビックで望遠鏡付きで九六〇クローネ（約六万円）で買ったもの。まだ一度も発射しておらず、もったいないと思ったが、命にはかえられない。思いきって一二〇〇クローネ（約八万円）を投じてサーコ222を買った。

アザラシを獲るには、銃のほかに氷に穴をあけて仕掛ける網がある。フィン氏は三張の網を私にくれ、使い方をていねいに教えてくれた。

フィン氏は凄腕のハンターだから、私などを見るともどかしくてしかたがないに違いない。確かに、北極圏を犬橇で旅するには、狩猟、釣りの技術が不可欠だ。とくに狩猟に無知な私は、フィン氏の前に出ると恥ずかしくなる。フィン氏はオヒョウの釣り方、アザラシの網のかけ方、また銃の射ち方など、いちいちていねいに教えてくれた。

また彼は、

「カルサンヌ滞在中、ナオミと犬たちを太らせてあげるのが僕の義務だ」

といって、毎日のように私の犬（二日前からは九頭になってしまっているが）に、クジラ、アザラシをふんだんに食べさせてくれた。私の所持金は乏しく、肉を食べさせようにも買えないのだから、フィン氏の好意にはまったく頭が下がる。

今日もまた、フィン氏はエスキモーから分けてもらったといって、網で獲ったばかりのアザラシを一頭犬に与えてくれた。ところが九頭の犬たちは毎日毎日、これまでの二倍、三倍の量の肉を食べさせてもらっているので、新鮮な肉片をちょっと嗅《か》いでみるだけで食べようともしないのだ。何という現金な奴らだろう。私ならたとえ腹がいっぱいでも、うまそうに一切れ二切れ詰めこむのに。犬ももう少し私のフィン氏に対する気持ちを察してくれてもよさそうなものだ。

私にもご馳走がたくさんあった。まず、マッタ。マッタはクジラの皮で、クジラではいちばん美味しいところだ。日本で食べるような皮下脂肪のところではなく、こりこりした皮そのものである。三日の昼、これが出て、夕食が入らないほど胃に詰めこんだ。夜中までクジラのゲップが出た。夜には、生のブドウとリンゴが出た。果物を見て、私は不覚にもごくんと生唾を飲みこんでしまった。目だって、新鮮なアジにありついた猫のそれのようにあやしく光ったに違いない。生肉でしかビタミンCを補給できないここでは、フィン氏といえどもめったに食べることなく、温度に気をつけて大切に保存しておいたものだろう。甘味と香りが口中にひろがった。昨夜は昨夜で、ハーネ夫人が冷凍肉をもどしてフライド・チキンをつくってくれた。

さらに恐縮したのは、私の汚れた衣類をハーネ夫人が全部洗濯してくれたことだ。ケケッタ出発以来、着のみ着のままで一度も脱いだことがなかった。下着の毛のシャツなどは汚れに汚れ、垢《あか》が冷たくこびりついていた。

テシウサックで手に入れた四頭の犬に逃げられたのは、到着した翌々日、四日のことだった。

四日の午後、フィン氏の指導で新しく買ったサーコ222の試射をやった。海岸に出て、海氷の上に紙の的を立てた。五〇メートルと一〇〇メートルの二つ。サーコ222に前の銃の望遠鏡をとりつけアジャストした。フィン氏のいうとおりの姿勢で射ってみた。五〇メートルのほうは五センチ以下のずれで命中可能、一〇〇メートルでは、ずれが六、七センチだった。二十発ほど射った。前の3006にくらべ、新しい銃は射ったときにほとんどショックがない。それに一〇〇メートル以下の的なら、同じ照準の合わせ方で射てる。

試射がまずまずの成績で気をよくしていたとき、家の前に繋いでおいた犬たちがどうしたわけか曳綱をはずしてしまった。最初は曳綱がはずれてはしゃぎまわっているだけかと思った。テシウサックまで一二〇キロ以上あり、戻ろうとするとは考えられなかったからだ。しかし四頭の犬たちは、私の犬橇が進んできたトレースに沿って、まっすぐに走り去ってしまった。フィン氏は、

「レッツゴー・トゥー・フォロー・ユア・ドッグズ」

といって、橇に九頭の犬をつけ、二人で後を追った。約一時間、三〇キロ先のウマナック島まで行き、小島の上に登って望遠鏡で探してみたが、もう影も形もなかった。空身の犬たちはさすがに足が早いのだ。アザラシ獲りの帰りらしい一人のエスキモーが犬橇を走らせてきた。ニッコリ笑って、

「イッテ、カイシア、アタッポ、アバニアバニ」（君の犬はずっと向こうへ走っていったよ）

とのんびりした声でいった。がっくりきた。犬たちはおそらくこのカルサンヌまでは何度も来たことがあるのだ。だから一二〇キロの距離もいとわず、逃げ帰る気になったのだ。

あきらめて帰り、すぐにテシウサックへ無線で連絡した。翌朝、案の定四頭がもとの飼い主のところへ戻ったという無線が入った。しかし、どうもここまで連れて

きてくれるという者がいない。私は泣く泣く、連れてきてくれた者には、お礼に三〇〇クローネ払うという条件を出した。それなら誰かいるだろうという話だったが、今日（六日）夜になってもまだこない。暇さえあれば望遠鏡片手にテシウサックの方向を見ていたのだが、来なかった。

**二月八日**

今朝、逃げた四頭の犬をエスキモーの若者がもってきてくれた。約束の三〇〇クローネを若者に払ったが、これは痛かった。

私はフィン氏にいった。

「今日、ゴットソアに向けて出発します」

「今日？　今日は雪で視界がきかない。出発は明日にしたらどうだい」

「犬は着いたし、残りの九頭は十分休養して元気です。ゴットソアまでは距離が長いので、今日中に少しでも北へ進んでおいて、明日ゴットソアに入りたいのです」

「それならよいが、今日は視界がきかないから、磁石を使って進むにしてもくれぐれも無理はするなよ」

私はフィン氏、ハーネ夫人に心からお礼をいった。人から受けた恩は返さなければならない。しかし私には何も返すものがない。固く手を握り、頭を下げた。うまく口に出してはいえなかったけれども、恩返しとして私ができることはたった一つ、この旅を無事に成功させることしかない。必ずやり遂げよう、と私は心の中で思った。

半島の先端に位置するカルサンヌの村を出て、半島沿いに約一時間進んだ。そこからゆるやかな雪と岩の谷を登り、氷と雪で埋まった湖を横切り、北側の海氷に下った。ガスと雪で走りにくかったが、さらに一時間ばかり進み、午後五時、海氷上にテントを張った。

テントを張り、必要な荷物を橇から下ろしているとき気がついたのだが、フィン氏は私には何もいわないで、橇にクジラの切り肉を積んでおいてくれていた。また、長柄にかけたさげカバンの中には、チューインガムと、冷凍のサケが一本入れてあった。親切が身に沁みた。

夜になっても気温は高かった。マイナス十五度ぐらいか。手袋が濡れているのに、あの刺すような痛みがこない。風がしずまって、雪が上からまっすぐに、日本で見る綿雪のように降っている。

## 二月九日

午前中は濃いガスで視界がきかず、そのうえ橇が乱氷地帯に突入して難航をきわめたが、コンパスだけを頼りになんとか乗り切った。午後三時すぎ、みるみるガスがうすれ、視界がひらけた。目の前にホルム島の岩肌がくっきりと現われた。地図とコンパスだけであまりにも正確に走っていたのでうれしくなった。これから先、メルビル湾の長旅でも、たとえガスってもなんとかやれそうだと自信がわいてきた。

ホルム島をまわり込むと犬橇のトレースを見つけた。ゴットソアまであと二〇キロ足らずだ。犬たちはトレースを見つけると急にスピードをあげはじめた。人の気配、つまり近くに村があることを察したのだ。乱氷地帯をスピードを出して走るものだから、私は落っこちそうになる。しかし、トレースを追っかけて走るのだから、ムチを振って方向を指示する必要はもうない。私は荷台にまたがり、ロープをしっかりとつかみ、大声をあげて軍歌を歌った。

一頭の犬が遅れはじめ、橇にひかれそうになるので、橇の上に乗せてやった。五五キロもある、チームの中でいちばん大きな犬だ。

昨日、リーダー犬のアンナ（メス）が発情し、オス犬同士の奪いあいになった。この犬よりもケンカに強い犬がいたのだが、こいつがすばやく曳綱を切ってアンナをものにしたのだった。そのかわり、他の犬に噛まれたのだろう、耳から血を出し、それが凍りついていた。さらによく見ると、ピンク色をしたペニスが五センチばかり垂れ下がり、はれあがっている。しぼまないまま、凍傷にかかったのだ。朝からほとんど休まずに走っていたので、ペニスをブラブラ下げたまま走っているうちに凍りついてしまったのだろう。

部落の下の海岸に橇を乗り入れると、暗がりの中でボール蹴りをしていた子供たちが、遊ぶのをやめていっせいに橇のまわりに集まってきた。

「グッダー、ジャパニ」（今日は、日本人）

と口々に叫ぶ。今夜は二年前にも世話になったエスキモーのヨーン・ニルセンさんの家に泊めてもらう。

ゴットソアは、中部グリーンランドではいちばん北に位置する部落だ。人口一〇〇人ほど。これから先は、内陸の氷床が帯のように落ち込んでいるメルビル湾が横たわっている。四五〇キロはある無人地帯だ。その先に、ポーラー・エスキモーの南端の部落サビシビックがある。二年前、北からこのコースを下ってきて、十二頭の犬で十一日間費やし、かろうじてゴットソアにたどりついた。大変な苦戦だった。

ポーラー・エスキモーと、このゴットソアで終りになる中部グリーンランドのエスキモーとはほとんど交渉がない。言葉も風俗も違う。同じエスキモー語でも、青森弁と薩摩弁ぐらいの違いがある。服装でいえば、中部グリーンランドのエスキモーは、衣服に刺繍《ししゅう》をほどこしているし、さまざまな色のビーズ玉を装身具に用いたりする。北部のチューレ地域では、北極ギツネのパンツに、股まである長いアザラシの皮の靴を履き、簡素で飾り気がない。防寒のための実用本位なのだ。

二年前はこのゴットソアで、夜は娘たちとダンスに興じたりしたが、今度はどうもそういう気分になれない。それどころか、顔見知りに会い、話を交すのさえ億劫《おっくう》なのだ。

明日は一日ここで犬を休ませ、最後の準備を整えることにする。そしていよいよメルビル湾だ。

## 無人地帯・メルビル湾を突破

**二月十日**

メルビル湾を走破するための犬の食糧についていろいろ計算したすえ、アザラシを六頭橇に積んでいくことにした。十二日分の犬の食糧である。最後の二、三日は食糧なしでも走るとして、これで十五日間はもつ。

ヨーン・ニルセンさんがいった。

「重い橇はよくない」

「しかし、サビシビックまで何日かかるかわからない」

「アザラシを射ちとるか、網をかけて獲ればいい。簡単なことだ」

ヨーンさんはしきりに重い橇はよくない、というが、私は呼吸穴から時たま顔を出すアザラシを射ちとる自信がないのだ。また一メートルもある厚い氷に穴をあけて網をセットするのも大変な作業だ。計算には入れられない。持参の餌がすべてなくなった最悪の場合、初めて狩りや釣りをすると考えたほうがいい。

昨日、ペニスを凍らせてしまった犬は、後でさらに調べてみると、胴バンドで首を一〇センチばかり切っていた。元気のないのはそのせいでもあった。夕方になって、犬が奇妙に悲痛な鳴き声をあげた。表に出てみると、犬は息をひきとったところだった。最後の鳴き声だったのだ。これで私の橇は十二頭にひかせなくてはならなくなった。

「十三頭よりも十二頭のほうがいい。十三という数字はよくない。十三頭だと君がメルビル湾で死ぬところだった。この犬は今日君の代わりに死んでくれたのだ」

ヨーンさんはそう真顔でいった。そういうゲンのかつぎ方を笑いとばすことはできない。私も私なりにゲンをかついでいるのだ。ヨーンさんはしきりにもう少し滞在していけとすすめた。明後日の二月十二日が私の誕生日だというと、ぜひここで誕生日祝いをしていけといった。しかし、私はどうしても明日出発したい気持ちなのだ。というのは、十一日は「士」に通じ、つまり武士のように勇ましく門出ができる日なのだ。アマゾンをイカダで下ったとき、世話になった松藤さんという一世の老人が教えてくれたことだ。あのときは、松藤さんのすすめでたしか五月十一日に出発した。それ以来十一日は、私にとって何となくゲンのいい日なのだ。

## 二月十一日

出発の朝、ヨーンさんの奥さんが水を汲んだり鍋を動かしている音で目が覚めた。肉を煮るうまそうな匂いが部屋にたちこめていた。白熊のズボンを履き、ヤッケを着て出発の準備をしていると、奥さんが湯気のたつ肉を山盛りにしてもってきた。

「さあナオミ、腹いっぱい温かい肉を食べて元気をつけてから出発だ」

とヨーンさんもわきからすすめてくれた。骨ごと切り込んだ肉は赤味を帯びていて、いつものアザラシとは違う。ウサギかキツネか、と思ったが、それにしてはあまりに大きな骨がついている。斧で二つに叩き割られた頭が煮込んであるのを見て、一瞬、悪寒が走った。昨夜死んだ犬に違いない。そういえば奥さんのアーネさんは、隣の老人に私の犬の毛皮を剝《は》いでもらっていた。

「犬の肉はうまいよ。さあ早く、熱いうちに食べなさいよ」

と奥さんがいった。私は返す言葉が出なかった。二年前、シオラパルクでエスキモーと一緒に犬の肉は食べたことがある。しかし目の前の骨つき肉は、ヤコブスハウン以来わが橇をひいてくれた犬のそれだ。ソンドロ・ウパナビックを出発後、犬に逃げられたときも、逃げずに戻ってきてくれた六頭のうちの一頭であった。

「ナオミ、どうしてうまい肉を食べないのかね」

「でも、犬が年をとりすぎていて、肉が少しかたいようね」

夫妻はそんなことをいいながら、肉片をつかみ、口のところにナイフをあてがって、千切りながら食べている。少しすると、手をつけないでいる私に気づいて、彼らの顔から笑いが消えた。

「どうして犬の肉を食べないのだ」

ヨーンさんが今度は心配そうに訊ねた。私は日本語で「ちょっと」といい、無理に笑顔をつくった。私の気持ちを説明しても、彼らにはわかってもらえないだろう。しかたのないことだ。アーネさんは、私の旅立ちのために、朝早くから起き、犬を料理してくれたのだ。彼らが食べたいからではなく、私のためにしてくれたことなのだ。

私は心を決めた。二人が見守るなか、手をのばしていちばん小さな塊をつかんだ。

左手で肉をつかみ、歯でかみ、口もとでナイフを使って肉を切った。エスキモーのやり方だ。ケシゴムほどの肉片が舌の上にのった。苦い薬を飲むよりももっとひどい味だった。呑み込むと、喉を石ころが通っていくようだった。笑いを浮かべ、美味《おい》しいという仕種《しぐさ》をし、彼らの好意にそむかないように、懸命にその一塊りを食べきった。そして、昨夜アザラシを腹いっぱい詰めこんだので、今朝はそんなに食べられないのだ、とことわった。

午後一時、ヨーンさんの二人の息子がしばらくついてきてくれることになり、三台の橇でゴットソアを出た。二時間ほど走って、息子たちと別れた。

六頭のアザラシを積んだ橇は五〇〇キロの重量で、十二頭の犬たちは苦戦した。海氷の上は五センチほどの雪でおおわれていて、振り返ってみると、私の橇のトレースがくっきりと刻み込まれている。気温は太陽が出ても上昇せず、マイナス三十度と寒い。太陽は水平線からやや離れ、南の空を東から西へところがるように沈んでいった。午後六時、島の上にあるウビンガソック小屋に入った。

## 二月十二日

朝十時、ウビンガソック小屋を出発。出発前、お茶を飲むためにわかしたお湯で雪を溶かし、ランナーの鉄板に塗って凍らせた。今日は冷えると思ったからだ。このせいか朝のうちは重い橇にもかかわらず犬はよくひいたが、次第に雪が多くなりめっきりスピードが落ちた。犬のくるぶしまで雪にもぐる。橇のランナーにも雪がついたようだ。おまけにガスが出てきて、一〇〇メートルと視野がきかない。

私は犬にムチを振る。外側の犬はそれを恐れて内側へ内側へと逃げ込み、曳綱がもつれて一本になってしまう。橇をとめ、もつれをほどいてまたムチを振る。その繰り返しだ。

「コラ、早く走れ、このなまけ坊主」

私は思わず日本語で怒鳴っている。ケンカに強い犬は、ムチが自分の足に当たると八ツ当りして弱い犬に噛みつく。弱い犬はムチに叩かれては鳴き、強い犬に噛まれては鳴き、鳴いてばかりいる。

今日は二月十二日、私の誕生日だ。三十五歳になった。女房のことをちょっと思い出した。いつもと変わりなく、北へ向かって旅を続けている。

## 二月十三日

昨夜から強風吹き荒《すさ》び、テントがとばされるのではないかと心配したほどだったが、朝になっても風はやまなかった。九時に目が覚めたが、風がやむのを待つことにしてシュラフのなかでしばらく停滞した。明るくなってくると、この強風は南南西の追い風だとわかった。それなら停滞してはいられない。

アザラシはあと四頭しかない。一日半分ずつやるとしてあと八日分の食糧だ。先のことを思うとじっとしてはいられず、シュラフをたたみ完全装備でテントの外に出てみた。入口が風下であったために、雪が吹き溜ってなかなか開かない。足で蹴とばし、少し穴があいたので泳ぐようにして抜け出た。

雪が濃い密度で舞い、目をあけていられないほどだ。雪の中にコケのようなものが出ているので何だろうとそばへ寄ってみると、犬だった。地吹雪《ブリザード》に埋まっているのだ。急いで掘り出してみると、むくむくと雪の中から起きあがってきた。風が吹き荒れる日は、雪の中のほうが暖かいのかもしれない。

ランナーに水をぬって凍らせ、十一時、出発。ガスと地吹雪で視界はほとんどきかないが、磁石で針路を北北東にとる。ちょうどその方向に風が吹いているので、風を背にして走ればよかった。また、風に吹き流されてできた海氷上の雪の模様でも方角を察することができた。

強い追い風を利用できれば犬四、五頭分の力はあると思い、ビニールをひろげて帆にしようかなどといろいろ考えてみたが、名案は浮かばなかった。

六時ちょうどに橇をとめた。風はあいかわらず強かった。張綱を橇に結びつけてテントを張り、シュラフ、石油コンロなどを風にとばされないようにしてその中に入れた。テントを張るだけで一時間かかった。私の体もいく分バテ気味で、手と足が痛み、いつものようにいかないのだ。

今日は何キロ走ったのか、ガスと地吹雪で地形がつかめず自分でもわからない。ガスのなかを進んでいくと、薄い海氷が割れるのではないかと心配だった。

疲れてくると、ムチはうまく振れず、犬に当たらなくなる。怒鳴りつけても犬は知らん顔をしているから、なおムチを振ると、ムチは自分の顔にもろにはね返ってくる。なまやさしい痛みではない。ムチをうまく振れない自分がなさけなくなってくる。テントに入って鏡をのぞくと、顔が数カ所ミミズばれになっている。また、知らぬ間に凍傷を負っていて両頬がピンク色に色づき、はれあがっていた。

## 二月十四日

音ひとつしない静かな朝を迎えた。風がやんだのだ。シュラフをぬけ出し、マッチをすって石油コンロに火をつけてほっとひと息入れる。マッチをするとき、手が痛いほど冷たい。石油コンロの火を強くし、お湯をわかす。フィン氏のくれたクジラの凍肉をかじり、コーヒーを飲んで朝食は終り。皮手袋の上に毛糸の手袋をつける。犬の毛皮の内靴を外靴に入れ、その上から白熊のズボンを履き、ヤッケと帽子をつける。目が覚めてからテントを出るまで一時間。

テントの外へ出てから出発まで、また一時間かかる。橇を裏返しにしてランナーに水をぬりつける。テントの中のものを外に出す。テントをたたむ。橇を元に戻し、荷積みをはじめる。

まず、いちばん後ろに、木箱を置く。木箱には石油コンロ、コーヒー、ビスケットなど私用の食糧を入れる。その木箱の横に、一〇リットル入り石油タンクを二本並べる。次に、カメラ、着替えの入ったトランクを置く。トランクの前に、犬の食糧であるアザラシを、頭と尾を互交《たがいちがい》にして並べる。アザラシの上に、テントの下敷きにしているビニールシートをかける。さらに後部の木箱の上に、靴と手袋の予備を入れたナイロンザックを置き、その上に袋に入れたシュラフを置く。次に、トランクの上からアザラシの上にかけて、トナカイの敷き皮をかけ、その上にポールのついたままのテントと、ライフルを置く。

最後に、後ろの方から紐でバンドがけしていく。紐は三本。一本は石油と食糧の入った木箱と、その上のシュラフをしめつける。一本はトランクとテントをしめる。一本はアザラシをしめる。そのほか、トウと釣りの仕掛けをまきつけた棒もしめる。羽毛服はいつでも着られるように、後部の長柄にとりつけた袋のあいだにはさみ込んでおく。

荷積みが終ると、橇を犬を繋いであるところまでひいていく。犬のもつれた曳綱をほどき、それを橇の先端の紐に結びつけて全部終了。以上のことをするのに、どんなに急いでも一時間はかかるのだ。

ガスに行手を閉ざされて三日目。二時間走り、三十分休憩というペースで進んだ。午後三時ごろ休憩したとき、ボス犬の首のあたりが血に染まっていることに気づいた。首もとが横に一〇センチばかり切れ、肉がただれている。「しまった」と思ったが、もう遅かった。胴バンドが小さすぎたのだ。胴バンドが凍りつき、ナイフのようになって首のつけ根を切ったのだ。発情したメス犬を追って無理をして切ったのか、橇をひいていて切ったのか。ここでこの強いボス犬を失うのはまったく痛いが、やむを得ず胴バンドをはずし、橇の横につなぐ。

午後三時すぎ、ガスが少し晴れて、東の水平線上に内陸の氷床の一部が見えた。あとは見わたすかぎりの大氷原だ。たぶん、内陸より一〇〇キロほど沖合の海氷上を走っているはずだ。午前九時から午後六時まで九時間行動。気温マイナス三十一度。

## 二月十五日

今朝は快晴になった。遠く東の方角に陸が見えている。これ以上沖合に出ないように、陸に平行して北西に走った。いや、走ったというよりも、犬たちは朝から歩くのが精一杯だった。出発のかけ声にも腰をあげない。ムチで一頭一頭起きあがらせると、ようやくノロノロ歩きだした。ときどき乱氷に乗りあげると、犬たちはとまって動かなくなる。もう歩けないといわんばかりに腰を据え、私の顔を見あげる。私が犬の後ろにまわってムチの柄で尻を叩くと、やっと立ちあがる。

そんなことを繰り返していたとき、少し沖合のほうに、黒々とした新氷を見つけた。あの新氷の上ならば、犬は難なく走ってくれると思い、古氷と新氷の境まで橇を進めた。新氷は、まだ凍りはじめたばかりでいかにも薄そうだった。トウをとり出し、新氷を叩いて穴をあけてみる。三、四回叩くと簡単に穴があき、海水が現われた。氷の厚さは四、五センチしかなかった。おそるおそる新氷の上にのり、一〇メートルばかり歩いてまたトウで叩いてみる。すぐに穴があく。

新氷に橇を乗り入れるかどうか迷った。古氷の上を走るほうが安全なことは間違いないが、犬はあまりにも疲れている。新氷ならば、古氷の上のように雪のたまりもギャップもない。犬の負担は大幅に減るだろう。危険を冒して新氷の上を走るか。もう一度トウを手にして氷を調べてみる。あまりにも簡単に氷が割れた。私はあきらめて、古氷を進むことにした。ところが、いくらムチを振っても、大声をあげても、犬は歩こうとしなかった。こんな調子では、いつサビシビックに着くかしれない。おおよその見当からすると、ゴットソアー—サビシビック間のちょうど半分くらいに達したところだ。思いきって、新氷に乗り入れることにした。

犬たちを新氷のほうへ追いたてると、新氷にのることを拒み、尻込みし、古氷のほうへ逃れようとする。リーダー犬のアンナを先頭にして、ようやく新氷の上に走り出た。私は一段上になっている古氷のへりいっぱいに橇を進めようとするのだが、走りはじめた犬たちはいうことを聞かない。足まかせに、走りやすいルートをとるのだ。次第に古氷から離れ、新氷の上に大胆に出ていってしまう。

「コラ、出すぎだ、アッチョ、アッチョ」（右へ、右へ）

そういって、犬にムチを振りかけたとき、ズブン、という音とともに氷が割れ、いちばん左側を走っていた犬が海水に落ちた。割れ目がひろがり、三、四頭が続いて落ちた。

「しまった！」

私は橇からころがるようにしてとび降りた。足下の氷に裂け目が走り、氷盤がたわんだ。両手をつき、四つん這いになって、古氷の上に逃れた。

四頭の犬が海水につかってもがいている。橇が先端を海水に突っ込むと、橇の下の氷が割れはじめ、みるみる海水に沈みはじめた。四頭の犬は、沈みかけた橇を足場にして氷の上に這いあがろうとしてもがいた。

しまった、しまった。目の前で沈んでいく橇、曳綱をつけたまま懸命に古氷のほうへ逃れようとする犬たち。だが私はどうすることもできない。恐怖と絶望で、古氷の上に釘づけになったまま、動けない。ただ沈んでいく橇を茫然と見ていた。橇の前方に積んだ三頭のアザラシが水中にかくれ、ずり落ちるようにして橇は徐々に姿を消し、後部の長柄の先端だけが最後まで出ていたが、やがて長柄に固定してあった、修理具と狩猟用具の入った袋ともども水中に没した。

私の手に残っているのは、握っていたムチ一本だけだ。食糧も、装備も、すべて失ったのだ。

「ああ、ここで俺は死ぬのか」——沈んでいく橇を見ながら、ただそれだけを思った。エスキモー部落からは遠く離れている。誰の助けも得られない。装備もない。食糧もない。俺は凍死してしまう。涙が流れた。

犬たちがけたたましく鳴き叫んでいた。私は絶望からわれに返った。犬は、古氷にたどり着こうとして必死でもがいているのだ。心を落ち着けよう。とにかく犬を古氷にたどり着かせるのだ。そうすれば、橇をひきあげられるかもしれない。それがダメでも、犬さえ確保できれば、二〇〇キロ先のサビシビックまで歩きとおせるかもしれない。犬を食いながら、四、五日歩くことができれば助かるかもしれない。犬だけでもなんとか古氷の上に救い出したいが、新氷の上に出るのが恐ろしい。体を確保するロープさえあったらと思うのだが、すべて沈んだ橇に積んだままだ。

私は恐怖で、新氷の上に足をのせられなかった。足がガタガタ震えた。「助けてください、俺を助けてください」と声に出して神に叫んだ。

そのとき、いったん沈んだ橇がふたたび浮かびあがってきたのだ。積荷が、水面にわずかに頭を出した。奇蹟としか思えなかった。

もう、泣くな、狼狽するな。私は自分を叱りつけ、意を決した。橇をひきあげるのだ。ポケットからナイフをとりだし、手にもった。四つん這いになって、ジリッジリッと新氷の上を進んだ。古氷から橇までの一二、三メートルが、遠かった。なるべく割れにくそうな氷の上に足場をとり、まず後部の長柄にとりつけた袋の紐を切ってはずした。さらに後部の敷皮をしめていたロープを切り、シュラフをはずした。

薄氷の割れる危険はあったが、私は少しずつ大胆になった。海水は冷え冷えと口をあけて私をおびやかしていた。落ちたら、死が待っている。しかし、やってみるしかない。

腕をのばし、二〇リットルの石油タンクと、木箱をひきあげた。軽くなった橇が、かなり浮いてきた。うまくいくかもしれない。だが体の下の氷が無気味にたわんでいる。ロープが欲しい。古氷にロープを固定し、ロープで体を確保できればいいのだが、これ以上ロープなしで動きまわるのは無謀だ。それに、トランクやアザラシをしめてある紐をへたに切っては、荷物を水中に落としてしまうおそれもある。橇はいまや半分浮かんでいる。犬たちと力をあわせてひけば、氷の上にひきあげられるかもしれない。

橇のそばから腹這いになって、犬たちの後方にまわり込んだ。犬の曳綱を握り、「ヤー、ヤー」と犬を励まし、自分も力まかせに引っぱった。犬は死にもの狂いで古氷のほうへ逃げようとする。足を何度も踏み滑らせるうちに、氷がへこみ、ピシッピシッと割れ目が入る。私は祈るような気持ちで、握っている曳綱に力をこめた。

橇の先端が海水から突き出し、氷を割りながらも少しずつ動きはじめた。カーブしたランナーの先端が乗りあげるたびに、氷が割れて水に落ちる。先頭のアンナがようやく古氷にとどいた。つづく犬たちも古氷までたどり着いた。落ちた犬たちも曳綱をひっぱって海水から助け出した。

「助かった。俺はもう死ぬことはない」

最後の力をふりしぼって、橇を古氷の上にあげた。一瞬気が抜けたようになり、濡れた手や足先がピリピリと痛むのに気づいた。落ちてから十五分たったろうか二十分たったろうか、無我夢中でわからなかったが、落ちた犬がよく死なずにいたものだ。人間なら、四、五分で死ぬだろう。

水につかった橇はひきあげると同時にカチンカチンに凍りついた。ムチの柄で氷を叩き落とした。アルミニウムのトランクを開けてみると、少し水がしみ込んだところがあったが、着替え、カメラ、フィルム、パスポート、みな無事だった。私は何一つ失わずにすんだのだ。だが、シュラフ、テント、カリブーの毛皮は完全に氷におおわれて、叩いたぐらいでは氷は落ちなかった。

ここでテントを張り、濡れたものを乾かそうかと思ったが、時計をみるとまだ十二時だった。太陽が顔を出し、今日はゴットソアを出て初めての快晴となった。もう新氷の上へは出られないとなると、もぐる雪の上、乱氷のなかを進まなければならない。少しでも先へ進んでおきたい。出発しよう。海水に濡れた靴が凍っている。私はムチの柄でその氷を叩き落とした。

カメラをとり出し、橇の落ちた場所にレンズを向けた。あらためてレンズを通して現場を見ると、つくづく九死に一生を得たのだ、という実感がわいてきた。犬よりずっと体重のある自分が海水に落ちずにすんだことが、不思議にも思われてきた。神の加護があったのか、奇蹟が起こったのか。とにかく氷漬けの死体にならずにすんだ。女房の顔が浮かんだ。俺が死んだら、あいつは一生不幸になる。心のなかで、「俺は元気だよ」と叫んだ。

水に落ちた犬たちは、毛が氷でかたまってしまっていた。手で氷をもみ落としてやった。装備をふたたび橇に積み、午後二時に出発。太陽は南西の空に沈みかけていた。五時すぎ、サット島という小島に達し、橇をとめた。位置確認のため、島に登ってみると、三、四〇メートルの低い岩山の上に、三角屋根の古い小屋があった。明日進むべき方向を、磁石と地図で調べた。夜がくる前の薄明のなかにメルビル湾の乱氷地帯が延々とひろがり、水平線にとけこんでいた。ところどころに、巨大な氷山が切り立っている。沖合のほうには障害物のないのっぺりした海氷が黒々と続いているが、薄氷はもう見るだけでも恐ろしかった。

いつも幸運が自分にまつわりついているわけではない。出発以来一カ月半にして、次々に思いがけぬ障害にぶつかった。今まではそのたびに幸運が自分に味方したのだ、と思う。これから先、どんなことが身にふりかかってくるのだろうか。ほんとうにカナダ、アラスカまで旅を続けることができるだろうか。しかし、先のことを思ってみてもしかたがない。これは長期戦なのだ。一日一日、力を尽して前途を切り拓《ひら》いていくしかない。

今、夜中の一時半。テントの中に入り込んでから、ガンガン石油コンロをたいて濡れたものを乾かしているが、塩水につかったシュラフなどは、表面のナイロン布地が乾いただけで、中の羽毛はまだベトベトだ。しめっぽくて気分は悪いが、無事生きている証拠だ。文句はいえない。

## 二月十六日

メルビル湾の沖合七〇キロあたりで、湾に沿って氷の亀裂があり、その幅は広いところで三、四メートル、狭いところで二メートル弱。そこに新氷がはっていて、新氷はかなり厚く、安定している。その亀裂の帯の中に橇を入れて走った。亀裂はありがたいことに進行方向につづいていて、乱氷帯のなかに車道を見つけたようなものだった。二時間走り、三十分休憩のペースを取り戻した。犬は快調に走った。

マイナス三十度を越す寒さの中を走っていると、寒さを通り越し、皮膚が痛くなる。南東から吹く冷たい風が、体温をうばった。ムチを持つ手、足先、顔、とくに鼻が切れ落ちるのではないかと思うほど痛む。橇をとび降り、手袋をはずし、素手で鼻の頭をつかんで温める。その間、息をとめる。息をすると、息のかかった手にたちまち霜がついてしまうのだ。息をするときは手をはなし、また息をとめて鼻先をつかむ。手を鼻にあてている間は、蜂に刺されたような痛みはとれる。しかし一分もしないうちに今度は手が痛み出してくる。素早く反対の手と交替させ、痛んだ手をズボンの下に入れて、睾丸《こうがん》をつかんで温める。手が温まったところで手袋をはめなおす。また、冷えた体を温めるために、何度か橇を降りて、後ろから押したりした。

午前九時から、午後五時まで八時間行動。トムスー島の北西にテントを張った。夕食にフィン氏がくれたサケを食べた。毎日、アザラシとクジラのコア（冷凍肉）ばかり食べていたので、塩とマーガリンで煮たサケを食べると日本の味がする思いだった。

昨夜は、夜中に何度か目が覚め、覚めるたびに、橇が黒い海水にズブズブと沈んでいく光景が目に浮かんだ。橇にも、山と同じく、絶対にしてはならぬ行為があるのだ。

## 二月十七日

昨夜走ったクラック（亀裂）を見失って、今日はふたたび難航した。午後になって晴れ、視界がきいてきた。フライセン島を過ぎるあたりから、メルビル湾の沿岸の山々から押し出されている氷河が見えた。

グリーンランドは、日本の約六倍の面積をもつが、その八割が氷でおおわれている。陸地が露出しているのは、氷床が氷河となって海に垂れ下がる海岸地帯だけだ。氷河によって無数のフィヨルドと島々ができる。内陸の氷床は、深さ三〇〇〇メートルに達し、内陸では海面より低いところまで氷があることが観測によって知られている。その内陸氷床が氷の滝となって押し出され、海氷または海水上に無数の氷山が浮いている。一〇〇キロの沖合から見ると、内陸氷床は、二重の水平線のように白く浮いて見えるだけだ。沿岸部に近づくにしたがって、標高一〇〇〇メートルを越す岩峰の連なりが目に入ってくる。

フライセン島付近で、氷山に登ってルートを確認しているとき、氷山の下に足跡を見つけた。足跡だけで橇の跡がない。犬の足跡もない。半分山を下りてよく見ると、白熊の足跡だった。氷山を滑り下りて橇に戻り、ライフルに四発の弾をつめた。

引金に指をつっこんで、氷山を遠まきにまわり込んだ。白熊の姿は見えず、足跡が乱氷の中にジグザグに消えていた。怖さと好奇心で胸がドキドキしたが、いないとなると惜しくなった。足跡のつき方からして、ついさっき通ったばかりのはずだ。

双眼鏡をもち出して、ふたたび氷山に登った。足跡の方向一キロばかり先に、氷山があった。白熊はあのへんにいるに違いない。橇で追うか、あきらめるか迷った。白熊が獲れたら、二、三日ここで休養もできる。毛皮で靴、ズボン、アノラックと白熊一色でつくれる、などといい気なことを思った。カルサンヌで、獲ったばかりの白熊をエスキモーに見せてもらったが、毛皮の値段を訊ねてみたら、一枚六十万円といった。日本でなら百万円を越すだろう。しかし、私は橇で追うことはあきらめた。犬たちは短い休憩をもらってへたりこんでおり、白熊追いはゴメンだ、といっているかのようだった。

午後五時半、ブライヤント島北東でテントを張る。八時間半の行動。

**二月十八日**

今日は猛烈な寒さに悩まされた。朝、出発の準備をしていると手と足が寒さで痛み、思うように動かなかった。あまりに寒く、毎朝のつとめである大便がとくにこたえた。

ズボンを下ろしてからすべてを終えてズボンをふたたび元へ戻すまで、一分足らずでやってしまう。それでも寒いときはつらい。まず風の当らない橇の陰に位置する。ズボンを下ろすのにズボン吊りのボタンをはずさなければならない。手袋をとり、素手になって合計六個のボタンをはずし終える頃には、手がかじかみ、感覚がなくなっている。ボタンをはずすと同時に、ズボンを下げ、しゃがみ込む。そのあいだ素手を腹の下に入れて温める。用が終わる頃は手が温まっている。しゃがんでいればまだ出そうだが、のんびり糞を楽しんではいられない。タオルの切れはしを取りだしてふき、手が温かいあいだに大急ぎでボタンをはめ、完了。

足には、まず犬の毛皮の内靴を履き、その上からアザラシの毛皮の靴を履いている。外靴には、カリブーの毛皮を敷いている。それでも橇に乗っていると、足は猛烈に冷たくなり、痛み出し、次いでしびれをきらしたように感覚がなくなる。棒のように自由がきかなくなるのだ。こうなると凍傷になる危険がある。橇から降りて、十分か二十分、橇の横を走って体を温める。足の先の感覚が痛みをともなって戻ってくる。手袋も同様に二重にはめている。内側に毛糸、外側はアザラシの毛皮製、ともに二本指型《ミトン》だ。手の痛みを感じると、持っているムチを尻の下に敷いておさえ、両腕を脇の下に振りつけるようにして動かし、手の感覚をとり戻す。

ゴットソアを出て八日目、犬たちもすっかり疲れきっているのだ。とくにテシウサックで買った四頭の犬はさっぱり元気がない。ウマナックからの犬のなかにも、たび重なるケンカで足を傷つけ、橇をひくどころか自分の体を運ぶのがやっとという奴もいる。すでにボス犬は胴バンドをはずし、橇の横に繋いでいるから戦力になっていない。だから十二頭の犬のうち実際に働いているのは半数だ。そして橇をひけない犬でも、食べるときばかりは元気になるから、憎らしくなってくる。

犬たちはここ数日、足先から血を出している。乱氷で足うらを痛めているのだ。歩いている間に血の玉が足先にでき、ラムネ玉ぐらいの大きさになるとポロッと落ちていく。血の玉も半分凍っているのだ。休憩でとまると、犬たちは腰を据えて、しきりに足先をなめた。

犬は限度ギリギリまでくると、食欲がなくなるものだ。夕方、アザラシの半頭分をやると、よく食べた。食欲があるかぎり疲労死することはない。

九時から五時半まで行動。夕方六時の気温でマイナス三十八度。

## 二月十九日

犬がいよいよ動かなくなった。朝は棒で叩かなければ起きあがらない。凹凸のはげしい乱氷帯に入ると、氷の上に乗りあげたり、氷の間に落ちたり、よろめき歩いているという感じだ。たびたび氷のブロックの間に橇が落ち込んだ。いくらムチや棒を振っても、犬にはひく力がなく、橇はピタリととまってしまった。トウをとり出して、ブロックを叩き割り、橇をはずさなければならなかった。十二月末以来、二〇〇〇キロ近くも橇をひいているのだから、疲れきっているのだ。しかし、今ここで犬に同情していては、自分が死んでしまう。苦闘する犬になおもムチを振るうのはいたたまれない気持ちだが、共に生きのびるにはそれしか方法がないのだ。

夕刻六時半、内陸から突き出た大きな岩壁が印象的なナトット半島に着いた。見覚えがある。二年前、ゴットソアからサビシビックへ帰る途中、犬に食糧をすべて食べられて後半四日間は何も食べずに走った。空腹と疲労でフラフラになった私の目には、このナトット半島が、サビシビック部落のある島に見えてしかたがなかった。本気になって部落を探したものだった。そのナトット半島。サビシビックまで、あと五〇キロ。あと一日。

## 二月二十日

ゴットソアを出て十日目、メルビル湾を渡り終えて、サビシビックにようやくたどり着いた。

朝、橇をスタートさせたときは、あたりがガスにおおわれて視界がきかなかったが、半島の先端をまわり、メトロブジェ湾を北にすすめば、サビシビックに着くのだ。たとえ地形を見失っても、湾内に、一日でも二日でも仮泊してガスの晴れるのを待てばいいのだ。昨日と違って、少し心にゆとりが出てきた。

メトロブジェ湾に出ると、ガスが晴れ、遠くまで見渡せるようになった。氷山群に突入し、その間を縫うようにして進んだ。氷山のさまざまな形が、私の目を慰めてくれた。中部ヨーロッパの城のようなもの、人間の形、馬やライオンの形、不思議な自然の造形があった。

氷山群を抜け出すころから、疲れ切っていた犬の足どりが急に早くなった。人里が近いことを察知したのだ。山頂に氷をつけた、ゆるやかな勾配をもつ島に行きあたり、その島の出っ張った岩をまわると、目の前にサビシビックの部落があった。

犬はもうムチを振らなくとも、最後の力をふりしぼって走った。私は橇に乗ったまま、素手になって橇の上から雪をつかみとり、雪をもんで手を洗った。十日間洗わなかった手は汚れきっていた。凍傷でヒリヒリする顔は、雪で洗うわけにはいかず、濡れた手でなで、ヤッケの袖で水を素早くふきとった。

午後三時、部落の下の海氷に橇をとめた。私を見つけて、村人が次々に駆け寄ってきた。口々に、「ハイナフナイ、ナオミ」（ごきげんいかが、ナオミ）、「ヤパニ、チキカイ」（日本人、来たのかい）といい、握手を求めた。若いフィルモが、「さあ、俺の家に来てくれ」といって、橇を自分の家の前にあげてくれた。二年前、ここには一週間もいなかったのだが、村人全部が私を旧友のように迎えてくれた。私は夜遅くまで、村を一軒一軒まわって挨拶した。私の知るかぎり、サビシビックはエスキモー部落のなかでも最も居心地のいい村のひとつだ。

# 懐しいエスキモーたちとの再会

**二月二十一日**

私の三十四歳の誕生日は十二日だったが、この日はメルビル湾の氷の上で苦闘していた。九日遅れの誕生日祝いと、無事到着の祝いをかねて、親切な村人たちをお茶とコーヒーに招待したいと思った。そのことをフィルモにいうと、「アエンギラ」(いいよ)といって、すぐに奥さんのミキショに用意をさせた。

ミキショと連れだって、私はKHG(政府直営販売所)に行き、紅茶、コーヒー、砂糖、ビスケット、チューインガム、小麦粉、そして彼らの大好物であるウイスキー二本とタバコを買った。合計四〇〇クローネ。ミキショはニコニコ顔で小麦粉をこね、石炭ストーブの上でパンを焼いた。私は海岸に下り、氷のブロックをくだき、それをこまかくかいて家に運び、大量の水をつくった。

午後四時すぎ、パンが焼け、コーヒー、お茶の準備ができた。エスキモーの家は、入口が二重ドアになっているが、内側のドアをはずしてテーブルの代りにした。上に菓子、パン、タバコを並べた。子供たちが伝令になって、一軒一軒まわってパーティーが始まることをふれ回った。

「ナティニット、ピットワッチ」(誕生日おめでとう)

といいながら、村人が次々に入ってきた。手に自分のコーヒー茶碗をぶらさげている。それから、一人一人、私への誕生日プレゼントをとりだした。

四頭の白熊を射ちとって今しがた帰ってきたばかりのアグチドソア老人は、白熊の毛皮をくれた。広げてみると一メートル四方あり、真白い毛はつやつやと光沢があった。老人の二人の息子、イッキャングワとカンガニンセンは、それぞれ一頭のアザラシ。KHGに働くアヤコ・ヘンソンがアザラシ半頭。ターツガがムチ。村の部落長のカーリはアッパリアス(小鳥の一種)のキビア(アザラシの腹中に漬けたもの)。その他多くの村人から、ナイフ、アザラシの紐、タオル、雪はたき、ライフルの弾など、実に多くのプレゼントをもらった。

もちろん、みんなからプレゼントをもらうためにパーティーをひらいたわけではない。それにしても、私の出費よりも、みんなのプレゼントの方が数倍の金額になってしまった。白熊の毛皮だけでも、もし買えば今日の費用以上だ。気前のよさでは他に類を見ないエスキモーだが、とくにこのサビシビック部落の人たちは親切で、自分の気持ちのまま人に物を与える。別の言葉でいえば、経済観念がないということになろうか。

お茶の会が終ったあと、夜十時から朝六時までみんなでダンスをやってくれた。家の中は十畳ほどの部屋一間だけでスシ詰めだが、みんな陽気に笑いながらダンスを楽しんだ。カセットテープの音楽にあわせ、老若男女、胸を合わせて踊るウェスタン・ダンスだ。マイナス四十度にも下がるここでは、狩りをするとき以外、ほとんど外に出られない。暗い家の中に閉じ込められて、トランプ、紐で遊ぶアヤトリ(アザラシ、カリブー、人の形などをつくる)ぐらいしか遊びがない。だから、体を動かし、しかも男女が触れあうダンスは、だれもが非常に好きで、楽しそうにする。時間が経って、三三五五、人びとが帰っていく。若い男女のカップルは、留守をしている家の中へ、肩を組んで消えていった。

ここは電燈も、水道もない。家の中は、たいてい一間か、二間しかない。人口一五〇人ばかりの純粋なエスキモーたち。多くの文明人たちは、この人びとを「遅れている」と軽蔑し、生肉を食べることを「汚い」とか「残酷だ」とかいってののしるが、この人たちこそが文明の「汚れ」を知らない、真に人間らしい人間であるといっていいだろう。

六十五歳のアグチドソア老人が、夜を徹してのダンスの途中、私を家に招いてくれて、今日獲ったばかりの白熊の肉をご馳走してくれた。メルビル湾の沖合、バッフィン海上で四頭の白熊をしとめたのだという。チームは息子のカンガニンセン、それにモリサック部落の男と三人。四・五メートルの犬橇に白熊の肉を満載して帰ってきたのだ。奥さんが出してくれた煮た白熊の肉は、アザラシやセイウチと違って牛肉のように赤味をおびていた。少し堅いが美味であった。

二年前に寄ったときも、七頭の白熊を獲っていた。翌年は五頭獲り、去年の八月から今まで、またすでに五頭射ちとめているという。サビシビックばかりか、北部チューレ地域でも、白熊狩りの腕前でアグチドソア老人の右に出る者はいない。このへんの部落では三、四人が一組になって白熊狩りに出かけるが、首尾よく獲ってくるのは十組に一組もない。毎年数頭の白熊を獲る六十五歳の老人の技術は大変なもので、若者の及ぶところではない。もちろん、すばらしい犬橇の操《あやつ》り手でもある。そういう彼に対して、愚問であるとは思ったが、「白熊を見つけるにはいったいどうするのか」と訊ねてみた。アグチドソアは、いとも簡単といわんばかりに、淡々たる口調で話してくれた。

「橇を犬まかせに走らせていると、犬が自然に白熊の足跡を嗅ぎだし、見つけてくれるんだよ。白熊の足跡を見つけたら、三頭ばかりの犬を曳綱からはずして白熊を追わせる。そうやって白熊の動きを封じてしまうのさ。白熊の近くにまでいったら、こんどは全部の犬の曳綱をはずす。犬は白熊をまるく囲んで吠えかかるってわけだ。白熊が立往生し、怒って仁王立ちになったとき、前肢の間、つまり心臓をめがけて、ズドンと一発、それで死んじまう。まア、場合によっちゃアザラシ獲りより簡単だよ」

さらに彼は言葉をついだ。

「白熊は殺してから後、注意しなくちゃならん。射ちとった奴は、すぐに皮をはぎ、肉を解体する。また肝臓だけ取り除いて、内臓を犬に食べさせるのだ。犬はそれで白熊の味と匂いを知り、はじめての犬でも次からは白熊の匂いをうまく嗅ぎあててくれるものだよ。注意しなけりゃならんのは、白熊の肝臓は、犬に食べさせると、毛が抜けたりして病気になるから、必ず捨てることだ。イヌイ（人間のこと。エスキモーは自分たちをそう呼ぶ）が食べると、皮膚の色が真っ白になり、あげくはカッドゥナ（白人）の色になってしまうから、絶対に食べてはならんのだ。ナオミもこれはよく覚えておけよ」

エスキモーにとっては、私はイヌイであってカッドゥナではないのだ。エスキモーと同じか、それ以上に真っ黒な私の顔からすればそれは当然かもしれないが、こういわれるとなぜかうれしくなってしまった。

また、この白熊狩りの名人は、

「ナオミ、ピッコリ、カムチ」（ナオミは犬橇がとてもうまいよ）

といってくれた。私は、反論した。

「恥ずかしいことだが、私は寒さにも弱く、途中で何度も凍傷にかかってしまった。また橇を海水に落としたりもした。私は犬橇が下手くそだよ」

「とんでもない。キミはたった一人で、遠い南のヤコブスハウンから、長い長いメルビル湾を渡って、ここまで走りとおしてきたのだから、イヌイ（エスキモー民族）と同じだよ」

アグチドソアがこんなふうにほめてくれたことがとてもうれしかった。この先どうなるかわからない、ややもすれば不安がつい先にたってしまうカナダ、アラスカへの旅を考えるとき、老人の言葉はこの上ない励ましになった。

## 二月二十三日

サビシビック滞在の三日間、エスキモーの好意につつまれて、ヤコブスハウン以来の旅の疲れを忘れた。これまでの旅で、最も思い出深い滞在地になるだろう。今日はさらに北へ向けて、そのサビシビックを出発した。

出発の準備をしているうちに太陽が出て、明るくなった。すっかり身仕度を整えて、村の教会へ行った。今日はちょうど日曜日で、村人たちはみな教会に集まっていた。教会の前で一人一人に握手し、私も教会に入って旅の無事を祈った。いつもながら、クリスチャンでもない私が、教会に入って祈りはじめると真剣になるのだから、妙なものだ。

アザラシ狩りに出るフィルモが途中まで一緒に来てくれることになった。私は橇のまわりに集ってくれた人たちに向かって、

「グエナソア、イヌットアッチ」（どうもありがとう、みんな達者でね）

といった。アグチドソア老人の息子のイッキャングワが私にいった。

「君は犬橇はうまいが、死んだらダメだぞ。気をつけてな」

橇を動かすと、子供たちが橇の後部の長柄を握ってついてきた。休養をとり、腹いっぱい食べた私の犬たちは元気で、速く走った。子供たちは五〇メートルとついてこられなかった。すぐに立ちどまり、「ナオミ、イヌットアッチ」と叫んだ。振り返るといつまでも私を見守り、手を振っている彼らの姿が、私を感傷的にさせた。もし旅が無事に終ったら、彼らに何かしてあげたい。

ヨーク岬まで出ると、フィルモは橇をとめた。

「ナオミ、元気でな。カナダかアラスカに着いたら、私に手紙をくれよな」

「ありがとう、カナダに着いたらきっと連絡するよ。奥さんのミキショにもよろしくな」

フィルモも気のいい男だった。私を泊めてくれたばかりではない。自分の犬には

食べさせていなかったアザラシを私の犬に与えてくれた。他の村人に対するプライド、見栄もあったのだろうが、「君の犬の食糧は俺が面倒を見る。お金なんかいらない」と底抜けに気前がよかった。私は、この犬橇旅でほとんど使っていなかったピッケルを世話になったお礼にプレゼントした。

また一人になった私は、沿岸の平坦な氷の上に橇を走らせた。ここからウォルステンホルムフィヨルドにある米軍のチューレ基地まで三〇〇キロ弱の行程だ。氷の上の雪は少なく、犬橇はよく滑る。首を傷つけているボス犬は切れた皮膚がまだ完全にくっついていなかったので、胴バンドはつけず、胴から直接紐をつけて走らせた。黒犬とテシウサックで買った一頭が、ボス犬に噛まれたのかびっこをひいて走ったが、他はみな調子がよかった。リーダー犬のアンナは、ようやく私の命令を聞き分けてくれるようになった。

ヨーク岬の四五〇メートルの岩峰に、ロバート・ペアリーの銅像が立っていた。下から見上げると、ようやくそれと認められる一点であった。アメリカ空軍が運んできたものである。彼こそ、一九〇九年、世界で初めて北極点に到達した男だ。そしてその偉業を成し遂げるまでの二十五年間、極地に住み、極地に人生のすべてを賭けた。

ペアリーは一九〇八年七月、ルーズベルト号でニューヨークを出港し、このチューレ地域に立ち寄って探検の準備をした。エスキモーからクジラ、アザラシ、セイウチなど大量の肉を買い、二〇〇頭を越す犬、犬橇を操るエスキモーの男、女、子供五十人ほどを船に乗せた。グリーンランドとカナダ領エルズミア島のあいだにあるスミス海峡を流氷をかわしつつ北上し、北極海に出た。北極点に近いコロンビア岬に着くと、翌春の北極点到達のため、そこで越冬した。

彼は完全にエスキモーのなかに融け込み、同時にエスキモーを駆使した。エスキモーの犬橇を数隊に分け、極地法《ポーラー》でルートを切り拓き、キャンプを少しずつ前進させ、最後にアタック隊によって北極点をめざした。アタックは一九〇九年三月一日より開始、支援隊のルート工作の後、ペアリーは黒人召使のマシュー・ヘンソンと四人のエスキモーを連れ、五台の橇を走らせた。そして四月六日、世界で初めて北極点に到達した。

チューレに来たルーズベルト号上で働いたことがあるというイバルーというお婆

さんが、八十歳を越す老齢ながらまだ生きている。二年前、私はチューレ地域のカナック部落で、イバルー婆さんに会い、思い出話を聞くことができた。

凍傷で足の指を失くしたペアリーおじさんは、イヌイ（エスキモー）にとても親切だったので、よく彼の船室へ遊びにいった、とイバルー婆さんはいった。私が『両極』（タイム・ライフ社発行）に載っている写真をみせると、お婆さんは「これが私」と一人の若い娘を指さした。娘はまだ十五歳にもなっていないだろう。肩の上まで髪をのばし、アザラシやキツネの毛皮を着込んで、甲板の上で他の娘たちと一緒にカンカン踊りを踊っていた。いかにも楽しそうな表情だった。

ペアリーはアメリカ人、つまり白人でありながら、エスキモーに融け込み、エスキモーに信頼され、彼らの協力を得て北極点を勝ちとったのだ。その事情をよく物語っているものは、ペアリーや黒人召使ヘンソンとエスキモーの間に子供ができ、その孫たちが今もこのグリーンランドに住んでいるということだ。サビシビックで私にアザラシをくれたアヤコ・ヘンソンやウーシャッカ・ヘンソンは、顔色はエスキモーと同じだが髪の毛が黒人のように縮れている。また、ペアリーの孫は、カナックにピーター・ペアリー達がいる。彼はチューレ地域でも名の知れた狩りの名手だ。孫たちはそれぞれ彼らの祖父の姓を名乗って、それを誇りにしているようだ。

ペアリーのほかにもう一人、犬橇旅をやっていて忘れることのできない人がいる。デンマーク人とエスキモーの間に生まれたクヌッド・ラスムッセンだ。このグリーンランドでは犬橇といえばラスムッセンといわれるほど、極地探検家として知られた人なのだ。一九二一年から一九二四年にかけて、ラスムッセンは北極海沿岸をカナダのレパルスベイからアラスカのノームまでエスキモーを率いて犬橇で探検している。私がこの旅で予定している後半のコースは、そのラスムッセンの通ったコースをたどることになるかも知れないのだ。

午後七時、ニアーホサス付近の海氷上にテントを張った。月が昇った。今日、橇の後部長柄にかけておいた石油ランプを走行中に落としてしまった。また、一個しかないコップとスプーンを、フィルモの家に置き忘れてきた。水用の鍋に紅茶をじかに入れ、鍋のふちに口をつけて飲んだ。ランプがないのは、やはり淋しい。

## 二月二十四日

快晴、午前中の気温マイナス二十六度。氷の状態良好で橇はよく走った。夕方になって太陽が沈む頃、強い風が陸から吹き出してきた。風は走っている橇の横からなめるように吹きつけ、犬たちは踏み出す足をとられてよろめいた。氷の上は白い粉雪がもうもうと舞いあがり、走る犬たちの目をつぶした。

強風は体温を容赦なく奪っていき、羽毛服とヤッケを着込んでいても、裸にされたような寒さだ。風は骨身にこたえる。沿岸の入りくんだ湾を通るときがもっとも痛烈だった。風は内陸氷床の冷たい雪をのせて、急激に下る氷河を駆け下り、横ざまに犬たちと私に吹きつけるのだ。ムチを持っていない片手を右側の頬に当て、ふさふさした犬の毛がついた手袋で風を防いだ。

日が沈みきると風がやんだ。さらに二時間ほど走って、海氷の上に舌のように垂れ下がったセルマーサック氷河付近でテントを張った。日没と同時に月明りに変わった。満月の光は、冷たく、身を刺すようだ。皓々たる月明りのなかで、凍ったアザラシを鉈で叩き割り、犬たちに食べさせた。

八時間半の行動でおよそ七五キロ進んだ。犬橇を走らせながら今日ほど心にゆとりをもったことはこれまでになかった。

## 二月二十五日

朝十時、出発。犬たちは昨日同様、元気で走ってくれた。氷帽をかぶった岩壁の連なる沿岸を三時間ぶっ通しで走り、アットール岬に出た。岬の先に、高々とそびえるウォルステンホルム島が見えた。岩峰が海面からいきなりそびえ立ち、周囲にくらべるものがないから、ずいぶん高く見えるのだ。

サビシビックのエスキモーたちは、岬の沖は強風のため氷が切れているかもしれないから、岬の手前で山越えをするように忠告してくれた。しかし、氷が平坦で橇があまりに快調に進むので、ついここまできてしまったのだ。だが、アットール岬の先端付近は、平坦な古氷が割れ、そこに新氷が顔をのぞかせていた。沖のほうはまだ完全に氷結しておらず、海水が黒々と現われていた。

陸越えのほうが安全ではあるし、間違いなく今日中に越えられるだろうが、標高三〇〇メートルのアップダウンは、登りには橇を後ろから押さなければならず、数倍の労力がいる。下りも決して容易ではない。つい楽をしようと、岬の先端まで出てきたのだ。古氷と新氷の入りまじる乱氷帯を走らせたが、凹凸のはげしい氷のブロックに橇は七転八倒し、ブロックに乗りあげるたびに橇から落ちそうになるほどだった。その乱氷帯を過ぎると、恐れていた新氷地帯になった。

それでも海岸近くの新氷ならそうとう厚いだろうと思い、新氷の上に橇を出した。しかし新氷の底は無気味に黒ずみ、メルビル湾の海氷割れを思い出した。新氷は平坦で走りやすいので、アンナは私の呼び声やムチを無視して、どんどん先へ進んだ。犬より体重の重い私が降りると、氷に穴が開くのではないかと心配で、橇をとめることもできない。外側のほうへムチをやみくもに振りまわし、「アッチョ、アッチョ」（右へ、右へ）と叫んで、ようやく橇を乱氷の中に戻したときは、命拾いをしたような気持ちになった。橇をとめ、新氷をチェックしてみると、七〜八センチの厚みがあった。トウで二、三回突いたぐらいでは割れなかった。メルビル湾で落ちたところは厚さ四、五センチだったから、まずここは安心だ。沖合へ出ることを極力避け、海岸すれすれに走って岬を回り込み、ホッと安心した。

岬まわりの危険がわかっていても、ついつい労力的に楽なコースへと走ってしまい、結果としていつも危険をおかしている。こんなことを続けていると、今度こそほんとうに生命を落とすぞ、と自分を戒めた。

岬を過ぎると、ウソのように乱氷が消えた。まったく平坦で、しかも安全な氷だ。もうアンナを怒鳴りつける必要もなくなった。海岸に谷が深く切れ込んでいるナサスにさしかかると、一人のエスキモーの若者がいた。岬の新氷にアザラシの網を張る作業をしていたら、犬が彼を置き去りにして、橇をひっぱってナサスに帰ってしまったのだ、といった。彼はトウをかついで海氷の上を歩いて帰るところだった。ウーハッカという名前のこの若者は、カナック部落からナサスに移動してきて、ここを冬の狩場にしていたのだ。私の橇に乗せてやったが、二十歳前のこの若者は、犬に逃げられたことをしきりに恥じ、犬をののしっていた。

犬に逃げられるのは、私ばかりではないようだ。エスキモーでさえ、犬に置き去りにされることが時折あるという。ただそれが、部落からかけ離れた遠い旅先で起こるか、部落の近くで、犬どもの気まぐれで起こるかに大きな違いがある。私が逃げられたのは、犬が私になつかないうちにあまりに犬を酷使したからであった。しかし、今はもうチームを組んでから三カ月たち、犬たちの郷里はあまりに遠い。逃げるようなことはない。犬たちの唯一の家長はこの私なのだ。

土砂が押し出されて三角州をなす海岸であるナサスには、五軒ばかりのバラック小屋が建っていた。風が強いところとみえ、家のまわりはほとんど雪がつかず、地肌が現われていて、いたるところにアザラシ、セイウチ、クジラの骨が散らばっていた。さらにコーラ、ジュースの空カンやビール、ウイスキーの空瓶がゴミ捨て場のように積まれていて、寒々とした光景だ。箱形の家の低い屋根にはセイウチの肉が積みあげられている。

シオラパルクからマサウナ一家が家族ぐるみで出稼ぎにきていた。十歳になる長女も学校を休んで両親についてきている。主人のマサウナはセイウチ突き猟に出かけていて不在だった。奥さんのオーロッキャは、私を覚えていて、小屋の中に迎え入れてくれた。熱いお茶をつくってくれたが、ここには客に出す余分のコップがなかった。私は橇から鍋を取りだしてきて、お茶をついでもらった。セイウチの肉もすすめられた。

今ここに来ている四家族のうち、マサウナ一家はシオラパルク部落の人だが、他の三家族はカナックからやってきていた。私の見たところ、このナサスに来たのは、北の狩場であるネッケよりセイウチがたくさん獲れるという理由からではなさそうだ。この近くにあるアメリカ空軍チューレ基地へ行って、狩りの獲物で物々交換するのに便利なので来ているのだ。アザラシの毛皮、セイウチの牙の細工物を、基地で働くアメリカ人、デンマーク人のところへ持っていき、ウイスキーやタバコと交換するのである。

マサウナの小屋も、なんとなく荒涼としていた。窓のない暗い部屋に、カリブーの毛布、汚れたふとん、シュラフ、シャツ、アザラシの靴、飲料用と排泄用のバケツなどが乱雑にころがっているだけで、食器などは何もない。マサウナ一家は、四・五メートルほどの橇に、狩猟道具、家財、生活用品などを満載して、夫婦と三人の子供とで、この冬の狩場に移ってきているのだ。

お茶をご馳走になり、一時間ばかりおしゃべりしていると、午後六時をすぎ、暗くなった。オーロッキャは、ぜひ今晩はここへ泊まっていけといってくれた。しかし、旦那のマサウナは今晩ここへ帰ってくる様子もない。男女関係の自由なエスキモーのことだから、旦那の留守中に泊まり込めば、何が起こるかはわかっている。私はオーロッキャの好意を押し切って、暗くなった海氷上に一人橇を走らせた。

もう夜になっていたが、フィヨルドの沿岸ぞいに、犬たちは黙々と走った。行く手にアメリカ基地の盛大な明りが、ネオンのようにまぶしく輝くのが目に入った。きらびやかな基地の明り、黒々とそびえる台形のウマンナ山の影。私はホームグラウンドに帰りついたような気分になった。一時間半ばかり走り、基地まであと一時間というところで犬をとめ、テントを張った。ここで日記やフィルムを整理し、明日ドンデシ（チューレ基地に隣接したエスキモーの村）に入ったら、日本へ発送しなければならない。

俺はとうとうここまで来た。着くべきところへたどり着いたのだ。そう思うと、われながらエスキモーに劣らぬ勇気と力を持っているようで、ようやく今度の旅に対する自信がわいてくるような感じがした。

**二月二十六日**

米軍チューレ基地のあるドンデシに来て、エスキモーの共同小屋に入った。共同小屋は基地とウマンナ山のあいだの湾の奥にある。

米軍基地から、フィルムや手紙を日本に発送した。世話になった人たちや女房に、一刻も早く無事ここまでたどり着いたことを知らせたかった。

共同小屋には、モリサックからやって来たイットコ夫婦、マサウナ夫婦など四、五人が入っていて、モリサックで獲ったアザラシの毛皮数十枚を小屋の中で広げていた。獲ったばかりの毛皮二、三枚は、小屋の中に吊して乾燥させている。ここで毛皮を基地の軍人やデンマーク人労働者に売り、その金で食糧を買ってまた狩りに出るのだという。行く先は、私が通過してきたヨーク岬とのこと。

アメリカ基地は、整然と区画されて道路が網の目のように通じ、アルミニウム製の家、工場のような巨大な建物が並び、建物からはもうもうと蒸気と煙があがっていた。野球場のバックネットのように大きなレーダーもある。空軍機がひっきりなしに発着し、道路にはかなりの車が走っていて、車体にはみなU.S. AIR FORCEと書かれている。基地の中を歩いていると、とうていここがグリーンランドの一画であるとは思えなくなる。アラスカの米軍基地にでもいるような錯覚にとらわれる。キューバ危機のときには、ここに二万人の軍隊が結集したが、現在は七〇〇人ほどが常駐しているという。グリーンランドの全人口が四万五〇〇〇人であるから、この基地の規模がいかに大きいかが察せられるだろう。

基地の中にいるのは、アメリカの軍人とデンマークの労働者だけだ。エスキモーは一人も働いていない。ここには病院、郵便局、体育館、レストラン、バー、何種類かの店があるが、エスキモーはそれを使用することが許されていない。いや、そもそも基地の中を歩くことさえ禁止されているのだ。ただ許可されているのは、基地の店で一人二〇ドルまで買物をすることだ。一日に一回、デンマークの警察がエスキモーの希望者を車で連れて行き、連れて帰る。

その警察の目をかすめて、白人の労働者や軍人が、ドンデシの共同小屋を訪ねてくる。毛皮や細工物などを買ったり、ウイスキー、タバコなどと交換していく。二年前に来たときは、八畳一間の狭い共同小屋は、あたりの部落からエスキモーが多勢つめかけていて、寝場所もないほどだった。今年はどうしたわけか、泊まり込んで基地相手の商売をしている者がほとんどいなかった。なぜそうなのかエスキモーに訊いてみたが、結局要領を得なかった。

基地が建設される前のこの土地にはエスキモーが住んでいた。彼らは、基地建設のために一〇〇キロばかり北にいったピウリップヌナ海岸のカナックに移住させられ、政府から家を与えられたのだった。

### 三月五日

二月二十八日にドンデシを出たが、高度七〇〇メートルの氷河越えを前にして、悪天候に見舞われ、三日間停滞した。そして三月四日、カナック到着。二年前にも世話になった独り者のアナウッカの家に泊めてもらった。

カナックに到着以来、私はひどく憂鬱になっている。やっとチューレ地域まで来て、ホッとしたせいか元気を回復したような気になったが、ここに落ち着いて前途のことを思うと、どうしても気が滅入ってくるのだ。これまでの二カ月の旅で、身心ともに疲れ果てているのだろう。

この二カ月の旅はやはり私にはきびしすぎた。一年以上も走りつづけたような気分に襲われるのだ。そういう気分のなかで、また新しい旅の準備をしなければならないのはいかにも気が重い。精力を使い果してしまった感じなのに、私の旅は、ゴールのアラスカまでのまだ三分の一にも達していない。

ヤコブスハウンから二〇〇〇～二五〇〇キロ走った犬たちも、私同様に疲労困憊《こんぱい》している。痩せこけ、足の皮が磨滅し、爪がはがれ、負傷兵ぞろいである。カナックとシオラパルク（両部落は七〇キロばかり離れている）で、犬を調達し、十二頭全部とり替えてしまうか、とくに弱った犬だけを入れ替えるか、まだ迷っているが、いずれにしてもチームを再編成しなければ旅は続けられない。

ここで約一カ月滞在することに決めた。休養と準備で、どうしてもそれぐらいはかかってしまう。太陽が出ていてしかも氷の状態がいい三月をそれでつぶすのはまったく不本意なのだが、しかたがない。その間なすべきことは、

一、カナダ政府に渡航届を出すこと。

二、犬のチームを再編成すること。

三、橇を新しくつくること。

四、日本へこれまでの報告を送ること。

などである。

昨日、今日と来客が押しかけてきて、考えがまとまらず、仕事ははかどらない。何の区切りもないエスキモーの家は客が来ると逃げ場がないのだ。プライベートの時間がないのには閉口してしまう。彼らの善意はよくわかっているが、今は彼らとのんびり旅の話をしている暇がないのだ。

## 三月二十五日

カナックおよびシオラパルク滞在もいよいよ切りあげ時だ。二十七日、出発することにした。この一カ月弱のことを、ざっと書きつけておく。

三月七日、カナックから二五キロほど離れた、フィヨルドの奥にあるカンガドゥアスアに、ヨボヨボの犬たちを連れて移った。プライベートの時間をもつためと、犬たちの食糧を確保するためだ。海岸にある仮小屋に泊まり、オヒョウ釣りに専念した。このへんの水深は四〇〇メートル、オヒョウはかなりよく釣れた。釣りあげたばかりのオヒョウの生肉を犬たちに腹いっぱい食べさせ、体力の回復を待った。

釣りの合い間には、小屋に入って石油ストーブで暖をとりながら、旅の報告書や、日本で出発前世話になった人びとに手紙を書いて暮らした。

三月にもなると次第に太陽が高く昇るようになり、八時間は空に出ている。もう地吹雪もほとんど吹かなくなり、快晴で旅には絶好の日が続いた。犬の食糧を釣り、犬たちを休養させていることがもどかしくてならないのだが、今や全部の犬をとり替えることはしないつもりだから、犬を回復させるのも必要な仕事なのだ。しかし、春が深まって氷が解ける前になんとかカナダに渡り、越夏する場所を決めなければならない。

オヒョウ釣りは十日間で切りあげ、一五〇キロばかりのオヒョウを積んでカナックに戻った。帰ってみると、シオラパルク部落のイヌートソアとナトックの老夫婦が私に会いにきていて、温かく迎えてくれた。

背の低いナトックは皺だらけの顔をほころばせて私に駆け寄ってきて、「チキカイ」（よく来た）というなり両手を握って長いこと離さなかった。

二年前、犬橇の操法を学ぶためにこのチューレ地域を訪れたとき、シオラパルクの村長であるイヌートソア夫妻が、何も知らない私の面倒をじつによく見てくれた。私はシオラパルクからウパナビックまで三〇〇〇キロの犬橇試験旅行をするというと、ナトックは、白熊ズボン、カリブー皮の予備ズボン、アザラシ皮の手袋、そして温かいキツネの皮のコートまで、私のために縫ってくれた。

夫妻は私や部落の人にむかって、「ナオミを養子にする」と宣言し、それを紙にまで書きつけた。私も彼らを「アダダ」（お父さん）「アナナ」（お母さん）と呼んだ。エスキモー社会では、「生みの親より育ての親」が原則である。私はこの両親に甘え、ほんとうに父母のような情愛を受けた。

オヒョウ釣りから帰った後は、シオラパルクにも行き、そこではヤークという独身男の家に厄介になった（イヌートソア夫妻は、しばらくカナックの兄弟の家に滞在していた）。そしてシオラパルクとカナックの間を往復して、再出発の準備を整えた。

再出発後、最初の目的地はカナダ最初の部落・グレイスフィヨルドだ。スミス海峡を横断する一〇〇〇～一二〇〇キロは、この旅最長の無人地帯だ。途中ピトラフィックまでは二年前に行ったことがあるが、その先は全く未知のコースだ。三週間の行程で、後半の食糧は、途中のアノーイトー岬にデポしておく。

グレイスフィヨルドで数日休養したあと、次の目的地・リゾリュートに向かう。デボン島、ウェリントン海峡を横切る八〇〇キロ、二週間足らずの行程で、この区間は食糧デポの必要はないはずだ。

リゾリュートではいろいろ用事があり、一週間ばかり滞在することになるだろう。というのはその先ブーシャ半島のスペンスベイか、ビクトリア島へ行ってそこで越夏するのだが、どちらにしても途中に食糧をデポする必要があり、さらに警察から狩猟の許可をもらわなければならないからだ。

越夏地をどこに選ぶにしても、日一日と日照時間の長くなる時期だから、海氷が溶けないうちに越夏地に到着しなければならない。今度の旅も辛い厳しいものになるにちがいない。ただひとつの救いは、カナダ圏に入ると、部落間の通信、交通が発達していることだ。

シオラパルクで、カガヤ・プッダという若者に新しい犬橇の製作を頼んだ。前の橇より五〇センチ以上も長くして、全長を四メートルとした。古い橇は、ランナーが内側に傾いていること、機械で作ったためか作りがやや雑で、十分に頑丈でないことなどの欠点があった。四メートルとランナーを長くしたのは、乱氷地帯で少々のギャップならランナーが橋渡しの形でとび越えられると考えたからである。

橇の材料は前のものと同質の板を使ったが、最前部の床板と後部の長柄は、堅いカシの木を使った。そしてランナーに鉄板をとめる以外、釘はいっさい使わなかった。ナイロンのロープで、床板を一枚ずつ、ゆるまないように固く締めた。カガヤ・プッダは大した腕前の持ち主で、ノコギリ、手回しドリル、ナイフだけ使って、一週間で作りあげた。

カナックで別々のエスキモーから二頭の犬を買った。そしてボス犬に噛まれて鼻に大きな裂傷を受けた犬一頭を、エスキモーに進呈した。もう一頭痩せこけて回復しない犬（テシウサックで買った四頭のうちの一頭で、もともと小柄だった）を追放した。彼は野良犬として生きていくだろう。

さらにイヌートソアが、自分がリーダーとして使っていた一頭と、一歳半の若くて元気のいい犬三頭、計四頭を私にくれた。ところが、そのリーダー犬は、私のチームに加わるとすぐに集団リンチのような集中攻撃にさらされ、瀕死状態になった。私はイヌートソアにその犬を返した。

ずっと首を痛めていたボス犬は、回復する見通しがなかった。気温が低いのと、しょっちゅうケンカばかりしているせいだろう。私はカナックのエスキモーと交換トレードし、ボス犬を手ばなし、元気な新顔を得た。カナックのエスキモーは同族交配ばかりやっていて、南からきた大きな体格をした私の犬と交配させたがっていたので、傷ついた犬にもかかわらずよろこんで交換に応じた。

他にも疲労から回復できなかった弱い犬を手ばなし、結局新たに七頭の犬を加え、十三頭の新チームを編成しおえた。

シオラパルクでもカナックでも、私が一人でカナダ、アラスカへ旅するというと、エスキモーたちは異口同音に、「トコナラヤカイ」(死んでしまうぞ)といって心配した。イヌートソアも、「われわれイヌイは決して一人の犬橇旅はやらない。中止したほうがいいと思うが、どうしても行くというのなら、一緒に行く人を探したほうがいい」と親身の忠告をしてくれた。彼らが、私の一人旅を不思議に思うのは無理ないことだ。彼らにとってそのような旅は「意味がない」のだ。しかし心の寛《ひろ》いイヌートソアは、私の決意が固いと知ると、もう二度ととめず、準備を手伝い、力づけてくれた。

私は先へ進まなければならない。憂鬱でも気が重くても、それが私の運命のようなものなのだから、勇気をふるい起こして、先へ進まなければならない。

# 第二章　カナダ北部の無人地帯を往く

北極海
エルズミア島
グリーンランド（デンマーク）
アクセルハイバーグ島
ピム島
スミス海峡
シオラパルク
カナック
ハーシェル岬
イザベラ岬
ダンスタービル岬
ムアート岬
マキンソン湾
コンバーマー岬
クレアランス岬
ノートンショー岬
クイーンエリザベス諸島
グレイスフィヨルド
ジョーンズ海峡
コバーグ島
キングエドワード岬
ニューマンスミス岬
バッフィン湾
ウェリントン海峡
ビクスフィヨルド
バリー諸島
コーンウィリス島
リゾリュート
デボン島
ビスカウントメルビル海峡
ハンモック島
バロー海峡
サマーセット島
バイロン島
ボードン半島
ブローダール半島
ビクトリア島
マクリントック海峡
プリンス・オブ・ウェールズ島
ピール海峡
ブローディー岬
チャールズ・ディケンズ岬
スインバーン岬
フランクリン海峡
バッフィン島
カナダ
ケンブリッジベイ
アルバート・エドワード湾
ゲートスヘッド島
ブーシャ半島
ブーシャ湾
ビクトリア海峡
アドミラルティ島
テーラー島
キングウィリアム島
リンダ島
パーカー湾
クイーンモード湾
アンダーソン湾
メルビル半島
0
100
200km

なくなっていた補給食糧

三月二十七日

夜明け前から出発の準備にとりかかると、村人たちが三三五五集まってきては橇のランナー磨きを手伝ってくれた。

シオラパルクからスミス海峡《サウンド》を渡ってカナダ最初の部落・グレイスフィヨルドに至る一〇〇〇ないし一二〇〇キロの旅の門出だ。これまでの行程で一番長い無人地帯の旅でもある。

出発にふさわしい快晴だ。

よく乾かした白熊のズボン、カミック（靴）を履いている間、子供たちがカリブーの敷皮やテントを橇に運んでくれる。大人たちも、セイウチの凍肉、石油タンク、ハープン（鋸）、ライフルなどを橇に積み込み、落ちないように固くロープで結わえてくれた。

「グエナソア、イヌットアッチ」（どうもありがとう、お元気で）

橇のまわりに集まった村人一人ひとりの手を握って別れを告げる。どこの部落でも、世話になったエスキモーたちに礼を述べるとき、この言葉しか知らないのが、私には残念でならない。

二年前のシオラパルク滞在中、私を養子にして実子同様に遇してくれた六十五歳のイヌートソアは、カセットテープをもちだして別れの声を吹き込み、「イヌットアッチ、ナオミ」と、しばらくの間私の手を握りしめて離そうとしなかった。

午後二時、十三頭の犬にムチを振りあげると、母として私の面倒を見てくれたナトックが「ナオミ、ナオミ」と大声をあげて氷の上を走り寄ってきた。

「これを持っていきなさい」と渡してくれた布袋には、カリブーの手袋、ハンカチ、カルアリ（オヒョウの凍肉）、キビア（小鳥のアザラシ漬け）、乾燥させたアザラシの腸などが詰まっていた。

シオラパルク滞在中にいわれた、村人たちの「トコナラヤカイ、ナオミ」（死にに行くのか）という忠告とも脅しともとれる言葉が耳の底に残っている。だが、一人で北極を横断するのだという決心は変わらない。執拗にまつわりつくその不安を振り払うように海氷に橇を出し、「ヤー」（行け）と号令をかけてムチを振り下ろした。「イヌットアッチ」「ナオミ」の声は、たちまち遠くなり、海岸で手を振る人影はみるみる小さくなって、間もなく見えなくなった。

行手は果てしない海氷の広がりだ。太陽は南の空に輝き、疾駆する犬と橇の影が雪の上を波打つように動いていく。ほとんどムチを振るう必要のないほど橇は快調に滑った。

途中、フィヨルドを渡ったあと、ネッケの仮小屋でセイウチ狩りに来ていたママオの一家に会い、夜八時にはピトラフィックにたどり着いた。

スミス海峡を横断してカナダへの旅に出るといったとき、シオラパルクのママオとカナックの若者から、一人五〇〇クローネ（三万円）出してくれれば途中までガイドとして同行するという申し入れがあった。この二人はスミス海峡を渡ってカナダのエルズミア島へ白熊狩りに行くのだが、そのための食糧、燃料を買う金がないのだ。

シオラパルクの人たちは、スミス海峡を一人犬橇で渡るのは危険だから、ぜひ二人を雇って一緒に行けとすすめたが、私の方にも事情があった。

私の、旅の費用は全部で六〇〇万円。出発前に三〇〇万円受けとり、残り三〇〇万円は越夏中私の手元に届くようになっていたのだが、最初の三〇〇万円はシオラパルクまででほとんど使いはたしていたのだ。シオラパルクでの橇の作り直しとドッグ・チームの立て直しに金を惜しむわけにはいかなかった。義父のイヌートソアの好意もあって、私は十三頭の犬で出発することができたのだが、その代わり、買い入れた食糧その他の必需品は、長期の狩りに出るエスキモーより貧弱なものだった。シオラパルクの政府直営販売所で買い込んだのは、石油二四リットル、イクウサック（乾パン）、コーヒー、茶、砂糖、マーガリン、マッチ、それにライフルの弾八十発だけだった。そんな私に一〇〇〇クローネも払ってガイドを雇う余裕はとてもない。

どうしてもっと切り詰めて、二〇〇ドルくらい残しておかなかったのかと悔やんだが、後の祭りだった。

ここからカナダまではスミス海峡をはさんで一〇〇キロの旅、対岸のカナダ領・エルズミア島は、マイナス二十六度の気温に海面からたちのぼる水蒸気のため、ぼんやりとかすんでいる。

明日からは、凍結しない海水面を避け、内陸の氷床を越えて、海峡の最も狭まった部分を渡るのだ。

**三月二十八日**

鮮血の凍りついたセイウチの肉を一五〇キロ積み込む。

クレメンツ・マーカムの氷河を越えるルートをとる。氷河にはところどころ犬橇を呑みこむほどのクレバスが口を開けており、末端は蒼々とした氷壁になっている。氷壁の下、氷河の右岸に回り込むと、雪の付着したなだらかなスロープをみつけ、犬橇を走らせる。

氷河の幅は約二キロ、中央部のクレバスは二〇メートル以上の深さで、落ちこんだら這い上がる手だてはない。しかし、岸に近い部分のそれは吹きつけた雪がつまり、橇が通れる。傾斜は急なところで十度ばかり、犬は力強い足どりで橇をひいてくれた。

しかし、登るにつれて傾斜は急になる。私は橇を降りて後ろから押した。マイナス三十度なのに全身から汗がふき出す。犬も次第に疲れ出した。標高差一〇〇〇メートルの急斜面の登りだ。犬は口を大きく開け、舌を長く出し、背中を丸めて登っていく。休ませようにも急斜面の悪場では橇が滑りおちてしまう。二、三十分おきに比較的傾斜のゆるい場所を見つけては休ませてやった。

二年前のシオラパルク滞在中、ピトラフィックまでは来たことがあるが、今日からの行程は全く未知のルート、しかも無人地帯なのだ。持っている地図は百万分の一だから、一センチが一〇キロにあたり、地図から地形を判断するのは不可能に近い。

磁石はあるが、磁極点よりも北極点寄りにいるため、西に八十度も修正しなければならない。日本から持ってきた、SOSを打つための無線機は出力五〇ワット、CQ無線で日本とも交信できるものだったが、重量一〇キロ、積載に制限のある橇に同重量の犬の餌を積んだ方がよいとヤコブスハウンを出るときに置いてきたのだ。救援を求める道をみずから閉ざしたのは軽率だったろうか。

やっとの思いで氷河を登りきると、今度は氷帽だ。傾斜はゆるやかだが青氷は堅雪にかわり、海峡へ吹きおろす風で波状に起伏している。波頭の間は四、五メートル、辛うじて橇を橋渡しできる間隔だ。シオラパルクで橇を新しくしたとき五〇センチばかり長くしたのが成功だったと、ホッとしたが、それも束の間、犬の疲労が重なるにつれて橇は堅雪の谷間に落ち込み始めた。

橇にスピードがついていれば惰性で谷間を越えられるのだが、スピードが落ちているので先端を谷間につき刺してしまう。三〇〇キロの橇は、一人の力では微動もしない。その都度、梱包をほどき、荷物をおろして橇をカラにしなければならないのだ。

すでに午後四時、出発してから七時間経っている。ムチを振り、橇を押し、荷物を下ろし、また積み上げる、の繰り返しで私も犬同様に疲れはてていた。

「一人で犬橇の旅はムリだ」というエスキモーの忠告が今こそ身にしみる。二人なら、荷物をあげおろししなくても先端を雪につっこんだ橇を立て直せるのだ。

午後六時、やっと氷帽をぬけたところで、橇はまた先端を雪につっこんだが、もう引き上げる気力もなく、テントだけをとり出して橇の横に張った。夕方から出はじめた風は、夜に入って烈しくなり、昼間汗をかいた体は冷えて痛い。石油コンロをたいてお茶を飲み、五、六キロもあるセイウチの凍った肝臓を鉈で割って食べる。橇を作ってくれたカガヤ・プッダの贈り物だ。

アザラシの靴をぬぐ気力もなくシュラフにもぐり込んだが、疲労困憊しているのに目が冴えて眠れない。明日以降の旅に全く自信がもてないからだ。一番確実な方法は、一刻も早くシオラパルクに引き返しエスキモーを雇って途中まで同行させることだが、来た道を戻ろうにもこの風は橇のトレースを完全に吹き消していることだろう。かりに引き返せたとしても二〇〇ドルのガイド料を算出するあてはないのだ。一カ月間休ませ、補充した犬たちもわずか二日の旅で疲労困憊してしまった。到底カナダまではもたないだろう。犬が倒れれば私のたどる運命もおなじものでしかない。

前進か、後退か、決断のつかないままに朝を迎えてしまった。

**三月二十九日**

テントの小さなベンチレーター（筒状の換気孔）から外を覗くと、昨日の風は弱まり、地吹雪はあるが空は晴れていた。心の中には絶えず、引き返した方が安全だと囁きかけるものがある一方、今までも危険をきりぬける確信があったことなど一度もなかったのに何とかきりぬけてきたじゃないか、と反撥するものがあった。

一時間だけ前進してみよう。後退を決めるのはそれからでも遅くない。

午前十時、テントを出た。昨日のトレースは予想に反して強風の中でかえって浮き上がるように残っていた。これなら引き返そうと思えばいつでも引き返せる。

十一時、昨日雪の谷間に先端をつっこんだままにしてあった橇をひき上げ、橇につないだままの犬を叩き起こした。行手の雪原は地吹雪をうけて荒海のように白く波打っている。

犬は出足よく、深く切れ込んだ雪のギャップをとび越えた。その足どりに昨日の疲れは見られない。昨日の後半は、一キロ進む間に橇は四度も五度も雪の谷間に落ち込み、荷物を下ろしては積み直す作業の繰り返しだったが、今日は一度も落ち込まない。スピードのついた犬橇は三、四メートルもある雪の山から山へ、見事に橋渡しになるのだった。

一時間も走らないうちに氷河は尽き、波打つ雪原も消え、白一色の氷原に変わった。ムチを振らなくとも、橇は時速一〇キロで走る。もう引き返す必要はない。前進あるのみだ。昨夜の弱気がウソのように思われた。

進路を定める目標物は何一つなかった。ただ、南東の空に輝く太陽と、雪の表面の状態で北の方角に見当をつけて走った。しかし二時間走っても三時間走っても、視界にはなんの変化もなく、果たして北へ向かっているのかどうか不安になる。磁石をとり出してみても、磁極点が近いせいで針は烈しく左右に揺れて定まらないのだ。そのうちに天気がくずれ始め、太陽が姿を隠してしまった。進路を決める手だてが失われてしまったのだ。

地吹雪がまともに吹きつけてくる。眉毛が凍りついて先が見えなくなる。アザラシの毛皮の手袋でこすると、堅いアザラシの毛が顔を刺して痛くてどうにもならない。大急ぎで手袋を外し、素手で眉毛にはりついた氷をとるのだが、その手はまた大急ぎで股間にはさんで温めなければならなかった。

感覚をなくした手で振るムチは、なかなか犬に当たらない。いらだって大振りするとムチの先は自分の顔にしっぺ返しを喰わせるのだ。

午後三時すぎ、とうとう犬が進まなくなって橇は立往生した。テントを出そうと橇の荷を結わえた紐をほどくと、一番上に置いてあるカリブーの敷皮が吹きとばされそうになる。風速一五メートルはあるだろう。橇の風下にはたちまち雪が吹きだまり、橇の端を隠してしまった。

強風の中でテントを張るのは辛い作業だ。二人いれば、一人が風で飛ばされぬようテントを押さえている間に一人が張綱をとめたりできるのだが、一人ではどうにもならない。そのうえ手がかじかんでしまっているから、気ばかり焦ってふだんなら二分とかからない設営に三十分もかかってしまった。

石油コンロもカリブーの敷皮もシュラフも、雪まみれだ。なかなか火のつかないコンロにマッチ棒を三本使ってやっと火がつく。

表面に糊でもはったような感じの顔が、次第にやわらかくなり、血液がゆきわたるのがわかる。ここは一一〇〇メートルの内陸氷床の上なのだ。

犬の食糧はセイウチの肉が四日分ある。私のそれはナトックがくれたキビアとオヒョウ、プッダがくれたセイウチの肝臓、それと乾パンにコーヒー、紅茶。食事を楽しむというほどのものではないが、空腹を満たすには十分だ。

セイウチの凍った肝臓は、口に入れるとアイスクリームのようにとける。すこし生臭いがうまい。キビアは二十羽くらいしかない貴重な食糧だから、毎晩一羽ずつしか食べない。アザラシの脂肪で濡れた羽根を一本一本抜いて、赤裸になったところで肛門に口をあて内臓を吸い出す。ついで足をむしり、胴にしゃぶりつき、最後には頭まで食べてしまう。カマンベール・チーズのような強烈な臭いはするが、それぞれの部分に違った味があり、それぞれに美味しいのだ。

好天ならば今日中に氷帽を抜けるつもりだったが、地吹雪では進めない。シオラパルクを出て三日目というのに、一週間も経ったような疲労感がある。しかし、不安が前途を危険なものにすることを私はこの旅で学んだ。無謀な冒険はもちろん慎まなければいけないが、いたずらに怯えることはさらに悪い結果を招くだけなのだ。

夕方、風は弱まり、地吹雪もやんだ。九時すぎ赤い太陽が再び水平線上に顔を出した。

犬に餌をやろうとテントを出た。一瞬、胸がつまり目の前が暗くなった。犬の姿が一頭も見えない。橇につないだはずの曳綱も見えないのだ。また逃げ出してしまったのかと思った。が、よく見ると橇の横の雪から、わずかに枯草のようなものが覗いている。眠りこけた犬を地吹雪が埋めつくしたのだ。ウパナビックの二の舞ではなかったのだ。

合図の口笛を吹くと、犬たちはいっせいに雪の中から起き上がった。身体を震わせると頭から背から尻尾からこびりついた雪が四散する。セイウチの凍肉を鉈で割ってやると元気よく喰いついた。なんと頼もしい犬の生命力だろう。人間なら、あのまま凍死してなんの不思議もないのに。

**三月三十日**

太陽の角度をよくみて北へ進路をとる。犬橇のスピードはこれまでで一番早い。毎日、餌を一五キロずつ食べて橇が軽くなるからだけではなく、道が氷帽のピークをすぎて下りになったからだった。見た目にはほとんど判らないが、よく見ると前方の水平線がわずかに低くなっている。「氷帽を脱けたぞ」と心の中で叫んだが、脱けたところが地図上のどこにあたるのかは全く判らない。氷帽の末端には氷のない台地《プラトー》が三、四〇キロも続いていることがある。もしそうだったら、どうやって橇を走らせたらいいのだろうか。

しかし氷帽を出きったところには、傾斜三十度、一〇〇メートルほどの青氷の急斜面が待っていた。

私は橇から下りてランナーに鎖を巻いた。橇が辛うじてとまっている不安定な位置で、犬を橇の後ろに回している余裕はない。危険だが犬も橇もそして私も、一緒に滑りおりる、いや滑り落ちるしかないのだ。

私は後ろの長柄を握った手を離した。当然のことだが、犬の走るスピードより、重量のある橇が滑り落ちるスピードの方が早い。犬は橇の下敷きになるまいと気が狂ったように駆けおりるが、たちまち追突されて倒れ、左に右に避けた犬ともども橇につないだ綱にひきずられて転げ落ちる。橇の下敷きになった犬はギャーッと悲鳴をあげながら、これもひきずられていく。

目をそむけたくなる光景だが、時間にすればほんの数秒だったろう。一〇〇メートルほどの斜面を下りきり、その先の岩場に橇がのり上げたのを見届けて、私はムチの柄をピッケル代わりの杖にして青氷を滑りおりた。

幸運にも橇の下敷きになった三頭の犬も無事なら、橇も後ろの長柄の紐がゆるんだだけだった。前の橇だったら壊れていたかもしれない。

ここからスミス海峡の北のカナ湾《ベイスン》まで、三、四〇キロに及ぶ氷のないツンドラの台地が続いていた。橇は、サイの河原のように岩が露出する地帯では、ランナーがブレーキになっていっこうに進まない。夕方六時、すぐ後方に青氷のみえるガラ場で行動を中止、テントを張った。

テントを張ったからといって、すぐ中へ入って休めるわけではない。まず犬の曳綱をほどいて橇から外し、岩があれば岩に、なければ氷に穴をあけて結びつける。凍肉を鉈で割って犬に与え終わってから、橇から敷皮、石油コンロ、シュラフなどを下ろしてテントに運びこむ。溶かして飲料にする雪と氷もテントの隅に入れる。橇の荷の残りを全部下ろして橇を裏返しにし、ランナーの鉄板にヤスリをかけ、紙ヤスリで仕上げる。最後に自分の食糧をテントに入れるとテントの外での仕事は終りだ。靴やズボンの雪を棒で叩き落としてテントに入る。ここまでにざっと一時間半はかかる。毎日のことなので半ば慣れているが、一人でこれだけのことをやるのはつらい。一度テントに入ったら朝まで出られないのだ。

テントに入るとまず石油コンロに火をつけ、履いていた靴、内靴、毛皮の手袋、毛糸の手袋、帽子、マフラー、ヤッケをテント内にわたした紐に吊り下げて乾かす。

テントの天井はたちまち一杯になってしまう。石油コンロは身動きしたときひっくり返さないように木箱の中に入れておく。氷を溶かしたお湯で紅茶を飲み、カンテラの明りを頼りに地図を見ながら食事をとる。セイウチの肉には塩をつけるが、肝臓やキビアにはなにもつけない。腹いっぱいに、これ以上は何も入らないというところまでつめ込む——約一キログラムだ。

食事がすむと、その日切れたりほころびたりした犬の胴バンド、ムチ、靴の修理をすませ、紅茶を飲みながら日記をつける。瞬《また》く間に十二時をすぎ、ときには一時、二時にもなる。日中の疲労で、ほころびをつくろう縫針をもったまま、眠ってしまうこともあった。

寝るときは犬の毛皮の内靴を履き、エベレストで使った二重のシュラフにもぐり込む。寒いときはさらに白熊のズボンを履いたり、ヤッケを着たり、帽子やマフラーまで身につけることもある。それでも顔に白い霜がつく夜もあった。

石油コンロは氷を溶かしてお茶を飲むだけ。暖房のために使うわけにはいかない。橇の重量を抑えるために、それに見合う量の石油を積んでおらず、一日一リットル以上は使えないのだ。

## 三月三十一日

朝九時出発、雪つきの台地を探しながら海氷に向かって走った。雪に埋もれた深い谷に出る。下は堅雪、傾斜はゆるやか――橇は快く滑った。

しかし、喜んでいたのも束の間、谷は急速に狭まり、あたりは大きな岩がゴロゴロしている状態にかわり、その一つにぶち当たった橇は岩陰の軟雪に落ち込んで動けなくなった。

このエスキモーも住んでいない谷を、これ以上一人で下ることは不可能だ。いや、この谷どころか、いまこの氷帽の北側にいる人間は私一人なのだ。

ルート・ファインディングのため橇をおり、谷を脱け出て小さな丘に登ってみる。青氷の上部からこのプラトーを見たときは、山と雪つきの谷が見分けられたのに、プラトーに入ってしまうと、どこが山でどこが谷か、サッパリわからない。

さらに小高い丘に登ってみて、初めてルートを間違えていることに気づいた。入ってはならないクーソア（大きな谷）に、いつの間にか入り込んでいたのだ。

この辺はエスキモーのオールド・ルートなので、シオラパルクでサッキウス老人からこの氷床越えのアドバイスを十分うけてきていたのに、入らぬようにといわれた大きな谷に入り込んでしまった。老人は若いとき、スミス海峡のグリーンランド側のエータに住み、海峡の北側を通ってエルズミア島一帯で狩猟をしていたので、氷床越えは十回以上も経験しており、この辺の地理は掌《たなごころ》をさすように熟知していたのだ。

谷を引き返し、北側にルートをとって、やっと石を積んだケルンのある谷を発見、この、人の通った跡のある谷を下ることにした。

犬の食糧はあと二日分、二五〜三〇キロしかない。もうシオラパルクに引き返すには到底足りないし、その気力も体力もない。なにがなんでもスミス海峡へ出るしかないのだ。

そこから先、カナダまでの食糧は、海峡のグリーンランド側、岬の突端のアノーイトーにデポしてある約束だった。

ケルンを道しるべに橇を走らせる。出発後十二時間の午後九時すぎ、やっと橇が通り抜けられるほどの岩の間を出ると、突然窓をあけたように視界が開け、眼下に水平線が望まれた。沈みかけた太陽は、光が弱く赤味もない。霞のかかった水平線までびっしり続く海氷はカナダ湾《クーソア》のそれだ。「あの向こうがカナダだ」と思うと胸がジーンと熱くなった。犬は私の気持ちも知らぬげに、橇がとまりさえすれば背中を丸めて眠ってしまう。太陽も沈み、あたりが薄暗くなったので夜十一時、アーンナットの海岸の棚氷の上にテントを張った。

垂直に黒々とそそり立つ岩壁は、高さ三〇〇メートルは優にあるだろう。暮れ残る空の下に果てしなく続く氷の海――異様な光景だ。ここが私にとっての死と生の境い目なのかもしれぬという思いが胸をしめつける。

今日までに、山も知らずに山岳部に入り、言葉も知らずに外国へ無銭旅行に出かけ、アマゾンをイカダで下り、無謀としかいいようのないことを重ねてきた。しかし、明日から入る世界は、これまでで最も危険で苛酷な世界であるだろう。たとえば、この旅を終えた自分が、もとの自分とは違った人間に変身しているような……。もちろん、生きて帰れたとしたら、の話だが。

この極北の地で、地図も磁石もなしに氷河を渡り、氷床を登り、何日も走ったあとで、またもとの村に帰り着くエスキモーは、世界一優秀な民族にちがいない。それはこの地を旅してみた者でなければ判らないことだ。

四〇〇〇年も昔、シベリアからアラスカ、カナダを経てグリーンランドに渡ってきた彼らは、今、原始民族の代表のようにいわれているが、苛酷な自然に対して文明人ほど弱いものはない。それは十七世紀以来、イギリスの探検隊をはじめとした文明人たちが、この地で繰り返してきた悲惨な遭難の歴史を振り返れば明らかだ。

シオラパルクのコルティヤンガは、五歳になる孫のターベに、ムチの振り方を教えていた。うまく振るえない孫を「お前は俺の孫じゃない、カッドゥナ（外国人）だ」と、彼は叱咤した。勇敢な彼らイヌイ（エスキモー民族）よりも弱い存在であるとして、カッドゥナは蔑称になる。

ターベは泣いた。しかし、ムチを振ることをやめなかった。この旅を中途で断念したら、私は五歳のターベにも劣る人間になってしまうのだ。

**四月一日**

出発前、ランナーを磨く。昨日、露岩の上を走ったため、おろし金のようになったランナーの表面を包丁で削りとる。包丁の刃はボロボロに欠けたが、ランナーはある程度きれいになった。砥石《といし》代りに石を拾ってこすり、最後はサンドペーパーで仕上げた。

午後二時出発。海岸の棚氷の上を、スミス海峡のアノーイトーに向かった。アノーイトーは、スミス海峡の一番狭まる部分につき出た岬で、ここから五、六〇キロ南だ。

マイナス二十九度の気温の中を橇は快調に走った。棚氷の走りやすさは犬にとって、露岩や氷河の上とは比べものにならない。ほとんどムチを振る必要はなかった。三〇〇メートルもあろうと思われる岩壁の下を走っていると、谷から吹きおろす雪が棚氷の上に吹きだまりとなって急な斜面を作っていた。トラバースするように、その急斜面を渡る。そのとき、橇が横滑りして二メートルも下の氷の空洞に一回転して落ち込んでしまった。乗っていた私も逃げる暇なく、長柄にしがみついたまま一緒に転落した。危うく橇の下敷きになりかけたが、幸いケガはなく、橇も長柄の一本が折れただけだった。長柄に応急処置を施して旅を続けた。

昨日迷い込んだクーソアの末端と思われる河口から海氷に出、乱氷を避けながらアノーイトー岬に到着。夜の十二時だった。四月初めのことで、太陽は沈んでもあたりはまだ明るい。

岬の棚氷に橇を上げた。リーダー犬のアンナは、今日疲れが目立ち、曳綱もたるみがちだったのだが、岬に着くやいなや何かの匂いをかぎつけて頭を上げた。曳綱をといてやると、棚氷を駆けおりて近くの岩場の下で、なにかしきりにあたりの匂いをかいでいる。行ってみると、黒々とキツネの糞が落ちていた。

デポ地点は近い。これはデポしてあるセイウチの肉の匂いをかぎつけてきたキツネの糞なのだ。

**四月二日**

昨日、キツネの糞を発見した岩場の雪に、三つ四つ茶筒ほどの穴が掘られている。この穴の下にセイウチの肉がデポしてあるはずだ。

しかし掘る道具が何一つない。トウはどこかで落としてしまったのだ。氷を割る鉄棒で穴をひろげると、鉄棒が石に当たった。肉はこの下だ。

しかし、石は凍りついていてちょっとやそっとでは動かない。鉄棒を梃子《てこ》にして一つ一つとり除いたが、石の下にあるのはセイウチの皮ばかり、肉は一片もない。キツネは柔らかい肉だけを食べ、硬い皮は残していったのだ。

この肉は昨年の八月、この海峡で狩りをしたシオラパルクのカーウンナ、ママオや、チューレのエスキモーと結婚した大島君たちが、翌年の夏通りかかる私のためにセイウチを四頭、デポしておいてくれたものだった。

私の心は暗然たるものだった。これでは進むことも引き返すこともできない。ピトラフィックから持ってきたセイウチの肉は、昨日全部犬に与えてしまい、今日は一片も残っていない。他にも二カ所、デポしてある場所を見つけたが、そこにもキツネの糞が散乱しており、セイウチの皮しか残っていなかった。考えてみれば、漬物石大の石十個ばかりで一頭のセイウチを覆いきれるはずはない。飢えたキツネの執念を、彼らは甘くみすぎたのだ。

やむを得ず、セイウチの皮でも与えぬよりはましだろうと拾い集めてみたが、カチカチに凍った皮は瓦のように硬く、斧でも割れない。しかし、何とか食べさせなければ、犬はもう明日一歩も先へは進めないのだ。

ふとアイデアが浮かんだ。

テントの天井から凍った皮をぶら下げ、石油コンロをたいてテントの中を暖めた。三十分もすると表面の脂肪がとけて滴るようになり、ナイフで切れる柔らかさになった。てごろな大きさに切って与えると、ろくに噛みもせず呑みこむように、一頭あたり二キロほど食べてしまった。

**四月三日**

四つ目のデポ地を見つけた。すでに三つのデポ地が荒らされているので期待はできなかった。道具が鉄棒一本では、岩を一個とり除くのにも時間がかかる。やがて岩にこびりついた皮が出てきた。あきらめてはいるが、「またか」と、気力も体力も一時に萎《な》える思いだった。

こうなればあとは自分で狩りをするしかない。この海峡は凍らないからアザラシはいるだろう。が、その獲り方となると難しい。ライフルで射とうにもカヤックを持っていない。網を張ろうにも氷がなければ張りようがないのだ。アザラシが氷の上に出てくるのは、もっと暖かくなってからで、それにはまだ一カ月もあるだろう。たとえ皮でも集めるほかはないのだ。

懸命に鉄棒を振るう私の気持ちも知らず、犬たちは雪の上に丸くなって眠っている。橇が走っていないときは、餌を食べるときと大小便をするとき以外犬たちはひたすら眠る。せっかく昨日食べさせたセイウチの皮を、犬たちはそのまま排泄していた。凍った皮は、少しくらい溶かしても消化しないのだ。

夕方になり、さらに皮を掘り出しているとき、突然いくつかの肉塊が出てきた。「これで助かった」雀躍《こおど》りする気持ちで持ち上げようとしたが、肉と肉が堅く凍りついていて、鉄棒で叩いてもビクともしない。斧でたたき割って石炭袋に詰める。一袋三〇キロ詰めるのに二時間半もかかったが、まだ残っている。しかし、一袋で十三頭の犬の二日分の食糧ができた。

掘り出しながらこのセイウチの肉をつまみ食いした。チーズの匂いがし、皮下脂肪のところがとくに旨かった。腹を一杯にしてから、またデポ地に戻り、午後十一時まで斧を振るってさらに五袋の食糧を詰めた。

食糧の心配が消えたので、いよいよカナダへ渡る準備にかかる。もうあまり時間を気にすることはない。太陽の昇る中、時間をかけて丹念にランナーを磨き、犬の胴バンドを修理し、張綱のとれたテントを修理して一日過ごした。

岬の岩場のゆるやかな斜面で写真も撮った。斜面の中途に、石を積み上げた穴が二つ三つあった。これはエスキモーの住居の跡だ。昔のエスキモーは、二十世紀初め、デンマーク政府が木造の家を作って与えるまで、石を積み上げ、コケをかぶせた家に住んでいたのだ。彼らの住居は季節によって異なり、冬がこの石造りの家、夏は狩場に移動してアザラシの皮のテント暮らし、冬から春にかけては雪のブロックをドーム状に積み上げたイグルーだ。

私が尊敬するエスキモーたちの昔の住居跡は、無言のうちに私を励ましているように思われた。

## 無人地帯で人に会う

### 四月五日

朝九時、橇に六袋十二日分のセイウチの肉を積み込んで出発する。橇の重量は約五〇〇キロ。これは今までの最大重量だが、犬はよく走った。岬の棚氷から海氷におりると乱氷に変わった。橇は氷のブロックに乗り上げたかと思うと、ハンマーでも振りおろすような勢いで先端を氷につき刺す。そのたびに私は橇の上で軽業師のように体を移動させて、橇のバランスを保たなければならない。犬は曳綱をたるませることもなく、ブロックに曳綱をひっかけることもなく快調に走った。

一時間ほどで乱氷帯を脱けきり、モクモクと水蒸気がたち昇る海氷のへりに出た。氷は下の水の動きが見えるほどの薄さで、今度は氷の割れる心配をしなければならない。

北極海から押し流されてきた海氷は、この海峡で詰まり、海水だけが南に強く流れる。海峡の南側は氷の状態が極めて悪く、ルートを北側にとる。

氷の割れる心配を避けるためには海水面を離れ、乱氷帯を走ればよいのだが、この乱氷帯は新氷あり、北極海から流れてきた氷山のような多年氷ありで、まるでテトラポッドを積み上げた上を走るようなものだ。

海水と氷のへりには、昨日あたり張ったとしか思えない薄い新氷がある。付近に乱氷はなく走りやすいことこの上ない。新氷の恐ろしさはメルビル湾の体験で、骨の髄までしみ込んでいるのだが、どうしても走りやすいところを走りたくなる。氷の色が少しでも黒ずむと、すぐ鉄棒で氷の厚さを点検してみる。できるだけ古氷に近い部分を橇は走った。

グリーンランドの山々は次第に遠のき、海面からたち昇る水蒸気で霞んでゆく。南に傾く太陽が海面に反射して目に痛い。アザラシが、橇からものの五〇メートルも離れていない海水面で泳いでおり、こっちの姿を見るとあわてて潜っていった。

海氷の上に新しい白熊の足跡を発見する。海氷のへりから四、五〇メートル内側に入ったあたりで、それより外側（海水寄り）には足跡がなかった。これ以上海水に近づけば危険だという限界を、白熊は知っているのだろう。氷の厚さは五センチ程度、白熊の足跡の内側を安全圏と判断して橇を走らせた。

海峡の海水面は中央部でかなり北側まで入り込み、エルズミア島から海峡につき出た小島・ピム島につづいているのだが、そのピム島の東岸で白熊の足跡は陸に上がっていた。鉄棒を氷に刺してみると簡単に穴があき、海水が噴き出てくる。あわてて橇をUターンさせて古氷にもどった。

すでに夜九時すぎ、太陽はピム島の山陰に隠れて見えないが、あたりはまだ明るい。

ピム島の北側の多年氷の上にテントを張った。新氷の上には、至るところに白熊の足跡が見られたので、用心のためにテントの周りに犬をつなぎ、靴を履いたまま銃を抱いて眠った。これもみな、イヌートソアはじめエスキモーから学んだ知恵だった。

そのイヌートソアのいるグリーンランドの行程は今日で終えた。この幕営地点はもうカナダ領なのだ。

## 四月六日

九時出発、古氷の乱立する地帯にさしかかり、ピム島とエルズミア島の間を橇は南下する。そのたった二キロたらずのところを脱け出すのに三時間かかった。エルズミア島の一〇〇〇メートルもある氷帽からは、氷河がゆるやかに海に落ち込んでいる。その雄大な眺めに見惚《みと》れながらハーシェル岬に向けて走った。

岬の手前の丘の上に人家らしいものが建っており、煙がたち昇っているのが目に入った。人の住んでいないところだったはずだがと思いながら丘の下に橇をとめ、近づいてみると驚いた。数人の白人にまじって日本人がいる。こんな雪と氷に覆われた地の果てで、人に会うばかりか、日本人に会おうとは、思いもよらなかった。思う存分日本語で話した。

京大OBの伊藤さんで、今はスイスの大学の助手をしており、このスミス海峡一帯の一年中凍らない「ノースウォーター」の調査研究に来ているということだった。伊藤さんたちの好意に甘え、今日はテントを張るのをやめてこの家に泊めてもらうことにした。久しぶりに生肉から逃れて罐詰のスープと肉を食べさせてもらった。

私の食事はエスキモー流で、お湯を沸かす鍋と肉を煮る鍋、それにお茶を飲むコップ以外なにも持っていなかったから、ナイフやフォークを使うのは久しぶりのことだった。

**四月七日**

伊藤さんが、たくさんのベーコンやビスケットを分けて下さった。シオラパルクで買いたくても買えず、たまにはセイウチの凍肉以外のものを食べたいものだと思っていたときだっただけに、伊藤さんの好意は涙が出るほどありがたかった。

八時半出発、伊藤さんの仲間の白人の人たちも丘を下りて私の橇を見送ってくれた。ここで伊藤さんたちに会ったことで、グレイスフィヨルドまでの不安がいっぺんに解消された。いざとなればここまで引き返してくればよいのだ。伊藤さんのところには、リゾリュートと交信できるラジオもある。

しかし、ハーシェル岬を越えると同時に、道は険しくなった。多年氷が重なり合って四、五メートルの氷山になっている乱氷地帯に入り込んだのだ。それでも犬は元気に起伏を登っては下り、小さな乱氷はとび越えて進んだ。

海水の蒸気がたちこめている沖合を見ながら、海岸沿いに南下。次のイザベラ岬に着き、乱氷の間の平らな氷の上にテントを張った。

多年氷というのは、北極海で発達した氷が冬になって海が結氷するときに流れ出たもので、一年以上経った氷のことだ。海氷と違って塩分がなく、溶かすと飲料水になる。一年経たない氷（新氷）は塩分が強く、溶かしても飲めないのだ。海氷の上に積った雪も、下の方（海氷に近い部分）は塩分が強くて飲めず、上の方なら飲むことができる。グリーンランドの西海岸を走行中、私がテントをなるべく氷山の近くに張ったのは、この飲料用の氷をとるためだった。

多年氷と氷山の氷との違いは、氷が溶けるとき、多年氷が人工の氷のようになんの音も出さないのに対し、氷山の氷は天ぷらを揚げるときのようにパチパチ音をたてるのが特徴だ。

**四月八日**

テシウサックで手に入れた老犬が、しょっちゅう曳綱を乱氷にひっかける。いくらムチを振ってもすぐ他の犬より後ろに下がるので綱がたるみ、それが氷にひっかかるのだ。次の瞬間、橇のランナーに轢かれて「ギャーッ」と悲鳴を上げる。

やむを得ず、乱氷の少ない沖合に橇を出した。湯気のたちこめるあたりへ来ると、「ギー、ギー」と耳障りな音がどこからともなく聞こえてくる。見ると橇から一〇メートルと離れていないところの氷が、回り舞台のようにゆっくりと動いている。氷が潮に流されているのだ。あわててムチを振って橇を海岸に戻した。

シオラパルク滞在中、橇を作ってくれたカガヤ・プッダとその兄のカークッチャと私の三人で、ピトラフィックにセイウチを射ちに行ったときのことを思い出す。ピトラフィックは、潮の流れが早いため海氷が張っても、風が吹くとすぐに割れて沖へ流れ出る。この厚さ五センチほどの新氷を破って呼吸をしにくるセイウチを獲りに行ったのだが、突然足もとの氷が割れて逃げ戻ったことがある。割れた氷は潮にのって移動するとき、海岸側の定着した氷とこすれ合って、ギーギーと気味の悪い音を出す。ゆっくりのように見えても、時速七、八キロのスピードで動いているのだった。

ダンスタービル岬にテントを張ってから、双眼鏡と地図をもってガラ場をよじ登り、明日のコースを偵察する。息を切らして一〇〇メートルほど登り、岩のテラスに腰をおろした。視界は見渡す限りの海氷、東には湯気のたち昇る黒い海水面が見える。南の水平線は沈みかけた太陽に赤く染まり、目を西へ向けると、標高二〇〇〇メートルの氷帽から、海岸線一帯に氷河が流れ落ちている。物音一つしない。雄大な、しかし寒々とした光景だ。この大自然のなかで、私はなんと卑小な存在であることか。この極北の大自然に挑むとか、征服するとかいう考えが、いかに向こうみずな愚かな考えであるかを知らされる思いだった。

**四月九日**

ここのところ続いている好天の中、今日は珍しく乱氷もなく、九時に出発して二時間ちょっとでケケッタ島に着いた。

ケケッタ島は周囲五キロの海氷の中の小島で、チューレのアナウッカが生まれた島だと聞いているだけに懐しく思われた。五十歳近いアナウッカの母親が、ペアリーの探検隊がチューレを基地にしていたときに彼の下で働いていたというイバルー婆さんだ。

このあたりはアザラシが氷に呼吸穴をあけており、呼吸しに出てきたところを獲ればグレイスフィヨルドまでの食糧には困らないはずだ、とアナウッカは教えてくれた。

橇を海岸の氷の上にとめ、鉄砲を持って島に上がる。高さ五〇メートルほどの岩山に登ると周囲一帯が見渡せた。エスキモーの住んでいた跡らしい石垣が海岸に見える。アナウッカはあのへんで生まれたのだろうか。

海氷に目をやると、島を中心に氷のクラックが放射状にのびている。アナウッカのいうアザラシは、あのクラックの薄氷に穴をあけているのだろう。しかしアノーイトーのデポ地で手に入れたセイウチの肉がまだ十分残っている。アザラシを獲らなくても、どうにかグレイスフィヨルドまでもちそうだ。

再び橇を南へ走らせていると、やはりクラックの中にアザラシの空気孔があった。鉄砲を片手に橇をとびおり、五分ばかりアザラシが呼吸しに出てくるのを待ったが、やって来なかった。

太陽はさんさんと降り注ぎ、西方に氷河が海氷一面に下っている海岸を見ながら快調に走りつづける。夕方ムアート岬に近づく頃から雪が多くなり、橇がもぐって進まなくなったので今日の行動を終えた。

## 四月十日

エルズミア島の海岸に沿って、沖合を二〇キロ南下。大きな氷山が立ちふさがり、雪が深く橇は難航する。犬の疲れがめだってきた。

スミス湾の入口に達し、乱氷の陰の雪だまりに白熊の足跡を発見したとき、犬が突然スピードを上げて走り出した。ドキッとして鉄砲をかまえたが、白熊がアザラシの仔を食べた残骸が残っているだけだった。あたりに飛び散った鮮血は、まだ一日も経っておらず、アザラシの仔のやわらかい白い尾の先だけが残っていた。

白熊の主食はアザラシだ。シオラパルクのサッキウス老人の話によると、白熊は、アザラシの呼吸孔を見つけると風下から近づき、穴の表面に薄く雪をかぶせ、アザラシの出てくるまで穴のそばで一日でも二日でも身動きひとつせず待っていて、アザラシが顔を出すと左前足でひっかき上げるのだという。また、白熊は人間を恐れない。橇に乗っていても、ときどき後ろを振り返ってみなければいけないとも教えてくれた。

その後、スミス湾から奥深く入り込んでいるマキンソン湾《インレット》の見える地点まで、橇を走らせてストップ、テントを張った。

**四月十一日**

晴天続きは何よりもありがたい。百万分の一の地図では、細かい地形も氷河の状態も判らないから、一度方角をまちがえたら、どこを走っているのやら皆目見当もつかない。晴天で視界がきけば、岬や山の形で位置、方角を何とか知ることができるのだ。

乱氷はほとんどなく、橇は順調に走る。コンバーマー岬を過ぎ、さらに南下してクレアランス岬に入る。

テントを張る前、岬の新氷の上にいるアザラシを二頭発見、カムターシュ（ライフルをとりつける小さな橇状の台）の先端の台にタッサ（体を隠す白い布）をとりつけて近づく。最初の一頭は四〇〇メートルに接近したところで逃げられ、二頭目は二〇〇メートルまで接近して射ったが、見事に外れて逃がしてしまった。

**四月十二日**

クレアランス岬から海岸に沿って、右に大きな氷河を見ながら南下、氷河の末端には至るところに古氷が立ちふさがっており、凸凹《でこぼこ》の乱氷地帯で橇は何度も横転し、橇の先端やランナーを折ってしまうのではないかと心配のしどおしだ。

この付近にはセイウチがいると聞いていたが、昨日アザラシを二頭見かけて以来、動物の姿は見えない。四日前、何度も橇の下敷きになったテシウサックの老犬がついに歩けなくなった。橇に乗せてやる余裕はなく、かわいそうだが曳綱と胴バンドを外して置き去りにする。

その数時間後、カリブーのコリッタ（防寒衣）を落としているのに気づいた。乱氷の間に落ち込んだ橇を引き上げたり押したりしながら進んでいるとき、マイナス二十六度の中でも汗をかき、脱いだコリッタをそのまま橇に積んでおいたのだ。このコリッタは、シオラパルクでカガヤ・プッダからライフルと一緒に買ったもので、どっちも彼の使い古し。ライフルは第一次世界大戦で使われた１９２１型という時代物で、コリッタとあわせて五〇クローネだった。あと四、五日でグレイスフィヨルドに着けるはずだし、ここまで来れば南部グリーンランドからチューレまで着ていた羽毛服があれば大丈夫だと思ってあきらめることにした。

コリッタを買ったときは、ここから先の寒さはその羽毛服では耐えられないという忠告に従ったのだが、たしかに地吹雪のつづくグリーンランド内陸氷床の通過は、あのコリッタなしにはむずかしかったろう。

グリーンランドからカナダに入って以来、一日と休んでいなかったので、アザラシでも獲れれば犬を休養させてやりたかったが、アザラシもセイウチも見当らない。手持ちの食糧が底をつかぬうちに、一刻も早くグレイスフィヨルドに入らなければならない。

**四月十三日**

今日は幸いにして乱氷なし。しかし氷河が広く扇状に海に押し出していて、橇は大きく迂回しなければならなかった。

エルズミア島の氷河の突出部にキノコ状の雲がかかったかと思うと、三十分も経たぬうちに行手のスチュアート島が見えなくなるほどのガスがかかる。正面から地吹雪が吹きつけてくる。しかし、それも一時間後にはうそのように晴れ上がった。

地図の上ではグレイスフィヨルドの一歩手前まで来ているはずだ。南の方角に、コバーグ島が、ヒマラヤの山のように雪を冠って海氷の上にくっきりと浮かんでいるのが見える。

## 四月十四日

今日も乱氷なし。ジョーンズ海峡《サウンド》をはさんで、デボン島の山が南の空に見える。単調な旅に飽きて、まだ見たことのないカナダ・エスキモーの生活を想像してみる。デンマーク政府が管理しているグリーンランド・エスキモーとは、明らかに違う生活をしているはずだ。未知のカナダ・エスキモーとも、グレイスフィヨルドまで行けば会えるのだ。

キングエドワード岬をまわり込むと、強い風が吹きつけてきたが、すぐに入江の中に一軒の家を見つけた。ここがクライング・ハーバーだ。一九二一年頃、狩猟の規制を実施するためと、エルズミア島を統治するために、カナダ政府がここにポリスを置いたのだ。今はこの無人の小屋が一軒残っているだけで、このあたりに狩りにくるグレイスフィヨルドのエスキモーがときたま利用しているらしい。

ここまで来れば明日は間違いなくグレイスフィヨルドに入れるはず。今夜はこの小屋に泊まることにして、残りのセイウチの肉を全部、犬に与えた。

## 四月十五日

よほどの突発事故でも起こらない限り、今日はグレイスフィヨルドに入れると思うと、四時に目が覚めた。六時には靴を履いて出発の仕度、八時前に出発した。食糧を積んでいない橇は軽いし、乱氷もところどころにあるだけで、犬の足どりは軽い。

夕方、グレイスフィヨルドのあるレエ岬に達した。久しぶりで人間に会えると思うと、大急ぎで橇の上から手をのばして雪をすくいとり、手の垢を落とした。顔は痛くて雪でこするわけにはいかないので、濡れた手でそっと撫で、首すじの垢も落とした。

小さな乱氷帯をまわると、海岸の山の下に白塗りの家が点々とつづいている。塔が見える。人間が見える。それが子供だとわかる。カナダ最初の村・グレイスフィヨルドに、橇はぐんぐん近づいているのだった。一二〇〇キロの無人地帯を、一人と十二頭のチームがついに走破したのだ。

乱氷をぬけ、部落の前に橇をとめると、家々からエスキモーたちがいっせいに飛び出してきた。「グッダー」「グッダー」——みんなと握手をかわす。顔はグリーンランドのエスキモーとおなじだが、衣装が違う。すそに刺繍の入ったパーカ（防寒衣、カナダとアラスカではコリッタと呼ばない）を着ており、そのパーカのフードのてっぺんが尖っている。アザラシの靴にも鮮かな赤や青の刺繍が入っている。犬橇は見当らず、そのかわりにスノースクーターが見られる。

私と目が合うと、みんなニッコリと笑い返してくれる。これがカナダ・エスキモーの挨拶なのかと思い、私もできるだけみんなに笑顔を返した。とうとうカナダ・エスキモーに会えたのだ。

その中から驚いたことに一人のインド人が現われ、私を家に招いてくれた。カナダ政府の技師としてこの村に働くベンソ氏で、夫人はカナダ人のテレーさんだった。温かい家の中で防寒具を脱ぎ、湯気のたっている食事をさせてもらい、昨年の暮れ以来一度も洗ったことのない体にシャワーを浴びた。

といって、ここまで苦労をともにしてきた犬たちのことを私は忘れていたわけではない。ベンソ氏が「犬のことは任せろ」と私にいい、エスキモーに犬の餌の手配を命じてくれたのだ。

早速エスキモーのピルミニがスノースクーターでセイウチの凍肉を運んできて、小さく切り刻んで腹いっぱい犬たちに食べさせてくれた。グリーンランドでも受けたことのない歓待だった。

# 至近距離で白熊を見る

## 四月十六日〜二十一日

ベンソ氏の家の暖かいベッドでぐっすり眠らせてもらい、テレー夫人に米の飯をご馳走になる。汚れた衣類も、テレー夫人が洗濯してくれた。身も心も、疲れがとれて生気がみなぎってくるのがわかるほどだ。

グレイスフィヨルドでは一人のポリスが関税吏も兼ねていた。ここで入国の手続きをする。グリーンランドを出るとき、カナダ圏を単独で犬橇旅行をするからという届をカナダ政府あてに出しておいたのだが、それに対する返事もここで貰った。「規制する法律はべつにない」とのこと、つまり、「ご随意にどうぞ」というわけだ。ただし、この旅行中の狩猟許可はおりなかった。ということは、旅行中の食糧は、すべて橇に積んで旅を続けなければならないことになる。とりあえず、ここと次の目標地点・リゾリュート間の八〇〇キロは、十日から十二日分の食糧をもっていればば走破できるが、その次のリゾリュートースペンスベイ間は一〇〇〇〜一二〇〇キロ、とても二、三週間の食糧を携行して走ることは不可能だ。リゾリュートで飛行機をチャーターして、途中で一度食糧補給をすることを考えなければなるまい。

カナダはグリーンランドとちがい、通信施設が発達している。グレイスフィヨルドをはじめすべての村々の間には、飛行機と無線の連絡がある。たとえば私がグレイスフィヨルドを出発して、十五日経ってもリゾリュートに到着しない場合は、直ちに救助隊が出動する手筈になっている。これから先も、たった一人で旅をつづけることに変わりはないが、旅の危険はこれまでに比べてぐっと小さくなったといっていいだろう。私の犬橇旅にも余裕が出てきた。

出発の準備は着々と進んだ。犬の餌は、海岸にうち上げられているクジラやセイウチの肉をエスキモーの人たちが、十二頭の犬も食べきれないほど運んできてくれる。これでここからリゾリュートまでの犬の食糧も、無料で集めることができた。グリーンランドで、アザラシ一頭に一〇ドル以上払ったことを考えると夢のようだ。カナダは、スノースクーターが普及しているので、犬に餌をやる必要がないのだ。

### 四月二十二日

六日間滞在したグレイスフィヨルドとも、いよいよお別れだ。朝、犬に曳綱をつけにゆくと、チューレで買った老犬が死んでいた。「良い犬だから、ぜひ買え」とすすめられて買ったホイットバル（どうしようもないヤツ）だ。名前の通りあまり働かなかった。それでも二十日間、行をともにした犬が冷たくなっているのを見るのは哀れでつらい。前途に不吉な予感をおぼえる。

セイウチ、クジラの肉六袋（一八〇〜二〇〇キロ）を橇に積む。約十二日分だ。ベンソ氏、テレー夫人はじめ、村中のエスキモーに見送られて午後二時、十一頭に減った犬にムチを振りおろす。ジョーンズ海峡を横断、デボン島を目指す。

六日間の休養も、疲れ切った犬たちには十分ではなかったのか、橇の進みは遅い。一頭減り、逆に橇の重量はふえたので、一頭あたりにかかる負担は大幅にふえている。

走っても走っても、まだグレイスフィヨルドの山が見えている。乱氷に橇の柄をひっかけ、床板がはずれた。さらに進むと、今度は橇が横転、柄の紐が切れてしまった。悪いことばかり続く。

午後八時、力尽きて乱氷の上にテントを張った。ボス犬が、ときどき苦しそうな声を上げて鳴く。今朝死んだ老犬も、数日前からこんな声をたてていた。今度はボス犬が死ぬのか。この犬を失ったら、チームの力は大幅に低下するだろう。それは私の生死にもかかわることだ。

暗い気持ちで噛むセイウチの肉は、ふだんにもまして味気ない。これは六十歳をこえるグレイスフィヨルドの老エスキモー・アパリアッピがくれたものだ。

**四月二十三日**

ボス犬は一晩中、苦しそうに唸っていたが、まだ生きている。足がもつれて前へ出ないので橇に乗せてやる。強力な犬を欠き、昨日同様の乱氷地帯で、橇は一向に進まない。

午後、曇り空で視界はきかなくなったが、太陽の位置は辛うじて判るので南を目指して進む。ブロックの錯綜する乱氷群の連続。小屋ほどもあるアイスパックにいき当たると、鉄棒でブロックを崩して橇を通さねばならない。

五〇キロばかり進んで、やっとの思いで乱氷帯をぬけたとき、橇の荷を結わえた紐にひっかけておいた羽毛のアノラックを落としてきたことに気づいた。もう引き返す気力はない。幸い、グレイスフィヨルドで作ったパーカを持っていたのであきらめることにした。スペアがあると気がゆるんで注意が散漫になる、気をつけなければいけない。

今日はデボン島まで進む予定だったが、出発後十二時間たつ夜九時になっても、デボン島が見えないので海氷上にテントを張る。

**四月二十四日**

ボス犬は今日も歩けず、橇に乗せて走る。

天気は昨日よりさらに悪化、ガスで視界がきかない。コペンハーゲンで買ってきたヨット用の電波探知機《ディレクション・ファインダー》でグレイスフィヨルドの方角を確認しながら走る。グリーンランドではこの文明の利器も発信される電波がなかったので、宝の持ちぐされだったが、カナダに入ってようやく使えるようになった。

昨日から、犬を叱り励ます声をかけどおしなので、とうとう喉が嗄《か》れて声が出なくなった。

夕方、ガスが晴れ、やっとデボン島の位置を確認できた。午後八時すぎ行動終り。犬は疲れはて、橇をとめると同時に雪の上に寝てしまった。夜半、強い風がテントを叩く。

**四月二十五日**

朝、マイナス六度と気温は高いが、二五〜三〇メートルもあろうかと思われる強風がデボン島から吹きおろし、テントから出ることもできない。ベンチレーターから覗くと烈しい地吹雪で、死んだように眠っている犬以外はなにも見えない。しかし、食糧を十分持っているおかげで不安や焦りはあまりない。グリーンランドの旅に比べればゆとりさえ感ずる。

午後七時、風は強い南風から静かな西風に変わった。ガスが動き始めて晴れ間からデボン島が見える。気温は午後八時マイナス十六度、十時マイナス二十度と、どんどん下がっていく。気温の低下は、明日の好天を保証する。

風がやんだのでテントを出てみる。犬に降り積った雪は、半数の犬が自力ではぬけ出せないほど、深い。犬を引きずり出すのは簡単だが、つないでおいた曳綱を一本一本掘り出すのに二時間近くかかった。

テントに戻り、シュラフにもぐり込んだのは十二時すぎ。ボス犬に食欲あり、これは回復の兆しだ。

**四月二十六日**

乱氷に出合わないのは、グレイスフィヨルドを出て今日が初めてだ。雪の状態もよく、十頭の犬はデボン島北岸の海氷を快調に走る。ボス犬も、だいぶ回復してきたが、時速一〇～一五キロの早さにはついてこれず、今日も橇に乗せる。

デボン島の山々が、どんどん後ろへ遠ざかっていくほどのスピードに、思わず鼻歌が出る。毎日、わめき散らしている私の口から、耳なれぬ歌が出るので、犬たちはときどき怪訝《けげん》そうにふりかえった。

午後九時、氷山の下にテントを張っていると、犬がけたたましく吠え出したので、白熊でもいるのかと鉄砲をもって氷山にかけ登ったが見当らなかった。

## 四月二十七日

昨日の晴天はたった一日で終り、今日はまた吹雪だ。一日停滞日にしようと思ったが、テントの中で心落ち着かず、たとえ一時間でも前進してみようと、午後二時テントをたたんだ。

吹雪は横（東）から吹きつけるので、それほど苦にもならず、気温もマイナス十一度と高い。島の海岸沿いに進み、トーマス湾《インレット》を横切って十一時まで走った。

## 四月二十八日

くの字型に深く湾入したビクスフィヨルドの奥に橇を走らせた。昨日よりはましだが、かなり強い地吹雪。強い向かい風をうけると、犬はすぐ風に尻を向けるので、橇はあらぬ方向に進んでしまう。方向を正すためにムチを振る手は疲れはて、叱る声も風に消されて犬の耳には届かない。

両岸に雪と岩山がつづくビクスフィヨルドに入ると、何年も何十年も経つ古いアイスパックが地表を覆っている。蒼々とした氷が大きく波打っており、橇は横すべりしたり雪につっ込んだりで、なかなか進まない。少しでも重量を軽くしようと、ボス犬を橇からおろし、歩かせた。

夕方、空が晴れ上がり、視界がきくようになったので、橇をとめ、丘に登って行手を偵察する。丘の斜面は小石のガラ場で、四つん這いになってもアザラシの靴が滑る。

行手に高い山はないが三〇〇メートルほどの山が連なっており、風上は黒い地肌をのぞかせ、風下は万年雪のような氷帽がおおっている。その山並みの間に見えるのが、私の進んでいくフィヨルドで、古氷と波打つ雪が遥か先まで続いている。ガスの晴れた空は蒼々と澄み、詩情をそそる風景といいたいが、今の私には無縁のものだ。橇に戻って犬にムチを振り、午後七時半、ビクスフィヨルドの最奥部に達した。デルタ状の洲に上陸、テントを張る。

**四月二十九日**

今日はデボン島越えの予定だったが、雪のため一日停滞と決めた。

朝九時、偵察のためテントを出ると足首まで雪にもぐる。これでは橇を走らすことは不可能だ。ビクスフィヨルドの奥は、幅一キロ以上もある広い谷で、両岸はゆるやかな丘になっている。その谷底のどこにルートをとればよいかを調べる。

夕方、風がやんだなと思ったらボタ雪が降ってきた。日本で降るのとおなじ湿ったボタ雪で、日本より気温のはるかに低い極地で見るのは珍しい気がした。

ボス犬はだんだん食欲が出てきて、体のむくみもとれた。

犬に今日の食事をさせると残りは二袋、四日分になった。ここからリゾリュートまで、私の計算ではデボン島越えに一日、その先三、四日で着けるはずだが、これは天候と氷の状態がよい場合で、ここ数日の状態ではさらに二、三日遅れるかもしれない。食糧に多少の不安が出てきた。

## 四月三十日

空は晴れたが、雪が深い。橇のランナーが完全にもぐってしまい、しかも昨日のボタ雪が積っているので湿気が多く橇は進まない。

ボス犬にも曳綱をつけ、橇をひかせる。犬を追うのはムチだけでは効果が薄く、ときどき鎖を振り上げる。鎖の先を橇の先端に叩きつけて、犬に恐怖心を与えるのだ。

嗄れた声でかけ声をかけ、橇を押しムチを振り、鎖を叩きつける。靴は雪にもぐって脱げそうになる。犬は二十分くらいで小休止させるが、その間も私は休んではいられない。丘に登ってルートの確認、決定だ。

疲れたからといって偵察を怠ったり、橇に乗るわけにはいかない。犬は主人の疲れを敏感にみてとる。ムチを振る力が弱まったり、振るのをやめると、犬たちもいっせいに足をとめて休もうとする。私の行動は、そのまま彼らの行動のバロメーターになるのだ。

苦闘の末、乗越《のっこ》し（峠）に出た。橇をとめる。

右前方の丘のガラ場に、なにか動くものを感じて足をとめた。疲れのせいか、雪にやられてか、最近右目の視力が落ち、物が二重に見える。最初、岩かと思ったがときどき動くところをみると、動物だ。わずか一〇〇メートルも離れていない距離なのに、目をこすればこするほど対象は二重にぼけて見える。

右目をつぶって凝視すると四ツ足の動物だ。右目をあけるといつの間にか三頭にふえていた。今度は三重に見えるようになったかと、驚いてまた右目をつぶってみたが、やはり三頭だ。間違いなく四ツ足の動物が三頭、私の方を見ているのだ。狼かと思ったが、よく見ると角がある。カリブーだ。犬も、伏せの構えで耳を立て、カリブーの方を睨んでいる。

ライフルをとりだし、弾を五発つめ、五〇メートルばかり近づいて一頭の胸をめがけて射った。カリブーは逃げ出す。続けて二発、三発、四、五発とつめただけの弾を射ちまくったが、カリブーは逃げつづける。しかし、一〇〇メートルほど逃げたあたりで立ちどまり、こっちの様子を窺っている。急いで橇に戻り、あらためて五発つめ、ポケットにも十発入れて再びあとを追った。

五〇メートルほどの地点に近づいて引金を引く。足に当たったのか、びっこをひきながら五、六歩逃げた。続けざまに残りの四発を射ち込むが倒れない。他の二頭は遥か遠くへ逃げていった。

さあ、このカリブーを逃がしては大変と、またライフルに五発つめて射ち込む。確かにどこかに当たった手応えはあるのだが、倒れない。最後の五発をつめてすぐそばまで近寄り、頭に射ち込んでやっとのことで仕留めた。

図体の大きな、逃げないカリブーを一頭獲るのに二十発の弾を使うのだから、その下手さ加減は自分でも呆れるほどで、これではアザラシなど獲れるはずがない。

しかし、とにかく一頭仕留めたのだ。カリブーを、射ちとった山腹から橇にのせて乗越しのところまで引きおろす。

今日の行動をうちきり、テントを張ってカリブーを解体し、肉を犬に与えた。私も湯気の上がる新鮮な肝臓をナイフで切って食べ、ついで煮て食べた。犬と私が満腹しても、カリブーはまだ半分残っている、食糧に不安を感じ出していた矢先だったが、これでもう白熊に襲われるか、海水に落ち込みでもせぬ限り、死ぬことはないだろう。

満腹した犬が口のまわりについた血を舌で舐めながら寝そべっているのを見るのは楽しい。飢えた犬がよろよろと橇をひく姿ほど、私の心を暗くするものはなかったのだ。

**五月一日**

どこが乗越しかわからない広い湖を渡り、深い雪の原を川沿いに下る。狭くえぐられた廊下状の谷を通って海岸に近づくと、川は数本に岐《わか》れ、それぞれがどこに下っているのか見当もつかない。しかし、どの川を下ってもウェリントン海峡《チャンネル》に出ることは間違いなさそうなので、犬に任せて下っていった。

川の三角州なのか海氷の上なのかわからない平坦な雪原に出たが、潮の干満でできる氷のクラックを見つけ、やっとウェリントン海峡に出たことを知る。出発してから八時間半後だった。

太陽がまだ低い空に残っている午後十時、海岸沿いに海氷を南下していると、突然アンナが沖のほうを目指して走り出した。それまで疲れて重い足どりだった犬たちもいっせいにアンナのあとを追った。ムチを振ってとめようとしたが、全く効き目がない。見ると三、四〇〇メートル先に仔熊を二頭連れた母熊がいるのだ。

橇からとび下り、後ろの長柄を握って、足で制動をかけ、懸命に橇をとめた。犬は十一頭とも耳をピンと立て、私が力をゆるめればいつでもまた飛び出す構えだ。仔を連れた白熊はゆっくりとわれわれのほうにやってくる。

この犬橇の旅に出てから、白熊を見るのはこれが初めてだ。親熊はライオンより遥かに大きく、仔熊は私の連れている犬くらいの大きさだ。このカナダ北部ではエスキモー以外の人間は向こうから襲ってこない限り、白熊を射つことは禁じられている。

しかし襲いかかられてからではどうすることもできない。ライフルを手にしたが、私のライフルの腕前は昨日のカリブー狩りで証明されているし、十一頭の犬が束になってかかっても、あの剛毛におおわれた巨体はビクともしないだろう。恐怖で体が震えているのに、不思議な欲望が私の胸に浮かんだ。この白熊をカメラにおさめておきたいと思ったのだ。急いで橇の荷物からカメラをとり出し、七〇ミリレンズで五、六枚シャッターを切った。撮り終えると同時にライフルを手にとって三発空砲を射った。驚いた仔熊は向きをかえて走り出し、母熊は後を追うように悠々と海氷の上を去っていった。

その夜は、その近くでテントを張ったが、ほとんど眠れなかった。犬をテントの周りにつなぎ、橇に積んだカリブーの肉は、白熊が匂いをかぎつけてやって来ないように、テントから離しておいた。もちろんライフルもテントの中に持ち込んだが、犬の動く気配がしたり、唸ったりするたびにベンチレーターから覗いているうちに朝になってしまった。

## 五月二日

起きたときはガスで視界がきかなかったが、昼頃から晴れ出した。コーヒーと乾パン、凍った肝臓で食事をすませ、十二時出発。

出発する頃から、気温はマイナス十八度に低下、六、七〇キロ離れたウェリントン海峡対岸のコーンウィリス島が水平線の上に霞んでいる。目指すリゾリュートはあのコーンウィリス島の南端を回り込んだところだ。

出発後間もなく、一〇〇メートルも離れていないところに黒い物がみえた。デボン島から吹き飛ばされてきた小石かと思ったが、近づいてみるとアザラシだった。私の視力は一〇〇メートル先のアザラシも見分けられないほど衰えているのだった。

静かに犬をとめ、タッサを組みたてて匍匐《ほふく》前進、五〇メートルまで近づいてライフルの望遠鏡を覗くとアザラシのヒゲまではっきり見える。照準の十字を合わせて引金を引いた。アザラシは一瞬驚いたように体を立て、二つに分れた尾をそらし、穴の中にもぐりこんでしまった。

五〇メートルの距離で、大きな頭の耳めがけて射っても当らないとは……これはもう腕も悪いが、照準が狂っているとしか私には思えない。

今日は乱氷もなく快走、コーンウィリス島の姿は次第に明確になり、デボン島の山々は後方に霞んでいった。

**五月三日**

コーンウィリス島の南端で乱氷に悩まされ、海岸の棚氷に移ってみたものの雪がやわらかく、また乱氷に戻る。

今日はリゾリュートに入れるかと思っていたが、四、五〇キロ走った地点のホーザン岬でストップ。リゾリュート到着前の最後のテントを張った。

リゾリュートまであと七、八〇キロ、どんな乱氷があっても、明日は目的地に着けるだろう。残ったセイウチの肉を全部犬に与える。

ボス犬はだいぶ回復してきたが、まだ歩くのが精一杯だ。

**五月四日**

乱氷と海岸の間に、わずかに氷の平らな場所を見つけ、リゾリュートに向けて犬橇を走らせる。

十二日ぶりでまた人間に会うのだと思い、途中、犬を休ませている間、雪で手や顔をこすった。グレイスフィヨルドを出てから、一度も洗っていないのだ。凍傷がまだ癒《なお》っていない顔がヒリヒリと痛む。歯ブラシに雪をつけ、歯を磨いた。

切れたり、ほころびたりして長短不揃いになっている犬の曳綱は、スペアを出しておなじ長さに揃えてやった。切れた胴バンドも修理してやった。到着前はなにかと忙しい。

ゆるやかに曲りくねった海岸線の棚氷をぬけると、行手の海岸に人家が見えた。午後六時半だった。スノースクーターが一台、近づいてきた。エンジンを停めて、私に握手を求める。続けて、二台、三台。部落の下に橇をつけるころには、村中の人が家から飛び出してきて、犬と私の周りには厚い人垣ができた。

夕食は、この地方の狩猟を監視しているゲーム・オフィサーのエド・マルティン氏にご馳走になり、エスキモーのウィサシェアック老夫人の家に泊めてもらった。

## 一路ケンブリッジベイを目指す

**五月五日〜十四日**

この極地でも五月には春が来る。夜は依然としてマイナス二十五度にも気温が下がるが、日中はマイナス十度まで上昇する。太陽は頭上には来ないが、一日沈まない。昼は南の空に高く輝き、夜十二時になっても低い北の空で鈍い光を放っている。いわゆる白夜だ。

しかし、リゾリュート湾《ベイ》の前に広がるバロー海峡《ストレイト》の氷は、この強い陽ざしの下でもまだ溶けていない。

海氷が溶け出さぬ限り、私は旅を続けねばならない。

次の目的地——越夏する所はブーシャ半島のスペンスベイか、ビクトリア島西南端のホールマンにしようと考えていたのだが、リゾリュート滞在中、このカナダ北部ノース・ウェスト・テリトリー州の首都であるイエローナイフに住む生物学者、ビル・カーペンター氏のアドバイスで、急遽《きゅうきょ》ケンブリッジベイを目指すことになった。

リゾリュートから直線距離で六七〇キロ海岸を南下するスペンスベイは、サマーセット島とプリンス・オブ・ウェールズ島の間のフランクリン海峡を通るのだが、このコースは氷の状態がきわめて悪いとのこと。

もう一つの候補地ホールマンは、ビスカウントメルビル海峡《サウンド》から、ビクトリア島とバンクス島の間を抜けていくのだが、距離がスペンスベイの倍近くもあり、気温が日に日に上昇していく季節に氷が溶ける前に到着するのは不可能ということだった。

そこで両者の中間にあるケンブリッジベイ（ビクトリア島南岸）を目指すことにしたのだった。

カーペンター氏は、白熊調査のためリゾリュート—ケンブリッジベイ間の上空を何度も飛んだことがあり、プリンス・オブ・ウェールズ—ビクトリア間に横たわる二〇〇キロに及ぶマクリントック海峡《チャンネル》の海氷は、乱氷もないと聞かされた。

このコースは直線距離では七〇〇キロ足らずだが、サマーセット島、プリンス・

オブ・ウェールズ島を経てビクトリア島に至る海氷上のコースは一三〇〇キロにも及ぶ。リゾリュートにも、この長い無人地帯を旅したエスキモーはなく、みんな私の旅の前途を危ぶんだ。

しかし私は、空から見て海氷の状態がいいというカーペンター氏の言葉を信ずることにした。問題は食糧だ。狩猟許可がとれないこの地で、一三〇〇キロの旅の間食いつなぐ食糧をどうやって確保すればよいのか。少なくとも全食糧を橇に積んで走ることは困難だ。

私は飛行機をチャーターして、行程のほぼ中間地点にあたるプリンス・オブ・ウエールズ島の南端に、後半の食糧をデポしてもらうことにした。チャーター料は五十万円。デポする肉は、グレイスフィヨルドのベンソ氏が、無料でリゾリュートへ送っておいてくれたセイウチの肉をあてることにする。

コースを決定し、デポの手配をすませた私には、まだ二つの仕事が残っていた。一つは犬の補強をすることだ。リゾリュートで二頭、カーペンター氏が連れてきたカナダ東部のイグルーリックの犬を二頭、計四頭の犬を補強してチームは十五頭になった。代金は一頭四〇ドルだった。犬たちには昨年の秋から海岸に打ちあげられているクジラの肉を斧で割って、毎日腹一杯食べさせた。デポ地までの犬の餌も、この鯨肉を石炭袋に詰めて準備した。

もう一つの用事は、リゾリュートの警察に狩猟許可《ライセンス》を申請することだった。出発前にアザラシを二頭射ってもよいというスポーツ・ライセンスがおりた。ライセンス・フィー（許可料）に二四ドル支払った。わずか二頭とはいえ、食糧の尽きたときには貴重な決め手になるだろう。

すでにのべたように私はこのリゾリュートに入る前、デボン島付近で一頭のカリブーを無許可で射っているが、そのことは到着直後、ゲーム・オフィサーのマルティン氏に報告してあった。食糧が尽きて飢餓状態にあるときは、無許可で射っても事後に報告すれば許されることになっているのだ。

このとき私は、カリブーを射つ許可をくれるようマルティン氏に頼んだが、許可はおりなかった。外来者はカナダ圏に六カ月滞在しない限り、動物を射つ許可は与えられないという返事だった。

リゾリュート滞在中はエスキモーの家に泊まり、食事は航空会社、ケンティング・アヴィエイションの所長のエリック・ローワン氏の好意で会社の食堂でとった。

南から運ばれてくる野菜がとても美味しかった。

**五月十五日**

出発の朝は、いつも準備に忙しいのだが、今日からは白夜の走行に切りかえたので、ゆっくり準備ができる。

すでに太陽は水平線下に沈まない。日中の気温はマイナス五度にも上がり、雪は軟くなって足がもぐる。そこで太陽の低い夜の冷え込みの中を行動することにしたのだ。

犬橇に鯨肉を詰めた石炭袋、テント、装備を積み込んだ。燃料タンクはグリーンランド以来のもので、まだ一〇リットルほど残っている。

マルティン氏をはじめとし、十日間の滞在中お世話になった人々に挨拶、午後五時、十五頭の犬を橇につないだ。小型カメラをもったエスキモーの若者が、橇の前に私と並んで写真を撮る。私も物珍しそうに集まった彼らの姿を8ミリにおさめた。

いよいよ今年最後の旅立ちだ。十五頭の犬は勢いよく走り出し、五〇〇キロ近い重さの橇は飛ぶように氷の上を走る。村はたちまち黒い点になってしまった。

部落が見えなくなったころ、一台のスノースクーターが私を追いかけてくる。忘れ物でもしたかと、橇をとめて待っていると、追いかけてきたのは滞在中私にアザラシの肉をくれたセルミニだった。

「五時まで仕事をしていて見送れなかった」とただそれだけをいいに、四十代の働きざかりが四、五キロの距離を追いかけて来たのだ。私は胸が熱くなった。「アラスカに着いたら手紙をくれ」という彼の手を「グエナック、セルミニ」と強く固く握り返し、私は再び橇に乗った。

セルミニに手紙を書くためにも、どうしてもケンブリッジベイに着かなくてはならない。しかし、東京―大阪間より長い一三〇〇キロを私が走りぬける間、氷は溶けるのを待っててくれるだろうか。休養と準備のためとはいえ十日間の滞在は長すぎたかもしれない、とチラリ後悔の念が胸をかすめた。

バロー海峡に橇を入れると至るところに乱氷があったが、迂回して進んだ。リゾリュートで泊めてもらった背の低いウィサシェアック老夫人の息子で二十代のフィリップが、私の出発前カリブー狩りから戻り、サマーセット島とリゾリュートの中間の雪上にデポしてあるカリブー二頭を私にプレゼントしてくれていた。そのデポ地を目指してスノースクーターの跡《トレース》を追って橇を走らせたが、間もなく乱氷でトレースを見失ってしまった。せっかくのフィリップの好意を無にするのは申しわけないしもったいなかったが、やむを得ない。

十五頭のチームは、リゾリュートまでの十一頭とは比べものにならない馬力で橇をひく。ボス犬はまだ他の犬と一緒には走れず、数歩遅れて走っている。

十六日の朝四時（気温マイナス十九度）、バロー海峡のほぼ中央で橇をとめテントを張る。対岸のサマーセット島の山が水平線にチラリと頭を覗かせている。振り返るとリゾリュートはもう見えず、わずかにコーンウィリス島の南端の山の頭が見えているだけ。日中の行動を夜に切りかえたのは成功といっていいだろう。

**五月十六日**

低くなった太陽が再び上昇していく下で、お茶を飲みクジラの凍肉を齧《かじ》り、リゾリュートのエスキモーの協同組合で買ったパンを食べた。

朝九時、テントの中はコンロをたく必要もなくシュラフに入る必要もない。けれども日中眠るのに慣れていないので、うつらうつらしているうちに夕方になり、太陽は傾きはじめた。

午後五時出発、今日も雪の状態はよく、橇は快調に走る。時速一〇～一五キロのスピードに病み上がりのボス犬はついてこられず、曳綱をたるませて左右に移動するので、他の犬の曳綱ともつれ、三十分と進まぬうちに橇をとめてもつれを直さなくてはならない。食糧を満載した橇には犬を乗せてやる余裕がなく、とうとう曳綱を外してやった。ボス犬は見る見るうちに視界から消えてしまった。夜テントを張るころには追いついてくるだろう。

サマーセット島には十二時前に到着、リメストン島の岩壁の間を通りぬけると、プレシュア岬付近で乱氷が始まる。海氷から上がり、棚氷に橇を入れて深く入江の切れ込んだアストン湾《ベイ》を横切って、十七日朝七時、グラニク岬に到達、テント設営。

昨日も今日も、直線距離では六、七〇キロだが、走行距離は一〇〇キロをこえている。橇が重いのと乱氷を予想してこのあたりまで四日とふんでいたのに、二日で到達したので嬉しくてたまらない。ただ心残りはボス犬が、いつまで経っても追いついて来ないことだ。シオラパルクで私の傷ついた最初のボス犬と交換した犬だった。リゾリュートに戻ってエスキモーに拾われてくれればいいのだが……。

リゾリュートのエスキモーたちは、この辺まで狩りに来ているらしい。アストン湾の岬近くで、くずれ落ちたイグルーや、散乱するカリブーの角、足、頭、爪を見た。

**五月十七日**

これまでとちがって、テントに着くころ暖かくなるので、寝るのが惜しい気がする。

岬の岩のガラ場を登ってみたり、くずれたイグルーに入ってみたりした。多少疲れてテントに戻ると、四重張りのテントの中はぽかぽかで、たちまち眠くなる。

目がさめると午後七時、太陽は北西の空に低く紅く輝いている。ボス犬は、とうとう追いついて来なかった。午後七時半出発、太陽が低くなると同時に、気温はどんどん下がり、グレイスフィヨルドで作ったパーカを着ても寒いほどだ。

サマーセット島の海岸沿いに海氷を南下するのだが、海岸近くの乱氷を避けて三、四キロ沖へ出ると、海岸の山一帯が低いため現在位置が確認できなくなる。それでもサマーセット島が見えている限り迷うことはないだろうと、地形よりもむしろ時計を見て走った。

出発十二時間後の十八日朝七時半、高度三、四〇〇メートルの山のある島につき当たる。ハンモック島と判断し、島の脇にテントを張る。

リーダー犬のアンナが発情し、アンナをめぐってオス犬同士の争いが始まっている。到着後アンナだけを島の岩陰につないだが、ヤコブスハウンから連れてきた白犬と黒犬の二頭が曳綱を切って、アンナのところへ行ってしまった。

**五月十八日**

夜十時出発、サマーセット島の西側に点在する島々の間を縫うように南下。途中カリブーを見つけて橇をとめたが、素早く逃げてしまった。

島々をぬけたところでサマーセット島に別れを告げ、ピール海峡《サウンド》を斜めに横切りプリンス・オブ・ウェールズ島に向かう。海峡をへだてて対岸に蜃気楼《しんきろう》が見えた。

十九日朝八時半、ウェールズ島のブローディ岬に達した。

夜走るのは快適でいいが、アザラシがさっぱり見うけられず、狩りができない。

これが夜間走行の難点だ。

**五月十九日**

地形が平坦で単調になり、地図では現在位置を確認できなくなってきた。ウェールズ島に沿って南下するのだが、ルートは次第に軟雪になる。夜は表面だけは凍って固くなるが踏み出すと足がもぐる。アンナはじめ数頭が爪から出血し、橇のスピードも落ちはじめた。また日中の走行にきりかえた方がいいかもしれない。

二十日朝八時、テントを張る。食糧デポがしてあるウェールズ島南端まであと二、三日の距離に迫った。疲れた犬に二日分の食糧を与えたが、まだ二袋四日分ある。

サマーセット島とウェールズ島の間を、カリブーが移動しているらしく、今日は至るところカリブーの足跡が見られた。白熊の足跡もあった。

**五月二十日**

ウェールズ島南端のスインバーン岬まであと一〇〇キロちょっと。雪の状態がよければ今夜中にも着けるかもしれない。

夜九時出発、雪とガスで視界はきかない。海岸沿いに海氷を走っているつもりでも、目の前に黒い物が見え出し、近づいてみると吹きさらされた小石だったりする。

海岸が平坦な低地のため、いつの間にか陸に乗り上げてしまうのだ。

陸地と海氷の間には潮の干満でできる棚氷がどこにでもあるはずだが、なかなか見分けがつかない。たまに海岸線に古い黒ずんだ氷が打ち上げられており、それを唯一の目印に走った。

海岸を大きく回り込んだかと思うと、ギルマード湾に入った。

北東の強い風が吹きはじめ、気温が上がり橇はもぐる。吹雪の中、カモメが三羽飛んできて橇の上を大きく旋回した。冬の間は見られなかったことだ。海中の小魚や虫を餌にしているカモメを目にするということは、ケンブリッジベイのあたりはもう氷が溶けはじめているのではなかろうか。にわかに不安がつのる。

濃霧のため、幅二〇キロもあるギルマード湾を横切ることができず、湾の中に入って海岸沿いに南下する。距離は倍以上になるが、位置をたえず確認できるからこの方が安全だ。

吹雪が次第に強くなるので二十一日朝四時半、湾の奥にテントを張る。

アンナの発情は五日目、オス犬たちは橇をとめるたびに休養や餌よりもアンナを求めて噛みつきあう。置きざりにしたボス犬に代わって、ヤコブスハウンの黒犬がボスの座につき、アンナを独占することが多いが、他の犬も新しいボスの隙をみてはアンナに迫る。アンナは一日三回ほどパートナーをかえるプレイガールぶりを発揮している。

ケンカのたびに足を負傷するオス犬が出る。ボスの黒も例外ではない。

## 五月二十一日、二十二日

吹雪はやんだが、ガスは依然たちこめて視界がきかない。

ギルマード湾の奥を、回り込むように横切り、対岸に移った。が、地形が平坦なことと視界が悪いためにどこを走っているのかよくわからない。わからぬままに五時間ほど海岸を走ったが、チャールズ・ディケンズ岬は確認できなかった。こういう時はあまり動き回らぬことだと、朝四時、行動を中止して幕営。

チャールズ・ディケンズ岬はウェールズ島南端にデポが不可能な場合、第二のデポ候補地に定めてあったので、どうしても確認しておきたかったのだ。こういう山も丘もない平坦な地を、地図の上だけで判断して第二の候補地にしたのは軽率だった。

飛行機のチャーター予定日は今日である。第一候補地のウェールズ島南端にデポするとすれば、この上空を飛ぶにちがいない。ガスが晴れてくれればいいのだが……。

太陽が高く南に回るにつれて空は晴れ、視界がきくようになった。しかし望遠鏡を覗いてもディケンズ岬らしきものは見当らない。

飛行機を見逃すまいと一日中眠らずに頑張ったが、ついにエンジンの音も聞こえなかった。今日は夜の行動をとりやめ、明日から日中の走行に切りかえることにしよう。

## 五月二十三日

ウェールズ島南端のスインバーン岬に向けて午後一時出発。棚氷もなく、気温はマイナス六度に上昇して雪は橇がもぐるほど軟らかい。オス犬たちはアンナをめぐる連日の争いで元気なく、一頭は足のケガで歩けず、橇に乗せてやる。食糧はあと半袋、一日分しかない。

フランクリン海峡をウェールズ島の海岸沿いに南下しているつもりだが、いつの間にか黒い岩が露呈していて陸地を走っていることを知らされる。水平線に向かっているのか背を向けているのか、ときどきわからなくなる。平坦な陸は、雪がつき、海氷との差がないほど低いのだ。よく見ると一条の黒い線があり、これが風に吹きさらされた海岸の砂浜とわかった。

しかし、六時間ほど橇を走らせているうちに、この黒い線も見失い、陸地の見えるところまで引き返して方向を変え、入江に入っていった。

入江の前方に黒い点が二つ見えた。岩か、入江の浜だろうと思い近づいてみると、一つの黒点は棒状になり、もう一つはその横で角ばってみえる。あわてて望遠鏡を手にとってみると、紛れもなく飛行機で運ばれた食糧デポだった。いつの間にかディケンズ岬を通りすぎ、ウェールズ島南端のスインバーン岬に達していたのだ。

思わず「あったぞ」と叫び声が出た。アザラシもカリブーも見かけない状態では、今日の食糧を食べつくしてデポ地が見つからなければ、犬を殺して食べるしかないところまで追いつめられていたからだ。

デポはドラム罐三本を縦に組み立てた上端に黒い旗が立てられ、その下に白熊に食べられないように頑丈な木箱に入れたセイウチとアザラシの肉があった。

リゾリュートを出て九日目、出発時は十日分以上の食糧を積んでいたのに、余りにも順調な進み工合に考えが安易になり、途中で餌を与えすぎたのだ。目標物のない低地の海岸に来て天候が悪化し位置が確認できなくなったときには、食糧が底をついていた。極地の旅に油断は禁物と、あらためて思い知らされるのだった。

デポを発見して間もなく、単発機が飛んできた。ゲーム・オフィサーのマルティン氏が、私のデポ地到着を確認に来たらしく、すぐ北の方へ去っていった。

どうにかケンブリッジベイまでの旅の、ちょうど半分を終えたわけだ。

**五月二十四日、二十五日**

食糧デポは約三〇〇キロあるので、今日と明日は犬にも腹一杯食べさせて休養をとることにした。アンナの発情と、オス犬のケンカはまだ続いている。後足を嚙まれて歩けない犬、耳をやられて耳の立たない犬が続出している。いつもケンカに弱い犬が、アンナをめぐる争いでは嚙まれても嚙まれても強い犬に向かっていくのが奇妙だ。

目の前に見えるフランクリン海峡は一八四七年、英国のフランクリン探検隊が全滅した場所だ。海軍将校のフランクリンのひきいる一二九人のチームで、大西洋から北極海を経て太平洋にぬける北西航路、いわゆる〝アジアへの近道〟を調査するために二隻の船に三年分の食糧を積み込んで出発したのだ。二年目の冬に船が氷に閉ざされて動けなくなり、別れ別れに船から下りて氷の上を歩き出すのだが、結局寒さと疲労で全員死亡してしまうのだ。のちに派遣された捜索隊は、近くに住んでいるエスキモーが隊員の遺留品を持っているのを発見している。つまり、近くにエスキモーのいることを知っていながら、誇り高い英国人《ジョン・ブル》にとってエスキモーは恐らく人間以下の存在であったろうし、彼らに助けを求めることなど思いもつかなかったのかもしれない。

これで思い出すのは、アムンゼン（ノルウェー）とスコット（イギリス）のことだ。

二人は一九一〇年、南極点を目指して同時に出発するのだが、アムンゼン隊が、犬橇の名手を集めてこれを十分に使いこなし、最後にはその犬を共食いさせながら極点に到達したのに対し、犬橇の使い方を知らない（あるいは知ろうともしなかった）スコット隊はスキーと徒歩で極点を目指し、サポート隊が雪上車とシベリア産の馬を用意してこれを支援した。しかし、雪上車は寒さに動かなくなり、馬も使いものにならず、人力によって極点には達したものの、帰路、全員死亡してしまうのだ。

アムンゼンとスコットのやり方を比較してどちらが良い、どちらが悪いというのではない。しかし私にとっては冒険といい、探検、調査といっても生きて還らなければ何の意味もない。特攻隊ではないのだから。

一番強く思うことは、フランクリンはなぜ近くにいたエスキモーに助けを求めなかったのか、スコットはどうして馬を食わなかったのか、ということなのだ。私はフランクリンやスコットのように死んではならないのだ。第一、この旅に失敗したなら、私の尊敬するエスキモーは私を軽蔑するだろうから……。

# 近づく夏、溶けゆく氷

## 五月二十六日

曇天の中を朝四時半出発。スインバーン岬の先端の島をまわり込み、フランクリン海峡《チャンネル》の反対に位置するマクリントック海峡の横断にかかる。海峡は約二〇〇キロ。その中間にある、小島の点在するゲートスヘッド諸島を経由して対岸のビクトリア島に至る旅だ。食糧は十日から十二日分ある。

海氷にさしかかると乱氷になった。表面は日本のザラメ雪に近い雪がおおっており、五〇〇キロ近い橇はもぐってしまう。

雨が降り出した。グリーンランド以来、初めての雨だ。気温はマイナス十度くらいだろう。

乱氷の間にところどころ水たまりがある。氷が溶けはじめているのだ。先日のカモメにつづいて、ツグミのような小鳥も飛んできた。私にとってカモメは心躍る春の使者ではなく、不吉を告げる使者だ。なぜならケンブリッジベイ付近は、雪も氷も溶ける夏に近づきつつあることを、それは知らせているからだ。私は先を急がねばならぬ。

しかし、午後になっても雨はやまず、風も強くなった。濡れた手は凍りつくように冷えて自由に働かない。寒さの備えは十二分にしてあるが、雨具の用意まではしていないのだ。

午後二時テントを張る。シュラフも衣類もズブ濡れだ。二〇〇キロの海峡をうまくいけば二日で横断する目算をたてていたが、今日は三分の一も進めず、初日で目算は崩れてしまった。

**五月二十七日**

乱氷に橇の足どりは重い。犬たちもデポ地での二日の休養では疲れをとるのに十分でなかったことと、アンナをめぐる争いによるケガでコンディションはよくない。

昨日の雨で雪はさらに軟らかくなり、水たまりの水は、橇の床まで届くほどになった。塩水かと思ったが、なめてみると淡水なので途中何度も口をつけて飲んだ。

午後四時、行手に黒点を発見。ゲートスヘッド諸島らしい。島の近くまで進みたかったが橇は進まず、後ろから押す私の足ももつれがちだ。

午後五時、軟雪にもぐった橇は押せども動かず、雪の上にテントを張る。

アンナの発情は八日間でやっと終った。足に負傷した犬は五頭、うち一頭は右耳が垂れ下がったまま立たない。アンナと関係した（らしい）オス犬は七頭ばかり。

**五月二十八日**

今日も曇りだ。朝八時出発。乱氷、軟雪、水たまりで橇は進まないが、もう戻ろうにも戻れない。前進あるのみだ。救援を頼もうにも、ＳＯＳを打つ無線機は、ヤコブスハウンを出るとき、置いてきてしまった。

橇が軟雪にもぐるたびに先端をひっぱり上げなければならないので、荷物を全部橇の後部に積みかえた。それでも軟雪につっこんでしまう。出発後二時間しか経っていないが、午前十時いったん行動を中止、また夜の行動に切りかえることにした。

このコースには乱氷がないというカーペンター氏のアドバイスとは大違い、これで果してケンブリッジベイに着けるのか。それどころか、目前のビクトリア島にも着けないのではあるまいか。この辺まで小島が飛んで来ていることから考えても、海氷は急速に溶け始めつつあるのだ。テントを張り、濡れた靴をテントの外に干して眠ろうとしたが、なかなか寝つけなかった。

夜八時すぎ起き、テントをたたんで出発の準備。夜十時出発したが、水たまりと軟雪で橇が進まないことは日中と大差ない。それでも進むにつれて水平線上に幾つもの島々が、黒く姿を現わした。

二十九日朝七時半、やっとゲートスヘッド諸島に達した。たくさんの小島が点在しており、どれがどの島やら見分けがつかない。一つの島に上陸し、丘に登ってみたが、高さ五〇メートルほどの島々が重なりあって、いくら地図と見比べてみても判断がつかない。疲れた犬にはかわいそうだが、この島を一周してみる。

海岸の棚氷の上を橇で走ると、陸の雪は溶け始め、コケや岩が現われて水が流れ落ちている。周囲は四キロ、ゲートスヘッド諸島北端の小島であることがやっと判った。

ウェールズ島から約一〇〇キロ、方向探知機とドリフティングスノー（風による雪の積り方）だけで方角を判断して走ったのに、誤差がなかったことで、多少気持ちが明るくなった。

犬は爪先から膿《うみ》を出しているのもおり、日に日に元気がなくなっていく。二、三日休ませてやりたいのだが、それでは氷が溶けてビクトリア島にさえ着けなくなってしまう。ビクトリア島までまだ八〇キロあるのだ。

**五月二十九日**

午後八時半出発、海峡を横断して南へ向かう。

ゲートスヘッド島を出るとき、海岸近くの海氷にアザラシを発見した。ウェールズ島にデポしてあったセイウチの肉は、昨年の夏に獲った古い肉だ。その古い肉さえこの先の行程を思うと毎日腹一杯食べさせるわけにはいかない状態なので、何とかしてこのアザラシの新鮮な肉を犬に食わせてやりたかった。

カムターシュを組み立てる私を、犬たちは雪の上に寝そべってジッと見ている。

「いまうまい物を獲ってきてやるから待ってろよ」といい残して、軟雪の中を腹這いながら近づいていった。一〇〇メートルほどの距離に近づいたとき、アザラシは氷の穴に身を躍らせてしまった。一時間以上もかかってここまで接近したのに何ということだろう。ガッカリして橇と犬のもとへ帰る。

十二時ごろ、また一頭発見。今度は一〇〇メートルも近づかないうちに逃げられた。夜のアザラシは日中よりさらに敏感だとシオラパルクでエスキモーに聞かされていたが、その通りだ。

三頭目、少し遠いと思ったが、射つ前に逃げられるよりはと一五〇メートルくらいからライフルを射つ。かすりもしなかった。失敗して戻ってくると、犬たちは「なんだ、またダメか」という顔で私を見上げる。私は思わず「許せ」と手を合わせるのだった。

当り前のことだが、白熊のズボンにアザラシの皮の靴を履き、犬橇に乗り、生肉を食ったからといってエスキモーになれるはずのものではない。それはわかっているが、東京で北極を知らない人たち相手に「極地とは」「海氷とは」「犬橇とは」と、一したり顔で説明していた自分が今さらながら恥ずかしい。アザラシ一頭射てず、一頭のカリブーを仕留めるのに二十発の弾丸を費やす私に、北極を語る資格はなかったのだ。

犬を休ませている間、もしや鉄砲が悪いのではと思って試射してみた。橇の床を立て、食糧にかぶせてある黄色いシートをコイン大に切りとって張りつける。五〇メートル離れた所から射ってみると五センチも外れた。これではアザラシを射てるわけがない。十発ほど射って照準を修正した。当たらなかったのは、腕のせいばかりではないと多少心が休まった。

再び橇を走らせた。雪はますます軟らかく、その下は水がたまっている。北から運ばれてくる砂をかぶったような氷山が至るところに立ちふさがっている。その間を縫うように進もうとすると、そこは大きな水たまりになっているのだ。

深い水たまりの一つを渡ったとき、水たまりの底に海水につながる穴があいているのに気がついた。犬は委細かまわず泳ぎ渡る。私は橇の上から気が狂ったように怒鳴りちらし犬をとめようとしたが、橇は先端からズブズブと海水の中へ入っていく。私も水たまりに飛び込み、すでに向こう側に渡り切っている犬の曳綱を掴んで雪の上に上がった。もう柄の半分まで沈んでいる橇を、犬と一緒に懸命に引っぱり上げた。一瞬の出来事だった。胸まで水に浸ったが、緊張と興奮で寒さは感じなかった。

濡れた服を乾かしもせず先を急いだ。もう一分の猶予も許されない。氷は日に日に溶けていくのだ。怖気づいている場合ではなかった。せめてこの海峡を渡りきれば、ケンブリッジベイまでは内陸を二〇〇キロ、橇を放棄し犬を食べながらでもたどり着くことができる。

三十日午後一時、水たまりを避けてテントを張る。海水に落ち込みかけたこと、前途の氷の状態を考えるとなかなか眠れない。

**五月三十日**

夜十時半出発。濡れた服は寝ている間にすっかり乾いていた。

空は曇っているが視界はきく。氷山の間を幾つか抜けたとき、水平線上に黒いものを見る。古い氷山の黒さとはちがう。島だ。ビクトリア島に違いない。海氷の上は水びたしだ。乱氷がないので橇の滑りはいいのだが、犬の足どりは重い。

五時間後、海峡を渡りきり、ビクトリア島の起伏のない海岸に橇を上げた。

天気は回復し太陽が出る。休む時間も惜しんで、海岸の棚氷の上を南へ走りつづける。

犬が足をひきずるのは、アンナをめぐるけんかの名残かと思っていたが、そうではない。溶け残った氷が針のようにとがり、それが足の裏を刺すのだ。雪の上に点々と血が滴り落ちる。橇をとめて、ズボンをハンカチほどの大きさにひき裂き、袋状に縫って、犬に足袋を履かせてやる。六頭の犬が爪をはがしていた。

三十一日朝十一時、テントを張る。

ビクトリア島に着いて心に余裕が出たか、しばらく写真も撮っていないことを思い出す。傷ついた犬たちにレンズを向け、自分もセルフタイマーを使ってカメラにおさまった。雪に座ったり、橇の前に立ったりしていると、役者に、それも主演の役者になった気分がした。

**五月三十一日、六月一日**

ビクトリア島沿いに南下。海氷上は乱氷と軟雪で走れない。わずかに硬い雪が残っている棚氷に橇を走らせる。海岸線は出入りが多く、距離は長くなるのだが、やむを得ない。

犬に履かせた足袋は半日もしないうちに破れてしまう。今日はキャンバスを裂いて作った足袋を履かせた。爪をはがした犬は十頭にふえた。

六月一日午前十一時、岬を回り込み、アドミラルティ島の対岸でテントを張った。

この先ケンブリッジベイまで、アルバート・エドワード湾を一直線に入り、湾の奥から陸路一〇〇キロを駆ける陸上コースをとるか、それともビクトリア島の南を回ってクイーンモード湾を越え、海氷の上を走りつづける海上コースをとるかを決定しなければならない。

陸上コースはケンブリッジベイまで二〇〇キロと少し、海上コースより短い。しかし軟雪と乱氷の湾内で悪戦苦闘した上で、雪のない陸地を一〇〇キロ、橇を走らせるのは不可能に近い。ただし、カメラなど不要な装備を捨て、橇を二メートルほどの長さに切ってランナーの鉄板を外せば、陸地でもひけないことはない。このコースは、湾の通過に四日、陸上三、四日としてケンブリッジベイまで七、八日。途中カリブーの一頭も獲れれば食糧は十分、もし獲れなければ犬を殺して食うしかない。

一方、海上コースは、距離は長いが、棚氷を走れるかもしれないし、アザラシを一頭くらいは射ちとれるかもしれないのだ。ここ数日、夜でもアザラシを見かけている。万一、海氷も棚氷も走行不能な状態ならば、橇を捨てて陸に上がればいい。疲れた頭でいくら考えても、どっちのルートが安全確実か判断がつかない。手持ちの食糧はあと三日分、どっちのルートをとるにしても足りない。また、どっちのルートを進むにしても、アドミラルティ島に渡り、アデレイド岬を通過することは変わりないのだから、まずそれまではアザラシを一頭獲ることに専念し、コースの決定はそのあとにしようと思い決めた。アザラシが獲れれば距離の長い南回り（海上）でいいし、獲れなければ、犬を殺しながら距離の短い陸路をとることになるだろう。明日から再び日中の行動に切りかえることにする。

湖水と化した海氷の上にカモメが三、四羽やってくる。ショットガンなら獲れるのだが、私の腕ではライフルで飛ぶカモメを射ち落とすのは無理だ。雪の上におりたカモメに近づいて射ったがやっぱり外れた。

そのうち、すぐ頭の上に飛んできたので、続けざまに五発射つと一羽が落ちてきた。

さっそく羽をむしって煮る。味つけは塩しかないが、肉もスープもうまいこと、どんな珍味も及ばない。匂いをかぎつけて犬がテントの周りに集って、じっと見入っている。

許せ、明日は必ずアザラシを射ってやる。

**六月二日**

朝五時に起きてライフルの訓練をする。

五円玉くらいの丸を書いた板を五〇メートル前方に立てる。一発目は五センチも右に外れた。照準を修正していくと五発目から当たりはじめた。的《まと》の距離を八〇メートルにする。また外れる、修正する、当たる、一〇〇メートルに離す――弾を三十五発ばかり費やしたが、一〇〇メートルの距離で的から二、三センチしか逸《そ》れないようになった。

橇の振動でせっかく合わせた照準がまた狂わぬように、テントの二重の内張りでライフルをくるんで橇に積む。四重のテントはリゾリュート以来、内張りを二重とり外していた。

昨日半日かかって防寒衣《パーカ》、予備のズボン、シャツをひき裂いて作った足袋を犬に履かせ、午前九時半出発。アルフレッド岬の棚氷から海氷におりた。今日は前進することよりもアザラシを獲ることが主眼だ。

海氷におりて間もなく、島のように盛り上がった雪の上にアザラシを一頭発見したが、遠すぎたので狙うのをやめた。三十分後、さらに二頭を発見、これは距離も手ごろだ。

まずカリブーの敷皮から二、三本の毛を抜きとって空中に放ち、風向を確かめる。幸いアドミラルティ島の方から弱い風が吹いている。こっちは風下だ。

水浸しの海氷面を静かに前進、一キロほどの地点で橇をとめ、タッサを組み立ててカムターシュにライフルを固定する。さらにアザラシに気づかれぬよう、グレイスフィヨルドで貰ったメリヤスの白い下着をヤッケの上に着こみ、黒い髪を隠すため、頭から白いパンツをかぶった。

腰を屈めて前進を開始。海氷の上の水は、膝まであるアザラシの靴が没するほど深い。

海氷にあけた穴の横に寝たアザラシは、ときどき頭をもたげてあたりを見回す。その間、私は一メートル四方のスクリーンの陰で身動きどころか、息もとめて待つ。危険はないと思ったアザラシが頭をおろすと、またジリジリと前進するのだ。

二〇〇メートルぐらいに近づくとアザラシの頭も尾もハッキリ見えた。まだ私には気づいていない。さらに近づくと、もうスクリーンでは私の体は隠せない。カムターシュを押すようにして、匍匐前進、というよりは水の中を泳ぐように近づいていくのだ。体はびしょ濡れになるが、緊張で冷たさは感じられない。

ついに一〇〇メートル弱に接近、小高い雪の盛り上がりに水から這いあがり、照準を覗く。望遠鏡の中のアザラシは手にとるようだ。もう少し接近したかったが、逃げられては何にもならない。図体のわりには小さな頭部に狙いを定める。大きな胴体を狙えば外れることはないが、即死しないから穴の中に逃げ込まれるのだ。即死させるには心臓か頭に命中させるしかない。

照準を合わせていると自分の心臓の鼓動が聞こえる。そのたびに照準が揺れる。視力の衰えた右目は、ぼけて使えない。左目も二重に見えるが右よりはいい。アザラシの目玉もヒゲもハッキリ見える。

望遠鏡の十文字が頭部の中央に合った。引金に指をあて、息をとめて引金を引いた。しかし、ビクッと頭をもたげたアザラシは、一瞬後、氷の穴に飛び込んでしまった。ライフルを置いて穴のそばまで行ってみると、血痕も落ちていない。

自分の下手さ加減に愛想がつき、落胆して引き返してくると、カムターシュの前の雪が大きく丸くえぐれている。ライフルの先端からわずか一メートルと離れていない雪の盛り上がりが望遠鏡の視野に入らなかったのだ。腕が悪いせいではないことは判ったが、今度は自分の間抜けぶりに腹が立った。

橇に引き返し、二、三十分走らせるとまた氷山の近くにアザラシを発見、一〇〇メートルと離れていないところにも、もう一頭いる。氷山の陰から最初の一頭に近づこうとすると呆気なく逃げられる。もう一頭も、すでに私に気づいているので近づいてもムダと、あきらめようとしたが、たった二、三〇メートルしか離れていないのだ。ダメでもともとと思って近寄っていくと、意外にも逃げ出さない。とうとう一〇〇メートルばかりに近づくことができた。どうせ逃げられると思っているのであまり緊張しない。

アザラシが頭を上げてこっちを向いたとき鼻のあたりを狙って引金を引いた。当然逃げ出すものと思ったアザラシは、頭をバタンと下げたきり動かない。一瞬また目が変になったかと思ったが、立ち上がってみても確かに黒い図体が氷の穴の横にうずくまったきりだ。

思わず「やった、やった」ととび上がり、ライフルを氷の上に投げ捨てて走り寄った。六、七〇キロもある大きなアザラシだった。弾は耳の下から胴脇に抜けていた。口笛を吹いて犬を呼ぶ。橇をひいたまままいっせいに駆け寄ってきた。「もうお前たちを食わなくてもすむぞ、さあ、腹一杯食ってくれ」と話しかける。尾を振る犬の姿を見ると、私の気持ちが通じたように思えた。一生の記念にと思い、カメラを出して8ミリにもスチールにもおさめた。

腹を裁ちわり、臓物を犬に与え、肉は皮ごと橇に積んでアドミラルティ島に上陸。テントを張ってさらに肉を犬に与える。私も湯気のたっているチク（肝臓）をナイフで切って口にほうりこんだ。

この成功でコースは自動的に決まった。海岸沿いに南回りでケンブリッジベイを目指すのだ。

これまで射撃の下手な私には無理だと思いこんでいたアザラシを射ちとめたのは、何にもまして嬉しいことだった。やればできる。精神が集中していなければどんな立派な道具を持っていても役に立たない。これまで私は、ライフルを橇の上に無造作に置き、その上に腰をかけたりもした。そんなことでは照準が狂うのは当り前だ。

旧軍隊が銃を大切に扱わせたのは当然のことだったのだ。

これで海氷の上をアザラシを獲りながら、ケンブリッジベイに入ることができるだろう。

**六月三日**

アドミラルティ島の西岸沿いに南下、棚氷の状態が良くないので島を離れ、海氷上を西へ向かう。進むにつれて海氷の上は水量がまし、もはや一面の湖水といっていい。橇はあるときは床まで、あるときは積荷の半分まで水につかる。海水に落ちこむことは絶対に避けねばならない。

新鮮なアザラシの肉をやったのに犬はどうも元気がない。足袋はすぐに破れてしまう。今日は二度も履きかえさせた。

ビクトリア島どころか、その手前の島にも達しない。午後八時、乱氷の丘の上にテントを張るころ、ガスが晴れて島のすぐ近くまで達していることがわかり、ひと安心した。

六月四日

海氷を真南に下り、テーラー島に着く。

海氷上の水がどうして淡水なのかやっとわかった。水は海氷が溶けたのではなく、海氷の上に積った雪が溶けたものなのだ。それが塩辛くないということは海水と混じり合っていない、つまりその間にまだ氷の壁があるということなのだ。水たまりの水が淡水である間は海水につながる孔はあいていないと判断してよいわけだ。

二頭目、三頭目のアザラシを射ちとめ、犬に腹一杯食わせる。食糧に困らず、水がたまっても橇を走らせられることがわかると、心に余裕ができた。氷はまだ一週間は橇の走行に耐えられるはずだ。ただ割れ目《クラック》に注意しなければならない。

今日はリゾリュート出発後、二十一日目、いまの犬の状態ではケンブリッジベイまでまだ十日はかかるかもしれない。

六月五日

テーラー島に沿って南下。海氷上の水はやや少なくなり、小さな水たまりにかわる。

夜八時、陸地にテントを張る。陸は至るところに春の兆しが現われており、雪溶け水が海岸の棚氷をも溶かして海氷のクラックに流れ込んでいる。

水のひいた海氷のあちこちにアザラシがおり、食糧不足で犬を殺すことを考えていた数日前が夢のようだ。

クイーンモード湾に浮かぶリンダ島を、テントから初めて見た。

**六月六日**

海岸の棚氷は、陸地から流れ出る雪溶け水でズタズタに切れ、とても橇を通せる状態ではない。海氷の上も無数の水たまりがあり、あるところではアザラシの呼吸孔に水が渦をまいて流れ込んでいる。

水たまりをよけてジグザグに走ろうとしても、スピードが出ない。沖合に出、海岸近くに戻り、を何度も繰り返したあと、海岸近くの海氷が潮の干満で割れているあたりに水のないところを見つけた。近道しようとときどき海岸線を離れて水の中に入ると、たちまち犬の足どりは遅くなる。

朝十時から夜十時まで、ほとんど休みなしに走ったが、海岸の出入りが多いので、時間のわりには進んでいないのだ。

陸では雪を割って顔を出した草が花を咲かせており、近くの湖から水鳥の声がうるさいほどに聞こえてくる。

## 六月七日

ビクトリア島に渡ってからというもの、毎晩二十足以上の犬の足袋を作るのが私の仕事になった。ズボンに始まってキャンバス、パーカ、シャツ、現に私が身につけている物以外、どんどん犬の足袋に化けていく。足袋をつけている間、犬は元気に走るが、破れ始めるとすぐにびっこを引いて橇のスピードは落ちる。これでは毎晩作らないわけにはいかない。

その材料もとうとう底をついた。テントの内張りのナイロンで作ってみたが、これは薄すぎて役に立ちそうもない。

足の裏に裂傷のない犬はいない。特にリゾリュートで手に入れた白黒の犬の左前足の裏は大きな裂傷がザクロのように口をあけ、肉がと出だしている。忠実なリーダー犬のアンナさえ、私の「ハク」（左）「アッチョ」（右）の命令が疲労でわからなくなったらしい。

アザラシを今日も三頭獲る。もうアザラシ狩りも余裕綽々《しゃくしゃく》で、引金をひくときも心臓の鼓動が聞こえたりはしない。射ったあとは必ず針金にボロ布をまいて銃身を掃除する。

アザラシが獲れて食糧がある限り、足のケガで犬が死ぬことはあるまい。

日中、沖合を走る黒い線を目にし、クラックかと思って近づいてみると二〇〇羽ほどのカモメの群だった。開いた海水の中に無数に泳いでいる小さなエビのようなプランクトンを食べに集まっているのだ。

午後九時、エスキモーの古い小屋が三軒残っているパーカー湾の岸に着いた。すぐ裏の湖で、カモ一羽とカナディアンギーズ（カナダ・ガチョウ）を獲る。

湖の中には、まだ氷が残っているが、水草は青々と茂り、岩の間には赤い桜のような花が咲いている。海水には至るところ大小のクラックが生じ、カモメ、カモなどの水鳥が飛来している。夏は、すぐそこまで来ているのだった。リゾリュートを出るとき、夜の気温はマイナス二十一度だったが、今はマイナス六度くらいだ。

ニワトリほどのガチョウを塩だきして食べる。カモメより肉づきよく、そしておいしい。しかしいくら食べても一羽は食べられない。

**六月八日**

食糧は十分にあり、海氷上はクラックだらけだが、何とか橇は通せるだろうと、食糧をデポしてあったスインバーン岬以来の休養日にした。

エスキモーの古小屋の屋根からシート地をはがして犬の足袋にする。一日かかって六十足できた。足袋は袋状に縫いこむだけ、足に履かせたら上から、脱げないように紐で結ぶのだ。今日までにいったい何足の足袋を作ったろう。五百足は作っているはずだ。指の先には針仕事で水疱ができている。夜は足袋作り、昼は破れた足袋を履きかえさせる作業の繰り返しだった。リゾリュートで手に入れた白犬は足袋を履くことを嫌がり、紐で結びつけるときも暴れててこずらせた。

ケンブリッジベイまであと二〇〇キロ、今日の休養で明日は犬たちが元気よく走ってくれるといいのだが……。

一日中ムチで叩かれるのは犬たちも辛いだろうが、私も辛い。体力も消耗する。単調な足袋作りの方がまだしも楽だ。

## 六月九日

十四頭の犬に足袋を履かせてやるのには一時間近くかかる。午前九時、パーカー湾を出発。ところが一時間も経たないうちに全部底が破けて、傷ついた足底が出てしまった。雪はたちまち滴り落ちる血で赤く染まる。足袋の材料にしたキャンバスは、屋根にかぶせられて風雪と寒さにさらされ、もろくなっていたのだろう。せっかく昨日一日がかりで作ったのにと情けなかった。

履きかえさせて六時間ばかり走ると、もうスペアもなくなった。アンダーソンベイにあと二、三〇キロと迫り、突き出た海岸を回り込もうとしていると、突然、陸地に動くものを見た。

「おい、人だ、人がいるぞ！」と犬に声をかけムチを振って近づく。ヒゲを生やしたエスキモーの老人と、子供だ。リゾリュート以来、実に二十五日ぶりに会う人間だった。

橇をとめて近づき、「グッダー」と手をさしのべると、ニコニコして手を握り返しはしたが、何もいわない。「グッダー」は、グリーンランド・エスキモーの挨拶なのだった。

改めて「How do you do」というと、今度は二人顔を見合わせてニッコリ笑った。そのうちに湖の方からもう一人のエスキモーが駆けてきた。これも老人の息子らしい。

「I came from Greenland alone with this dog team」

「You came alone with these dogs ?」

三人とも信じられない様子だったが、グレイスフィヨルド、リゾリュートを経てきた経過を詳しく話すと、初めてうなずいて驚きの表情を浮かべた。

老人は妻とともにこの近くのアンダーソンベイに住み、ケンブリッジベイに住む息子たちは一週間前から両親を訪れて、狩りを楽しんでいるのだった。老人はオホッカヌアといって六十五歳、息子は兄が二十五歳のヘンドリー、弟は十六歳のダーノだった。

彼らがここにスノースクーターで来ているのは驚きだった。至るところにあいているクラックをどうやって渡るのか、訊いてみると、クラックに沿って一キロ、二キロと走っていくと必ずクラックの閉じている部分があり、そこで初めて渡るのだという。私は一〇〇メートルも走るとどこまで行っても割れ目は閉じないように思えて、いつも大迂回していたのだ。

彼らの乗ったスノースクーターの後を追って、アンダーソンベイに向かう。ケンブリッジベイまで、あと一〇〇キロだ。

オホッカヌアの家には、彼の妻のエッコのほかにヘンドリーの妻と子供がいた。家といっても掘立て小屋に近かったが、彼らの好意を受けてここに泊めてもらうことにする。オホッカヌアが湖で釣り上げたマスと、これもマスによく似たアークティックチャーの干物をご馳走になった。ここ数日、アザラシばかり食べていたので、久しぶりの魚だった。小屋の横に、湖から流れ出る小川があり、老人は氷が覆っている五月末までは川をさかのぼって湖の氷に穴をあけ、魚を釣る。夏、氷が溶けると川に網をかけたり、カモなどの水鳥を獲って暮らしているのだった。

私が、ここからケンブリッジベイへ向かい、そこで越夏してさらにアラスカまで行くという計画を説明すると、老人は「ケンブリッジベイは狩りをする人間も、獲物も少ないから、ここへ来てはどうか」とすすめてくれた。たしかにここは、オホッカヌアの狩りを手伝いながら十四頭の犬を養うには好適の場所に思われたので、一度ケンブリッジベイへ行った後、またここへ引き返してくることを老人に約束した。
オホッカヌアは六頭の犬を持っていた。カナダ・エスキモーのほとんどがスノースクーターにかわっている現在、この辺で犬橇を使っているのは珍しいのだが、老人は「犬は故障しないから」と澄ましていった。

**六月十日**

ケンブリッジベイ到達はもはや確実なので、もう一日休養することにした。オホッカヌアから、丈夫なキャンバスをもらって一日中犬の足袋を作る。

**六月十一日**

オホッカヌアは英語ができない。エスキモー語だけだ。私がグリーンランドで覚えたエスキモー語は辛うじて通じた。
間もなくここへ引き返してくることを繰り返し約束して、出発。橇の歩みは鈍《のろ》いが、心の余裕からムチも振らずに進む。至るところに口をあけている大小無数のクラックを通りぬけ、夜中、岬に最後のテントを張った。

## 六月十二日

ぐっすり眠って午後二時すぎテントを出ると、ケンブリッジベイ到着の日にふさわしい晴天だ。太陽は南の空に高く燦然《さんぜん》と輝いている。気温はプラス三度、暖かいというより暑いくらいだ。

テントからケンブリッジベイのタワーが見える。あそこまであと四〇キロだ。

これからすぐにケンブリッジベイに向かうのはもったいない、ゆっくり休んで夜になって出発すればいいと考えて、テントの外で紅茶を飲み、オホッカヌアのくれたアークティックチャーの干物を齧《かじ》った。氷の上でノンビリと日光浴、犬もこれ以上橇をひくのはいやだといわんばかりに寝そべっている。

夜七時、犬に足袋を履かせて出発。犬はケンブリッジベイの方角から人の匂いでもするのか、あるいはこれが最後の旅であることを本能で悟ったのか、いつになく軽い足どりだ。

途中スノースクーターに乗った二組のエスキモーに会う。近寄ってきて「ハロー」と握手を求める彼らに、グリーンランドから来たというと、一様に驚くのだった。

夜十二時すぎ、海岸に人家のたち並ぶケンブリッジベイの町に入った。私の犬橇を見てエスキモーたちが五人、十人とやって来ては「ハロー」と握手を求める。私の服装はといえば、ほとんどが犬の足袋に化けてしまって、シャツ一枚という敗残兵に近い姿、さすがに恥ずかしい。

湾の奥の丘の上に、木造の小屋が点々と並んでいて、屋根の煙突からは煙が上がっている。村外れには白いドームがある。遠くから見えていたタワーが聳《そび》えている。ここはまぎれもなくケンブリッジベイの町なのだ。

この町を、何度夢に見、頭に描いたことか。昨年暮れ、グリーンランドを出発してから六カ月、六〇〇〇キロにわたる犬橇旅行は、いま終ったのだ。もちろん、まだ後半六〇〇〇キロの旅が残っているが、今そこまで考える余裕はない。今はただ、何度も断念しかけながらあきらめずにここまで来た自分に、よくやったと語りかけ、傷だらけの足で走りぬいた犬たちにご苦労さんといいたいだけだ。

町外れの河口付近にテントを張って眠った。半年ぶりの、明日のことを思い患う必要のない快適な眠りだった。

# 第三章　厳冬のツンドラに闘う

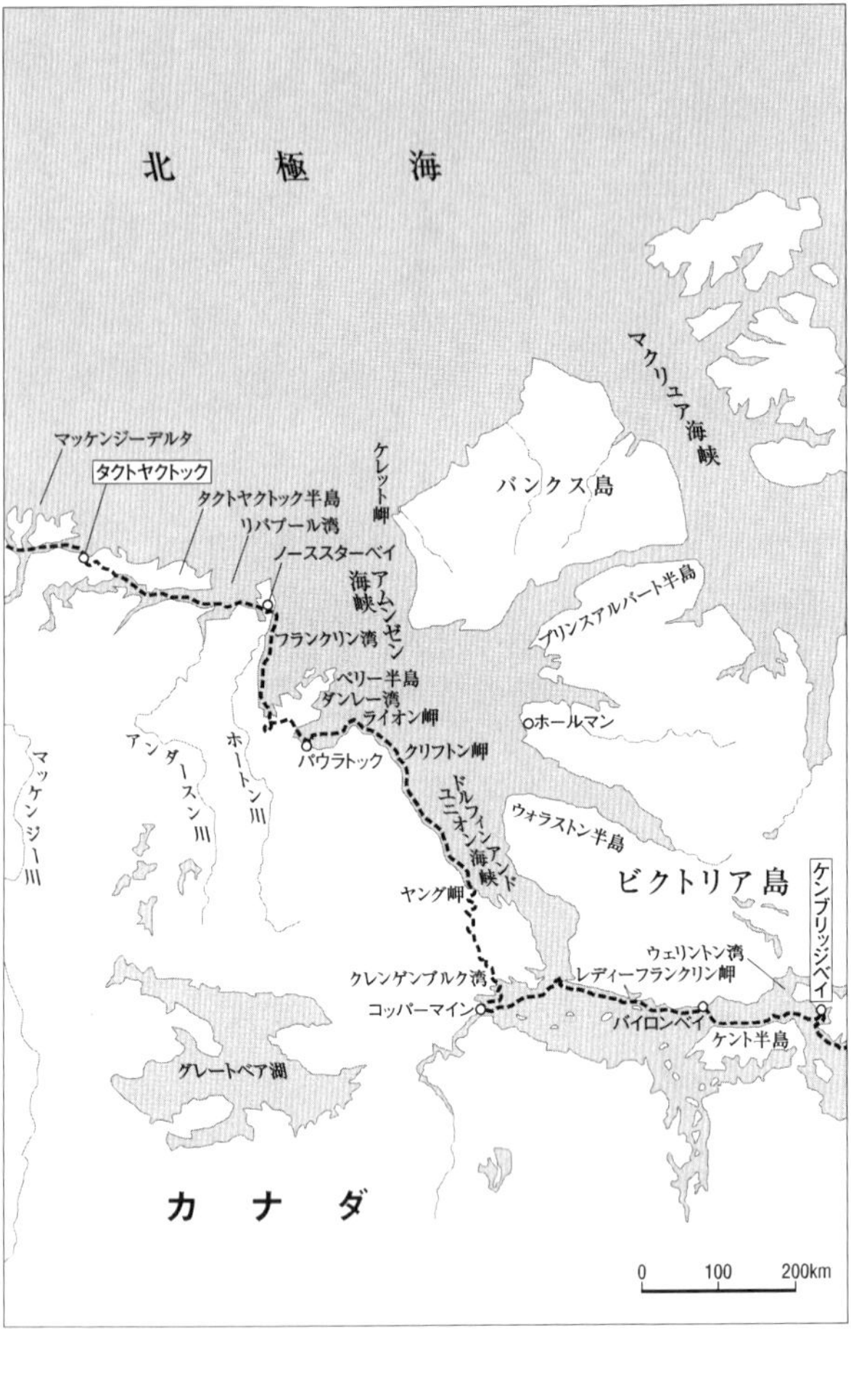
北極海
マクリュア海峡
マッケンジーデルタ
タクトヤクトック
ケレット岬
バンクス島
タクトヤクトック半島
リバプール湾
ノーススターベイ
アムンゼン海峡
プリンスアルバート半島
フランクリン湾
ペリー半島
ダンレー湾
ライオン岬
ホールマン
パウラトック
クリフトン岬
マッケンジー川
アンダースン川
ホートン川
ドルフィンアンドユニオン海峡
ウォラストン半島
ビクトリア島
ケンブリッジベイ
ヤング岬
ウェリントン湾
クレンゲンブルク湾
レディーフランクリン岬
コッパーマイン
バイロンベイ
ケント半島
グレートベア湖
カナダ
0
100
200km

# 越夏——ある老エスキモーとの生活

**六月十三日〜十二月十四日**

五月の末、ケンブリッジベイから若いエキスモーの兄弟がスノースクーターでビクトリア島へカリブー射ちに出かけ、スクーターが故障して歩いて帰る途中、別れ別れになってしまい、弟は一週間かかって町へたどり着いたが、兄はいまだに発見されていない、と聞かされた。犬が倒れてしまえば、私もおなじ運命をたどっていたかもしれないと思うと、あらためてわが犬たちに感謝せずにはいられなかった。

ケンブリッジベイは人口約八五〇人、北のリゾリュートやグレイスフィヨルドに向かう飛行機の中継地で、ジェット機の発着できる飛行場の他、米軍のレーダー基地、観測所などがあり、人口の五分の一は白人だ。先生やポリス以外白人のいないグレイスフィヨルドあたりとは、かなり違う感じがする。町のエキスモーは大部分が飛行場、病院、基地、観測所、町役場などで働いていて、狩りで暮らしをたてているのは三十人もいない。白人の下で働く連中は英語がうまいが、作業内容はほとんどが肉体労働だ。

狩りをしているのは、白人の下で働くことを好まず、英語もできない老人たちで、アンダーソンベイのオホッカヌアもその一人といっていい。町中は自動車が行き交い、会話はほとんど英語だ。エスキモー語を話すのは中年と老人だけだった。

食糧は、ほとんど南から運ばれる穀物、野菜、ビスケット類など、南部の町と変わらぬ種類で、これでは十四頭の犬にやる餌は手に入らない。オホッカヌアがアンダーソンベイでの越夏をすすめてくれたのはやはり正しかったのだ。

ケンブリッジベイの滞在を一週間できりあげ、傷ついた犬に今年最後のムチをあてて、クラックを渡り、一〇〇キロ（直線では六五キロ）南東にあるアンダーソンベイに戻った。

途中、水びたしの海水の上を泳ぐように渡っているとき、一頭の犬が水を嫌がってケンブリッジベイに逃げ帰ってしまった。

私は雪溶け水が流れ下っている河口の横の砂利の上にテントを張った。

オホッカヌアの家は、板切れをシートで覆っただけの粗末なもので、それでも六畳ほどの部屋が二つ、ベッド、トイレ、ストーブ、台所、物置と必要なものはみな揃っていた。「ジャパニの寝場所はここだ」と、板造りの自分たちのベッドの横に私の場所を親切に作ってくれたのだが、夫婦とも酒好きで、毎日酒のつきあいをさせられそうなのを警戒して、私はべつに自分のテントを張ったのだった。

最初の日、オホッカヌア夫婦は私をボートに乗せ、魚のとり方を教えてくれた。ツンドラの雪が溶けて、烈しい勢いで海に流れ込む河口に網を張ると、三〇センチほどのアークティックチャーがかかる。網目に首をつっこんだ魚を木の棒で叩き殺してから、一尾一尾外すのだ。

二日目からは私一人でボートを出した。朝夕二回、一回に八十尾、五〇キロほどとれた。私が陸揚げした魚をエッコが板の上に並べ、ウロー（扇状のナイフ）で頭を切り、背中と腹を割って骨と臓物をとる。オホッカヌアがそれを竿に吊して乾かすのだ。

太陽は二十四時間沈まないので、時間的な観念がなくなる。朝九時にテントを出て、オホッカヌアの家でコーヒーを飲み、ボートをひっぱり出す。朝食は魚の陸揚げがすんでからだ。

エッコの切りとった魚の頭や臓物は、犬の餌にもなるが、われわれも食べる。仕事をしながらつまみ食いする魚の臓物、胃袋の中のタラの子などの小魚、卵は新鮮で旨かった。

四、五日経つと臓物や頭には五ミリほどの蛆《うじ》が湧く。目玉まで入りこんだ蛆をとり除いて頭を食べる。目玉も旨い。顎の下の肉や、脳みそを覆っている軟骨は珍味といっていい。

最初はオホッカヌアが蛆虫の動いている頭を「ママット」(うまいよ)とすすめてくれても、気味が悪くて手が出なかったが、思いきって食べてみるとこれがうまいのだ。旅行中よく食べたキビアに似た味がする。食べ慣れると臭いのないキビアがうまくないのと同様に、蛆のついていない頭はあまり旨くないのだ。それは漬けたばかりの塩辛がうまくないようなものなのだろう。

これまでに食べた獣、魚、鳥を挙げてみよう。クジラ、カリブー、じゃこう牛、兎、犬、白熊、アザラシ、セイウチ、アッパリアス、雁、カモ、ガチョウ、雷鳥、アッパ、カモメ、カラス、オヒョウ、サケ、アークティックチャー、マス、ホワイトフィッシュ、ニシン、サメ、エイ……。極地に棲む生き物はみな食べたといっていい。

味は簡単に優劣をつけにくい。たとえばセイウチの場合、肉は大味でうまくないが、胃袋は貝の肉のように旨い。白熊の肉もよく煮ると独特の歯ごたえがある。クジラの皮は「マッタ」といい、エスキモーにとっては高級な食べ物だ。

エスキモーもあまり食べないのは、サメ、エイ、カラス、キツネ、犬などだ。サメはどんなに煮て食べても腹痛や下痢をおこすので、よほど不漁のときでないと食べない。シオラパルクのイヌートソアは子供のとき、不漁続きで食い物がなくなり、サメの肉を水を三度とりかえて煮て食べたといっていた。私もシオラパルクでサメを塩漬けにし、ストーブの上に吊して燻製《くんせい》を作ったが、エスキモーたちは病気になるといって手をつけようとしなかった。

フィヨルドの泥の底に住むエイは「イカルソア・ヌリア」（サメの妻）と呼ばれている。

犬を食べないのは南の文明圏の影響だろう。グリーンランドのゴットソアで死んだ飼犬を食べさせられたときはさすがに喉を通らなかった。これではエスキモーの仲間になれないと無理矢理のみこんだのだが、味は全くわからなかった。

朝夕の魚の陸揚げの間は、ボートで河口に出て溶けかかった氷に飛来するカモを射った。水音をたてないように静かにボートを近づけ、一〇〇メートルくらいの距離でカモの胸を狙うと百発百中で、旅の間はるかに的の大きいカリブーやアザラシを獲るのに苦労したのが夢のようだった。

一発射つと、黒くなるほど群れているカモはいっせいに逃げてしまうが、またすぐ次の群れがやってくるので獲物には不自由しない。その間、犬は河岸にねそべり頭と耳を立てて私の方を見つめているのだった。

十羽ほど射ちとめると陸に上がり、テントの裏にあるコアウチに獲物をほうりこむ。コアウチというのは、永久凍土《ツンドラ》に二メートルほどの穴を掘り、コケや土、じゃこう牛の長い毛で蓋をしたエスキモーの天然の冷蔵庫だ。地表に花が咲き乱れる夏になっても、コアウチの内壁には氷が張りつめているのだ。ケンブリッジベイなど白人の多い町では、エスキモーも電気冷蔵庫を使っているが、町を離れて住み、いまだに犬橇を用いているオホッカヌアは、コアウチを常用していた。

七月半ばになると海水は完全に溶け去り、海は懐しい青海原にかわった。アークティックチャーにかわってサケがやってくる。サケが獲れるのは九月初旬までの約一カ月半。最盛期の八月上旬には長さ三〇メートルの網に、体長一メートル以上もあるサケも含めて、一日一〇〇尾近く獲れる。海岸で見ていると、沖と直角に張った網にかかるのが見えるほどだった。

テントの横の川にはハプチ（浅瀬に石を積んで魚が入ったら出られないようにした袋小路）を作り、入った魚を三本ヤスで突く。これも一日三、四十尾獲れた。三本ヤスの構造は、三メートルほどの棒の先にじゃこう牛の角をつける。先端の内側には小さな針をうちこんで魚が脱け落ちないようにしておき、その中央にはカリブーの角を一本つけるのだ。この方法は網よりも簡単で愉しいものだった。

季節が移りかわるにつれて、べつの獲物が次々とやってくる。六、七月のアークティックチャー、七～九月のサケ、湖に氷が張り出す九月半ばから十一月までは、湖氷の下でマス、ホワイトフィッシュ、アークティックチャーが獲れる。

鳥の方はカモ、雁、雷鳥、ガチョウが六月から九月までいる。新雪の降る九月には雷鳥が北から大群をなしてやってくる。その雷鳥を狙って雪フクロウとタカも飛んでくる。これらの鳥は、海へボートを出したり湖畔を歩きまわってライフルやショットガンで射った。

雷鳥は、日本のと違って人を恐れない。草の実を食べているところに二、三〇メートルの距離まで近づいても逃げないし、一羽射っても他の鳥が飛び立たない。だから七、八十羽もの大群をぜんぶ射ちとったこともあった。

雪フクロウとタカは、とまる場所がいつも決まっている。見晴らしのきくツンドラの岩の上にとまって雷鳥や土鼠《もぐら》を探している。糞で白く汚れた岩の上にキツネとりの罠《パンチ》を仕掛けておくと、十五個で平均五、六羽、多いときには十羽もかかるのだった（雪フクロウが保護鳥であることを知らず、私は後日、ゲーム・オフィサーから警告を受けた）。

そのころ、ツンドラにはじゃこう牛が、海にはアザラシがやってくる。

オホッカヌアは、新しい獲物がやってくると最初だけその獲り方を教え、あとは小屋でエッコの作ったインミヤ（地酒）を飲んでいる。酒は、瓶に水とケンブリッジベイで買ってきた砂糖、大豆、イースト、それにレーズンを少し入れ、布きれやカリブーの毛皮で包んでストーブの傍に置くと、三日くらいでできる。ストーブの燃料は板切れとアザラシの脂肪だった。

狩りから帰った私は、毎日酒に酔った二人の昔話を聞かされながら、獲った魚の骨や臓物を除いて干すのまで、みんな一人でやらなければならなかった。

ある日、オホッカヌアとトランプ（フィフティントゥーという遊びで、オホッカヌアから教わった）をしていると、小屋の裏にじゃこう牛が現われた。体重四〇〇キロ以上もあろうと思われる大きさで、ヒマラヤのヤクのように長い黒い毛が全身を覆っており、インドの瘤牛《こぶうし》のように背中が突き出ている。角は水牛のように両側に彎曲して垂れ下がっている。

オホッカヌアはトランプをなげだして、「ウミンマ（じゃこう牛）、シャコッホ（射て）、ウミンマ」と叫んで、物置においてあった３００６型のライフルを私に渡した。

ウミンマは二〇〇メートルほど離れた湖畔の湿地帯で水草を食べていた。白熊と違って臆病で、人に害はしないし、狩猟は禁じられている。しかしどうやら私は実質的にはオホッカヌアの使用人であって、客ではない。命令にそむけばここから追い出されるだろう。

仕方なくライフルを手にとり、ポケットにも予備の弾を二十発入れて小屋を飛び出した。窓から見ているオホッカヌアには、腰を屈めていかにもそっと接近しているように見せかけたが、早くじゃこう牛が気づいて逃げ出してくれるように頭の方から近づいた。

オホッカヌアが「後ろから近づけ」と手を振って喚いているのがわかったが、気づかないふりを装った。私に気づいたじゃこう牛は、あわてて逃げ出した。私は後を追いながら二、三発当らないように射った。

オホッカヌアはかんかんに怒っていた。

七月中旬、リーダー犬のアンナが六頭の仔を産んだ。

夕方、カモ猟から帰ってくると、他の犬たちは餌を求めていっせいに吠えたてるのに、アンナだけが岩陰に寝たきりで吠えない。近寄ってみると、脇腹に六頭の仔犬を抱え、しきりに舐めてやっているのだった。

土鼠くらいの大きさの仔犬はまだ目が開かず、毛も生え揃わず、小さな足をバタつかせて母犬の乳首に吸いついている。黒、白と黒のまだら、アンナとおなじ灰色、鼻はみんな母犬とおなじ黒だが、毛色はまちまちだった。

越夏中に仔犬を産んでくれたのはお互いに幸せだった。厳寒の旅の途中では、アンナを庇《かば》うことも仔犬を育てることもできなかったろう。

仔犬の父がどの犬なのかを知るのは難しかった。リゾリュートーケンブリッジベイ間で交尾したことは間違いないが、アンナはほとんどすべてのオス犬と交尾していたからだ。

仔犬たちはそんなことにはお構いなく、一頭一頭のオス犬にじゃれかかり、オス犬たちもそれぞれ自分の仔であるかのように相手になってやっていた。

私も自分の子供のように可愛かった。いつもチームの先頭に立ってくれたアンナが産んだ仔は私の子も同様に思えた。あの酷寒、空腹、水びたしの旅の間、この仔犬たちを腹の中で育てていたのかと思うと、アンナも抱きしめたいほどいとおしかった。

一頭の仔犬は産まれてすぐ死んだ。アンナはその仔犬を食べてしまった。苛烈な自然の中で生きる獣の、それは習性なのかも知れず、形をかえた最大の愛情の表現なのかも知れなかった。

残り五頭は、日に日に大きくなった。餌に与えるカモを射ちに行っても、一羽でも多く獲りたいという思いで、周囲二〇キロの湖畔を一周しても疲れは覚えなかった。魚も鳥も豊富だったが、天気が悪くなると一尾も一羽も獲れなくなるので、犬の餌は決して十分ではなかった。

九月半ばになると仔犬たちは親の傍を離れ、テントの周りを遊びまわるようになった。雷鳥を射ちに出かけると雪まみれになってついてきた。もう仔犬の食べる餌の量は成犬なみになっている。犬に餌を与えるのは二日に一回だが、それでも私の十八頭（五頭の仔犬を加えて）にオホッカヌアの五頭、合計二十三頭の犬を養うのは大変な労苦だった。

毎日のようにライフルと袋を担いで犬の餌を求め歩き、小屋に帰ってくると、オホッカヌアは酒に酔い痴《し》れて、ふだん突き出ている下唇をより一層突き出し、顔を紅くしている。エッコもエスキモーの旧い風習である刺青《いれずみ》を酒の酔いで際立たせている。

「息子と娘が七人いるが、みんな出ていって私と一緒には住まない。私もケンブリッジベイに住みたいが、英語ができないし、好きな生肉も食べられない」とオホッカヌアは涙を流しながら訴える。エッコも「私の息子もジョウハーブンにいるけれど、いっこうに訪ねて来てくれない」と、嘆きながら、インミヤをこぼれんばかりに注いではあおるように飲むのだった。

二人は再婚で、ケンブリッジベイに住むオホッカヌアの息子はときどき訪ねてもき、エスキモー語も話すが、その嫁たちは英語しか話さない。オホッカヌアは孫を抱こうとするが、孫は聞き馴れないエスキモー語を嫌がって抱かれるのを拒むのである。

オホッカヌアもエッコも、ケンブリッジベイに住めば、家、水、燃料、食糧（彼らの好む生肉ではないが）は政府が保証してくれるのだが、二人は敢えて文明を拒否して自給自足の生活を送っている。足の悪いエッコが病気になっても、オホッカヌアは町まで医者を呼びにも行けない老体なのだが。

彼らは決して文明を否定したり嫌悪したりしているわけではない。彼らとて、バケツで川から飲み水を運んだり、雪フクロウの脂肪からとった油でコッダ（ランプ）をつけたり、アザラシの脂肪でストーブをたくよりは、スイッチひとつで電気が点き、水が出る生活の方が快適なことは百も承知している。しかし、その文明とともにやって来た外来者に、どうしても順応できず、追われるように町を出てしまったのだ。

食べたいときに食べ、寝たいときに寝る、食糧が尽きれば狩りに出る、という二人の生活は好ましいものに思われたし、グリーンランドのエスキモーの生活形態と共通でもあったが、自分たちイヌイ（人間）は南から来たカッドゥナ（外来者）よりも秀れており、勇敢なのだと信じて生きているグリーンランド・エスキモーの方が、より誇り高い人々のように思われた。


八月半ば、ツンドラを歩いてケンブリッジベイに出た。東京への便りを出し、オホッカヌアの息子のヘンドリーにボートで送ってもらって帰ってくると、大事件が起こっていた。

父のもとへ遊びに来ていた末子のダーノが、酒に酔って継母のエッコと口論し、私のライフルで自殺したのだ。腹に射ちこんだ弾は背中へ抜け、三十分もしないうちダーノは出血多量で息をひきとった。

ケンブリッジベイの中学を卒《お》え、この夏休み後、ノース・ウェスト・テリトリーの首都であるイエローナイフの高等学校に進むことになっていたダーノは、オホッカヌアの最愛の息子だった。オホッカヌアは泣いては酒を飲み、飲んでは泣いた。

八月末のある日、今年初めての雪が降り、黄ばんだ草とコケの野は、一夜にして真っ白になった。十月初め、コアウチに貯えておいたサケ、ホワイトフィッシュ、ひと夏かかって作ったサケとアークティックチャーの干物を橇に積んで、私は三カ月半暮らしたアンダーソンベイに別れを告げた。

ケンブリッジベイに来てみると、湾にはもう橇が走れるほどの氷が張っており、私は町から三キロほど離れた川の河口のバラック小屋に入り、旅の準備を急いだ。十二頭の犬のうち一頭はアンダーソンベイで食糧不足から死なせていたのだが、ケンブリッジベイに着いて間もなく、ケンカで三頭死に、二頭を逃がした。旅立ちを前に、犬のチームが一挙六頭に減ったのは大きな痛手だった。五頭の仔犬は、一頭も手放したくなかったが、食糧不足から三頭をエスキモーに譲り、一頭をカーペンター氏の持っている成犬と交換し、一番元気な黒いメス犬だけを残した。

犬の胴バンドはぜんぶ新しく作りかえた。オーバーシューズも縫い、縮んだセーターは毛糸と編針を買ってきて裾と首を編み足した。カリブーの毛皮の手袋（ミトン型）は五組作った。

十一月に入ると、太陽の出ている時間は日ましに短くなり、気温はマイナス四十度近くに下がり、海氷は次第に厚くなった。十二月初旬、湾内の氷は三〇センチ以上に発達した。

「カナダ滞在六カ月以上」の資格にパスした私のところに、ゲーム・オフィサーから申請していた狩猟ライセンスがやっとおりた。リゾリュートで得たアザラシ二頭（一年間に）のライセンスは、ケンブリッジベイまでに使い果しており、新しいライセンスをとらないと旅が続けられないのだ。ビッグ・ゲーム（陸上動物）はカリブー五頭、ブラウンベア一頭、狼、兎は何頭射ってもよい。スモール・ゲーム（鳥類）は保護鳥の白鳥、雪フクロウを除いては何を獲ってもよいというものだった。

## 米軍基地からの電話

### 十二月十五日

いよいよ今日から犬橇旅行の後半に入る。午前中、東京へ電報を打ったり、世話になったエスキモーの人たちに挨拶してまわったりしたあと、午後から出発の仕度にとりかかった。

キャンバス袋に入れた冷凍のサケ、マスなど四袋、二五〇キロを橇の前部に一列に並べ、その上にトランク、コンロ、木箱と置き、後部長柄の下に二〇リットル入り石油タンク二本を積んだ。テント、銛をその上に置き、カリブーの毛皮を二枚かぶせて両側から強く紐でしばりつけた。二梃のライフルは毛皮の上に置き、いつでもすぐとり出せるようにする。長柄にはキャンバス袋を二つぶらさげ、片方には、予備の犬の胴バンド、双眼鏡、修理具、細引、ムチなど、もう一方には、カメラ、方向探知器、寒暖計、手袋の予備を入れる。万一、橇が海水に落ちたとき、すぐにとりかえられるように羽毛ズボン、カリブーの靴をビニール袋にしっかりつつみ、コンロの上に置く。トランクの中には、カメラ、フィルム、書類、薬などを入れた。この旅をはじめたときと、荷積みの仕方はそう変わっていないが、これまでの経験を生かして、より機能的になったと思う。装備の中で不要なものはみな整理してしまった。

橇の梱包が終ったあと、犬の曳綱をつないだ。犬は現在は八頭に減ってしまっていた。それで、ケンブリッジベイでただ一人犬橇を持つクッドラックから、今日、五頭の犬を買った。

このあたり一帯の地方議員で、昨夜、記念にといってエスキモーの顔を彫った石鹸石をくれたビル・ライヤーが、あばれまわる八頭の私の犬を、ムチでなだめてくれているとき、クッドラックが五頭の犬を長い鎖につけ、ひっぱってきた。五頭を鎖からはずし新しい胴バンドをつけ、私の犬のチームはまた十三頭になった。これで安心して走れる。

さあ、出発だ。

ケンブリッジベイまで視察に来ていた日本人丸山君はじめ、エスキモーたちが見送ってくれる。「グエナット」（ありがとう）一人一人に握手をして別れを告げた。ビルは私のムチを使って犬を動かぬよう見守り、私が握手をし終ると犬の前からさがった。

「ヤー！」大声をあげると犬はいっせいに走り出した。ビルは私の橇にとび乗り途中まで送ってくれるはずだったが、犬が急に走り出したので乗り遅れ、走りながら左手で私のムチを持った手にふれるだけ。「サンキュー、グエナ、グエナ」と私が叫ぶと、大きな声が返ってきた。「グッドラック、ナオミ」その声も、たちまち後ろに飛び去った。

気温は次第に低くなり、マイナス四十二度、顔面がチクリチクリ針で刺されるような痛みがする。十一月以来、太陽は水平線に沈み、ようやく、ものが見えるぐらいの明るさだ。

まだケンブリッジベイの明りがうしろに残っている湾内で、新参の五頭の犬が旅をするのをいやがり、橇を反対方向にひっぱりはじめた。橇からとびおり、ムチを振るって方向を正しているうち、リーダーのアンナが曳綱を切って逃げ去ってしまった。出発早々、舌打ちしたくなるできごとだったが、湾からジグザグに細長く入り込んだ入江を走り、さらに五〇〇メートルばかり横切ったところで、逃げたアンナをつかまえることができた。

クッドラックから買った犬は、二日に一度しか餌をもらっていなかったから痩せているうえ、最近一度も橇をひいた経験がないので力がない。私の犬たちがとまると橇はすぐとまってしまう。

海峡には月が皓々と輝いているが、あたりの島影は低く、見通しがきかない。それでも陸から離れると、ケンブリッジベイの明りがバックに見え、海峡の中央に走り出すことができた。

午後五時、三時間走ったところで第一日の行動を終えることにする。今日は初日なので短時間で走行を終え、明日から六、七時間、行動する予定だ。

「アイー」（止まれ）と声をかけると、犬はすぐとまった。初日の疲れのせいだろう、ケンカすることもなく、その場にまるくなった。四〇メートルの犬のチェーンの両端を、氷に穴をあけて止め、四メートル間隔に八頭つなぎ、残った五頭はべつの穴にいっしょに結びつけた。そして六、七〇センチもある凍ったサケとマスを鉈で割り、犬に食べさせた。

入口から犬が見えるように橇の横にテントを張った。越夏中に新しく日本から送ってきたテントは後部の張綱がなく、月夜の中で手を温め、針をとり出し張綱を縫いつけなければならなかった。テントの中の物干し用の紐も下部によりすぎており、これも天井近くに縫いかえた。

テントに入り、お茶をわかしたときは、すでに午前一時になっていた。

激しい旅がまた始まった。

## 十二月十六日

シュラフから出ている顔が寒さのためチクチク痛くて目がさめる。午前八時半。昨夜、出発を九時に予定し、起床は七時と決めて抱いたまま寝た石油コンロの火が消え、午前三時、五時と消えるたびに目をさまして火をつけなおしたのだが、結局、寝すごしてしまった。海水を溶かした塩からいお湯を飲み、ビスケットをかじってテントを出たときはすでに九時半、残ったお湯を橇のランナーに流すようにぬりつけ、凍らせる。

犬を橇につなぎチェーンをはずすと、号令をかける前に、犬たちはいっせいに走り出した。

海峡をぬけヌヒタック島にさしかかったところ、一時間も走らないうちに一つの氷のブロックが六、七〇センチもある乱氷帯に突っ込んでしまった。七〇センチもある氷のブロックを越えるには、私が橇を降りて後ろから押さなければならない。新参の犬たちは両側に広がり、突き出たブロックに曳綱を引っかけどうすることもできない。そのたびに橇はとまり犬は休んでしまい、走行は思うようにはかどらず、月の明るい午後六時、やっと海峡を通り抜け、ケント半島にたどりついた。

マイナス四十度を越す風をモロに受けた私の顔は、テントの中で鏡をとり出してのぞくと、昨日黒く変色した部分が、今日は白く化膿したようにただれ出していた。五〇〇キロ近い積荷で橇が重すぎるので、犬たちは元気なく、前途が思いやられる。

## 十二月十七日

午前七時前に起床したが地吹雪がひどく、強い風がテントをゆすっていた。今日の行動はダメだと思ったが、風が、背中から受ける南東の風なので、少しでも前進しておこうと思い、出発を決意。四〇メートル以上もある、犬をつなぐための鎖が何となく目ざわりなのと、重量を少しでも軽くするために出発前に捨てた。

海岸に沿って海氷を突っ走る。追風に橇はよくすべる、走る。午前十一時頃、わずかに明るくなったので、橇を走らせながら地図で位置を確認しようとしたが、ますますひどくなる地吹雪で、地形はいっこうにつかめない。

突然、橇の先端が大きくもちあがったかと思うと、ドーンと乱氷の間に落ち込み、暗闇の中で、犬たちの曳綱が張られているのか、たるんでいるのか、それさえわからなくなった。三十分ほど犬を休ませてから出発したが、いっこうにペースがあがらない。午後三時半、いくらムチを振り号令をかけても、犬は吹雪のなかにかたまってまるくなり、動こうとしない。やむなく今日の行動を切りあげる。この調子だと、食糧をデポしてある四〇〇キロ先のレディーフランクリン岬まで、予定通りにはとても進めそうもない。

猛烈な地吹雪のなか、悪戦苦闘してテントを張り、犬に餌をやる。元気な犬は自分の分け前を食べ終ると、弱い犬を襲って餌をとりあげる。強い犬はどんどん食べ、弱い犬はますます弱くなっていく。いつもこれだ。わかっているのだが、私にはどうすることもできない。

## 十二月十八日

地吹雪、気温マイナス二十五度、停滞。

昨夜来、南から吹きつける猛烈な地吹雪のため行動できず。夕方四時、風が弱まったところでテントから出て、雪に埋もれた橇の掘出し作業。犬も雪に埋もれ、どこにいるか見当たらないほどだ。

テントの中で地図を見るたびに、三日間に一三〇キロしか進んでないことを知らされ、前途が心配になってきた。この分だと、二〇〇キロ先にある米軍のビクトリア島レーダー基地で犬の食糧を補給しないと、ケンブリッジベイのひ弱な犬をつれてはとてもアラスカまで行けない。

夜になって満月が出はじめた。

## 十二月十九日

今日はケント半島に沿って西進。

昨夜、リーダー犬のアンナと黒犬が曳綱を切って、橇に積んであった私の食糧、カリブーの凍肉、干魚を全部食べてしまった。ケンブリッジベイからこの二頭をリーダーにして先頭を走らせていたのだが、黒犬をリーダーからはずし、ただの働き犬として他の犬と同じように扇状に並べてつなぐ。

犬たちは一日休養したにもかかわらず元気なくのろのろ走る。突然、チューレで手に入れた元気だった犬が、列からおくれ、よろよろとふらつき、橇の下に敷かれてしまう。ムチを振るっても歩く気力さえない。棒でたたいても声もあげない。黒犬についで馬力のある犬だったが、ケンブリッジベイの犬との闘いにやられたらしい。仕方なく橇に乗せてやった。

橇はベルトがからまわりしているようなゴーゴーという威勢のいい音をたてているが、速度は時速一〇キロにもみたない。石油コンロに火をつけて水をつくり、橇をひっくり返してランナーに水をぬりつけ凍らせる。いくらか滑りよくなったと思ったとたん、乱氷の中に突っ込み、氷ははげてしまう。犬は疲労困憊したといわんばかりに、しゃがみこんでしまう。

「この怠け者ども、引っ張れ」

私は棒をとりだし、振りまわす。後ろにまわって長柄を押す。背中から汗が流れ、吐く息で顔のまわりの狼の毛皮のフードはガリガリに凍りつく。

空には星ひとつなく、暗闇のなか乱氷をどうぬけてよいのか見当がつかない。出発して八時間、ムチを振るう力もつき、声も出なくなり、今日の行動をやめる。スクリューハーケンを打ち込んで犬の曳綱をとめる。

残りの犬の食糧は干魚とサケ、それぞれ一袋ずつ、あと三日分だ。アザラシかカリブーを射って、犬に腹いっぱい食べさせスタミナをつけてやりたいが、この暗闇では姿も見当たらない。

テントに入り、お茶に砂糖を六杯も七杯も入れて飲む。疲労のため甘いものがうまく感じられ、いくら砂糖を入れても多すぎることはない。

ああ、俺は疲れた、後半出発してまだ四日目だというのに。

**十二月二十一日**

昨日午後二時、疲れきった犬たちを追いたて、暗闇の乱氷の中を行進中、突然、前方に明りらしきものがみえた。幻覚かと思って、カリブーの防寒衣をはずし、ジッと目をこらすと、たしかに光るものがガスの中に見えた。まちがいない、ビクトリア島の米軍レーダー基地の明りだ。

「あそこには人がいるんだ、もうおれは死なない」と、思った。明りをめざし乱氷の中をまっしぐらに橇を進める。が、すでに犬も私も力つきていて、午後四時、基地の明りを目前にテントを張るほかなかった。今朝は八時に出発、一時間でビクトリア島の海岸に到着。

レーダー基地バイロンステーションは標高六、七〇メートルのところにあり、海岸から小さな川に沿って三キロほど内陸に溯《さかのぼ》る。ケンブリッジベイを出て一週間目、人のいるところへ着くのは身の安全を保障されたようなもので、気分がずっと休まり、次の目的地へのルートを気にする余裕が出てくる。箱のような家に白い大きなドーム。バックネットのような二つのレーダー板が荒れたツンドラの中にポツンポツンと建っているのは異様にみえる。

レーダーのある基地と飛行場の間に、オレンジ塗りの一軒の小さな家があった。煙突からモクモクと白い煙をあげている、ここで働くエスキモーの家だ。夏場をアンダーソンベイで過ごし、冬はここで働く、オホッカヌア老夫婦の娘・アーネとその夫のアンブローズ、子供たちが住んでいるはずだ。ノロノロと橇を走らせ近づいてゆくと、子供たちが出てきて犬を誘導し、私を暖かい家へ迎えてくれた。防寒衣を脱ぐと、顔の凍傷の痛みがビーンとぶり返してきた。

夕方、夫が帰ってきて、アーネがカリブーのステーキをご馳走してくれた。私がアンダーソンベイにいたとき、この夫婦は子供五人を連れて夏の休暇にやってきた。そのとき、私の犬橇旅の途中ここにぜひ立ち寄れ、アザラシを獲っておいてやるから、という約束をしていた。あまり当てにしていなかったのだが、彼は約束どおり、アザラシではなかったが一〇〇キロ以上もあるカリブーを一頭獲って貯えておいてくれた。食糧は半日分も残っていなかったので、涙が出るほどありがたかった。

さらに幸運なことに、私があらかじめ、ケンブリッジベイにある米軍基地の所長パットマリー氏に、サケ、マス二五〇キロを、レディーフランクリン岬の米軍基地に送るよう頼んでおいたのだが、どういうわけかこのうちの一五〇キロ、四袋が、立ち寄る予定でもなかったここバイロンステーションに着いていたのだ。

夕方、レーダー基地にでかけ、お礼の挨拶。米軍基地だが、所長はカナダ人だった。今夜はアーネの家で、シュラフなしで温かく寝られそうだ。

**十二月二十四日**

昨日、一昨日と休養をかねて、もらったカリブーの肉を解体、袋につめる作業をした。凍りついた肉は石のようにかたく、鉈の柄を折ってしまった。しかたなく、基地でノコギリを借りて、材木を切るようにばらした。

昨夜アーネとアンブローズたちは夜中二時ごろまで基地で酒を飲み、帰ってきてからも明け方五時頃まで飲んでいた。エスキモーは本当にアルコールが好きだ。

今朝アーネたちはクリスマスをしてから出発するようすすめてくれたが、私にとってはクリスマスもイブも関係ない。カリブーの肉三袋、魚一袋、六、七日分の食糧を橇に積む。基地の中はツリーに灯りがともり、家の中も色ランプで飾られていた。

出発にあたりアーネは、私のために焼いたパンと基地で手に入れた食糧をもたせてくれた。午後二時、南の空がわずかに夕焼けに燃えているうす明りの中を出発。ムチを振って威勢よく出発したのはよかったが、二頭の犬が前足をひどく噛まれ、三本足でびっこをひき、反対に橇にひきずられている。二日間休ませたからみんな元気でひいてくれると思っていたら、反対に犬同士のケンカで、二頭の犬が使いものにならなくなってしまったのだ。いくら叩いてもダメで、ムチ一本と、雪を払うヘラ板を折ってしまった。バイロン基地に入るとき、弱った犬の曳綱を放したところ、橇についてこられず、一頭失った。いままたこの二頭が戦力にならない。残った十頭のうち、三頭はただ曳綱をつけているだけの弱犬だ。

私はまた心に重苦しい不安をいだきながら、旅をつづけることになってしまった。嚙まれた犬は痛いとみえ、夜、テントの外で、悲しそうな鳴き声をあげている。

**十二月二十五日**

バイロンベイより南部モントリオール時間を使う。時計をローカル時間より二時間すすめる。

嚙まれた二頭の犬のうち、一頭は足が凍結してカチカチ。横たわったまま最後の息をしている。

もう一頭は立つこともできず、口から泡をふきグーグーいびきをたてている。二、三日中に回復してくれることを望み、橇に乗せた。昨日、二〇キロ近いカリブーの肉をやったので他の犬たちはいくらか元気、コンスタントに時速一〇キロぐらいはなんとか走る。

海氷から上がり、海岸の雪の上を走っていたとき、犬が突然、スピードをあげ、岩のある方へまわった。おどろいて橇から下り、制動をかけたところ、岩陰に白い北極ギツネが一匹こっちを見ていた。犬の餌にしてやろうと思い、ライフルをとりだそうとしたところ、犬が急にキツネに噛みつこうとした。キツネは一目散に内陸へ逃げ去ってしまった。

その後海岸に沿って数キロ走っていると、カリブーの群を見つけた。犬は懸命に追ったが、海岸の浜辺が少し登り坂になっているため、疲れて追うのをやめてしまう。もし射ちとっていれば、行動をここでやめて温かい肉をいっぱい食べさせてやれたのに。残念でしかたがない。

それから二時間走り、雪のちらつくかなたになにか島のようなものが見えてきた。多分、ウィンバック湾を過ぎたところにあるリチャードソン諸島の一つであろう。行動を停止する。

出発のとき橇に乗せていた犬は、前後足が凍結、かろうじて生きているが、もう助かるまいと思い、橇から少し離れたところに寝かせる。今晩中に凍死してしまうだろう。

これでケンブリッジベイ以来、三頭の犬を失った。新しく手に入れた五頭のうち、残る三頭の犬はこのチームのなかで一番弱い。いつもよろよろ曳綱をひきずり、ムチでたたかれるとキャンキャン鳴く。七月に生まれた仔犬の方がずっと馬力がある。まだ曳綱をつけるほど成長せず、首にリングをつけそこから橇に紐をつけているが、大きな長い舌を出しながら懸命にひこうとする。

犬が次第に少なくなり、いまや十頭。心細い。犬をかわいそうだと思っている余裕はない。私自身が生きのびることがまず第一なのだ。

**十二月二十八日**

昨日、地吹雪のなかやっとリチャードソン諸島を横切って西側に出たが、天気は今日午後になっても回復しそうもないので停滞ときめる。しかし、バイロンベイから持参した七日分の食糧はもう二日分もない。昨日でアンブローズのくれたカリブーは全部食べ終り、マスの干魚がわずかに残るだけだ。

レディーフランクリン岬に着いたら、そこから一二〇キロ南西のコッパーマインに立ち寄り、そこで新しい元気な犬を五～八頭購入しよう。今の犬どもではとてもパウラトックまでもたない。

コッパーマインに寄り道すると約一週間から十日、日程がおくれる。この旅は冬のあいだにアラスカへ抜ける予定だが、ケンブリッジベイからの出発が一カ月近くおくれ、さらに旅は始まったものの難航して予定の倍以上日数を費やし、おまけに頼みの綱の犬たちは弱く、わが身の安全をおびやかす。この調子では来春のアラスカ到着は無理であるばかりか、旅そのものが赤信号だ。

今年もあと三日、すぐ新しい年、一九七六年が近づいている。犬橇の旅を始めてちょうど一年、氷上の犬橇で明け、犬橇で暮れる。一年間、私は無我夢中で犬ともにもがいてきた。闇夜の山越え、オーロラの下の魚釣り、犬の逃走、メルビル湾の新氷に落ちたこと、犬の食糧不足、ブリザードの中の一〇〇〇メートルの氷帽越え、狩りの失敗、春のクラック、犬の足の負傷……などなど、生死の境をさまよってきた。いまここに無傷でいる自分が不思議であるほどだ。ひとつひとつ神の助けを受けたとしか考えられない。

これから、残る六〇〇〇キロの旅に、神がいつも私に幸運をもたらしてくれるとは限らない。過去のあやまちは二度と繰り返してはならない。一頭、また一頭と脱落していく犬たち。私の旅には警告の信号が出ているのだ。ルートからはずれるが、二十日や一カ月遅れてもコッパーマインに立ち寄って、犬の補給をし、旅の準備を十分してから再出発するよう、神は暗示している。助けを借りることができない一人旅では、いつでも耐え忍べるだけの余裕をもっていなければならない。いまの私には決して無謀は許されない。二年前までの独り者であったときとはちがう。いまは運命を半分わかちあう妻がいるのだ。何よりも生きて帰ることだ。

テントを強くゆさぶる地吹雪の音と、石油コンロの燃える音が合唱している。カンテラの明りが細々と白い内張りを照らしている。

**十二月二十九日**

強い地吹雪だが、じっとしているわけにはいかない。あんまりひどいのでテントの中で天気待ちしようと思ったが、シュラフ、コンロなどいったんテントから出したものをまた持ち込むのは難儀なので、「決行だ」と風下に顔を向けて梱包をはじめる。

犬をたたき起こし、「ゴー」「ヤー」「行け」といってもまるくなったままだ。「この野郎ども、出発だ、起きろ」ムチの柄で一頭一頭、叩いてまわる。

レディーフランクリン岬まで約一〇〇キロ、磁石で方向を確かめたあと、風向きと行先の星をつかみ、あとはその星をめがけて暗闇のなかをまっしぐらに進んだ。

十二時過ぎてわずかに明るくなった。まず犬が見えるようになり、ついで曳綱が、そしていつものさぼる犬が目につく。背中の風が冷たく、橇に乗っていられない。橇からとび下り、長柄につかまって走る。百歩数えると息が切れ、身体があたたまり、とび乗る。また冷える、走る、乗る、これを繰り返し、平坦な海氷の上をトントン拍子に走る。あまり平らな氷なので、どこか陸に上がって湖氷の上でも走っているのかと案じたが、やがて右手に黒い陸地を発見した。私の思いすごしであった。

午後五時半、約五〇キロ走ったので行動中止。レディーフランクリン岬まであと約五〇キロ、この氷の状態が続けば明日はまちがいなく着ける。あそこにはケンブリッジベイから送った魚がある。人がいる。人がいるということは、自分が生きていることを保障されたようなものである。最後の食糧の干魚を、犬たちに全部食べさせた。

## 十二月三十一日

今年最後の朝を、レディーフランクリン岬の基地にあるトミー・パニオヤックの家でむかえた。

昨日は基地が近いと知ってか、犬たちも平坦な海氷の上を順調に走り、午後七時、このエスキモーの家に入り、温かいお茶にありついた。

出発は明日元旦に決め、今日は休養。トミーの息子で十六歳になるジャンの運転するスノースクーターでキツネの罠の点検に出かけた。行先は、レディーフランクリン岬と大陸の間の海峡にあるダグラス島だ。岬から約二〇キロ、一時間もかからぬうちに到着した。

キツネ罠の仕掛けは、砂利石の打ちよせる海岸に、ケルンのように石を二カ所積みあげ、その間に臭いのあるアザラシの肉を置き、横にパンチを仕掛ける。パンチは、金具の上に足を置くと、両側に広げられたバネにはさまれるようになっており、動かないように、雪と砂利石の中に埋められた紐で縛りつけてある。この至って原始的な道具が二〇〇～五〇〇メートル間隔に仕掛けてある。

三匹の真っ白い北極ギツネがかかっていた。パンチにかかっているキツネを見つけると、棒を持って近寄る。白い鋭い歯を向けてくるので、噛まれないように頭を強く打つ。気絶したところで素早く首をつかみ、アゴを上にして首を折りまげる。棒で叩いてから一分とかからない。キツネを殺すとパンチにはさまれた足をはずし、ふたたびパンチをセットしておく。全部点検してから、二人でさらに六個、新しく仕掛けて帰ってきた。

家に持ち帰ったキツネは、ジャンの母アリスがすぐ尻から皮をはいで身を抜きとり、裏返しにした皮を、Aの文字の型をした木板にかけてストーブの上でかわかした。キツネの毛皮は上等で五五ドルもするということだ。グリーンランドでは、毛皮のランクが上、中、下と三つあり、上等の場合デンマーク政府が二〇ドルでまず買い取り、本土に持ち帰ったあと正確な値段をつけ、その差額を売り主の手許に返す、という方式をとっていたが、ここではどうか、聞かなかった。ジャンは昨年八十四匹ばかりとったが、今年はまだ三十匹しかとっていないと言った。

夕方、ジャンの獲ったキツネの肉をもらって犬たちに食べさせた。アリスの手でストーブで冷凍からもどされた久しぶりの温かい肉に、犬たちは頭も尾も骨ごと腹いっぱい食べて満足そうだ。

大晦日の基地へトミーと二人で遊びに出かけた。基地の中では南から来たカナダ人たちがバーで酔いしれていた。私がグリーンランドから犬橇で来ていることを知った中の一人が、私の東京の留守宅に電話をつなぐサービスをしてくれた。米空軍の宇宙中継で、立川にある米軍基地につなぎ、そこから東京につなぐのだ。うまくつながったものの、妻は初詣《はつもうで》にでかけていて留守だった。初詣か。日本のことをしみじみと思い出し、一瞬、日本を出てからもう五、六年もたったような錯覚にとらわれた。

「今日ぐらいは一杯やれよ」と、皆にすすめられたが、私はこの旅のあいだ禁酒だと誓っている。ベーリング海峡まであと半分の行程なのだ。後半こそ前半よりさらに慎重にやらねば、と自分にいいきかせる。もし犬橇旅が無事に終ったら、酔いつぶれるまでビールを飲んでみたい。

## チーム再編成

### 一九七六年一月一日

かねての決意どおり、犬の補強のため南西約一二〇キロ離れたエスキモーの町コッパーマインへ向け出発する。

出発の際、また一頭の犬が歩けず、いまやわが犬の戦力は九頭、そのうちまともに働けるのは六、七頭だけ。どうしてもコッパーマインで元気な力のある犬を最低五頭は手に入れないと、次の目的地パウラトックには着けない。

それにしても、ケンブリッジベイで手に入れた五頭の犬は弱すぎた。グリーンランドの訓練された強力な犬とは違い、働いたことのないカナダの犬をあやつるのは大変だ。後半の旅は前より楽だと思っていたが、犬の力のちがいを考えなかったのは、私の読みが浅かった。たとえば、グリーンランドの犬は橇をひきながらも平然と糞を出し、それをお互いに食い競うが、カナダの犬は走りながら大小便ができず、とまってする。こんなところにもたくましさの違いがある……と、年頭にあたってそんなことを考えながら、約四〇キロ走行した地点でテントを張った。

## 一月三日

レディーフランクリン岬を出て三日目、無事一二〇キロ離れたコッパーマインに入る。

昨日の出発時、犬はどんどんスピードをあげ、そのままコッパーマインにすべり込めるかと思ったが、二時間ぐらい走ると疲れてきて、ことあるごとに私の顔を振り返る。はやくストップをかけてくれないかと、どの犬も主人の命令を気にしているのだ。元気なときは走っている最中に「アイ!」と大声をかけても知らぬ顔で走り続けるが、こんなときは、ひと声でいっせいにとまるから現金なものだ。惜しくもコッパーマインまであと二、三時間のところで泊まり、トミーのくれたキツネ四匹と六尾のマスを全部犬に食べさせて寝た。

それが今日は、人の気配、仲間のいることを感じたのか、村に近づくに従い、九頭とは思えないほど元気で走った。コッパーマインの湾の中にある大きな島をまわり込むと、点々と丘の上に家が見えてきた。「さぁ近いぞ、元気を出してくれ、あそこからは仲間をふやしてやるからもう少し頑張ってくれ」私はそう犬たちにいいきかせた。

午後二時、コッパーマインの浜に到着。エスキモーがスノースクーターでかけ寄ってくる。

「どこからきた」

「ケンブリッジベイ」

「何日かかった」

「十八日」

犬をとめる暇もないほど、エスキモーたちは次から次へと質問してくる。

すでに十年ぐらい前から犬橇をスノースクーターに替えているエスキモーたちのなかで、犬橇を使ったことのある老人たちはとくに私に興味を持っているようだ。

浜辺にあるトミー・ピガラックの家の前までスノースクーターで橇をひいてもらう。家の中で温かいお茶を飲んでいると、次から次にエスキモーの老人たちが入ってきていろいろたずねる。そのたびに私は地図をとりだし、床にひろげ、グリーンランドからコッパーマインまでのルートを説明してやる。エスキモーたちは、「ウーン、ナロナット」（大変な旅だ）と驚いた。

私が、コッパーマインには新しく犬を手に入れるためにやってきたのだ、というと、すぐに犬のチームを持っている人物を紹介してくれた。この家の隣に住むジャック・アタタハガックが持っているという。

夜、ジャックを訪ねると、キツネの罠を仕掛けにいって留守だった。奥さんが留守番をしていてカリブーの肉をご馳走になる。私の名前はナオミだというと、彼女は首をふる。本当にナオミだと念を押して言うと、「イーイ」とうなずき、自分の名前もナオミだと答えた。最初、自分の名前を言われて冗談を言っているのだと思ったようだ。同名のよしみで、すっかりうちとけ、とても親切にしてくれた。

アタタハガックの家では犬は一度も使ったことがないが、それでも春になれば一度ぐらい使うかもしれないと思って、十二頭持っているという。私が、犬を買いたいと言うと「ジャックは多分あなたに欲しいだけ売るよ」と言ってくれた。

ここは、ケンブリッジベイとちがい、カリブーがたくさんいて、犬の食糧はいくらでもある。昨年は何千という数のカリブーがこの町の周辺にやってきて、なかには町の中の道ばたにまで入ってきたのもいるということだった。犬が簡単に手に入りそうなので安心した。

## 一月五日

昨日、ジャックの家に行ったが、キツネ獲りから帰ってきて体の具合が悪く寝ていたので、犬を買う交渉ができなかった。

厄介になっているこの家のあるじトミーから、コッパーマイン、パウラトックへの陸路を地図で教えてもらい、アドバイスを受ける。ツンドラの高原に出たら、決して谷を横切らず、谷、川に沿ってルートをとること、そうすれば自然と北極海に出る、と教えてくれた。

ハドソンベイ会社で犬の胴バンド用のベルトを買おうとしたが、なかった。金具もない。いずれにしても胴バンドは四本ばかり足りないので、テント用のキャンバス布地を三ヤード買って、これを切ってバンドを縫うことにした。

この町に入ってインフルエンザにかかったのか気管支をやられ、喉がいたいのでナースステーションにいき、アメ玉のようなものと薬をもらう。

ケンブリッジベイを出て三日目から、身体がいつもかゆく、夜、寝るときなど身体を掻くとジンマシンが出てムズムズして困った。いまだになおらないので、そのことを看護婦にいうと、肉を食べた食あたりで、すぐになおるということであった。旅のあいだいつも、凍魚、凍肉ばかり食べていたので、それがあたったのだ。

### 一月六日

ジャック・アタタハガックより七頭の犬を購入、一頭三〇ドル。どれもカリブーの餌をたらふく食ってムクムクと太り、見ていて歩きづらいのではないかと思うほどだ。心配なのは一度も働いた経験がない点だ。昨年の春に一度、橇をひかせたことがあったらしいが、それは私のような、一頭一頭から曳綱が出て放射線状に橇につなぐ形式のものではなく、一本のメインロープに二頭ずつ固定したものであり、はたしてうまく私の橇をひいてくれるかどうか。いずれにしてもケンブリッジベイイで手に入れた痩せた犬とは雲泥の差があり、ムクムクと太った姿は、食糧なしでも十分生きのびて橇をひけそうな感じがして、ありったけの金二一〇ドルを支払った。

食糧は、家の前に毛皮をはいだ狼の凍死体が転がっており、それを鉈で割って食べさせる。

トミーの奥さんが持っている手動のミシンを借りて、一日がかりでやっとキャンバス製の胴バンド六本を作った。

夜になって、かねてから曳綱をもつらせるなどのトラブルメーカーであった弱い犬を、胴バンドを外し、そっと逃がしてやった。本当は犬を手放す場合、ドッグ・オフィサーに渡して射殺しなければならないのだが、自分の使っていた犬を働きがないからといって殺すことはできない。逃げてしまったとでも言い訳すればいいと、人目のない夜に自由にしてやった。二度とこのチームの近くに来るな、ドッグ・オフィサーの目に止まらず野犬になれよ、と念じて追いやった。

これで新参七頭を加えて、十五頭、それに仔犬一頭で十六頭、倍になったわけだ。だが、これだけの犬の食糧を確保するのが大変だ。家長としての私の責任は重大である。

## 一月七日

出発だ。四日間お世話になったトミー・ビガラックの家族にお礼をいい、ジャックの手を借り、購入した七頭の犬に、一頭一頭胴バンドを通し曳綱をつけた。旧メンバーと新しい犬たちがケンカをせぬよう、私はムチを振るってなだめなければならない。朝八時半から始めて一時間半かかってやっと終った。橇には石油一〇ガロン、狼一頭の凍肉を乗せた。

栄養たっぷりの肉を食べ、休養十分な新しく手に入れた七頭の犬は、最後の犬の曳綱を橇につけるが早いか、私のムチさばきも待たずいっせいに走り出した。あわてて長柄にとびつき、ジャックにゆっくりお礼を言う暇もなく、橇にとび乗った。「グエナット、グエナット、グッドバイ」と大声をかけ出発。ジャックが後ろでなにか怒鳴っているが、振り返る暇もない。コッパーマインを出てすぐの乱氷帯も、十六頭の犬は、いとも楽々と乗り越え、平坦なコースになって振り返る余裕ができたとき、すでに村は遠くに去り人影はなかった。

これだけよくひいてくれれば、パウラトックまでの五〇〇キロも、難関を突破しながら十分走ってくれるだろう。犬の補強は成功だった。約一週間の日数を余計に費やしたことになるが、このチームならすぐ遅れをとりもどすだろう。マイナス三十七度の気温も感じず、心がウキウキする。コッパーマインの村がはるかに消え去った正午すぎ、突然太陽が南の空から頭をのぞかせた。待ちに待った太陽だ。

「ああ、太陽だ、太陽が出たぞ。神様、ありがとう」心の中で叫ぶ。これからは毎日太陽がおがめる。パウラトックへの旅の安全を見守ってくれる神様だ。

五時間ノンストップで、陸路のとりつき点クレンゲンブルク湾の奥に到着、ここで一日か二日停滞するつもりだ。ここには夏場に獲ったアザラシが浜にうち捨てられているので、雪の中から掘り出し、これからの犬の食糧にする予定だ。

クレンゲンブルクには四軒無人の小屋があった。コッパーマインの狩人が夏場ここに来て、アザラシやカリブーを獲っているのだ。私は四軒並ぶ一番奥の小屋に入った。

**一月八日**

湾の奥の浜で、夏場に獲ったアザラシを見つけ、雪から掘り出して四頭持ち帰る。一部分、キツネに食べられている。

午後一時、太陽の光が対岸の山の斜面にあたるとき、裏の丘に登り、地図でパウラトックへのルートを調べる。見わたすかぎりなんの目標物もない緩やかな起伏をなしたツンドラ。ここを行くには磁石で西南西の方角にルートをとり、北極海に出るまでドンドン進むより方法はない。地図に記載されている無数の湖をいちいち確認して、現在位置を調べて進むことは不可能である。

ここから一五〇キロのツンドラの横断は、後半の旅の最初の試練だ。ツンドラに入ればもう二度と同じところへ帰ってくることはできない。橇のトレースは、十分とたたないうちに地吹雪で消えてしまう。

新しく手に入れた七頭の犬の胴バンドがみんな縫い目がほころび、修理しなければならない。胴バンドを繕《つくろ》い、ムチを修理し、寒さを感じる暇もなく一日が終わってしまった。

**一月九日**

アザラシを鉈で割り、袋詰めにする。四袋、約八日分の食糧を作った。パウラトックまではどう見積っても最低十日はかかるので、これだけでは不足だ。途中でどうしてもカリブーを二、三頭射ちとらなければならない。

餌を詰めてから犬の曳綱を作り、長さを調整した。昨日修理した犬の胴バンドがもうほころびている。新しく手に入れた犬たちは慣れない胴バンドをいやがり、暇さえあれば噛み切ろうとする。犬には昨日から食べたいだけ食べさせている。今日も、旅の最中だったら三日分以上にあたる食糧を一度に与えたが、それでも胃袋が破れるのではないかと思われるくらいよく食べる。

コッパーマインから連れてきた犬の兄弟なのだろうか、村からここまでわれわれにつきまとって離れない犬が一頭いる。途中カリブーを三頭見かけたが、この犬が先に走っていって追い払ってしまった。これではこれから先、カリブー狩りの邪魔になるので、追い返そうとしたが、寄り添って帰らない。仕方なくこいつの体に鎖をつけ、チームの一員に加えてやった。まだ一歳にもならないメスだが、かなり身体は大きい。これで仔犬を入れて十七頭、わがチームはいまだかつてない大世帯にふくれあがった。

犬がなにか騒いでいる。狼らしいのが四頭うろついている。よくみると尻の毛が上にカールしているので、野良犬だと安心。だがこいつはすばしこくてつかまえられない。犬はもうこれ以上必要もないが。それにしても、野良犬の訪問を受けるたびにわが犬たちは綱を切ったり、首からバンドをはずしたりして、遊びに行きたがり、厄介なことである。

## 一月十日

出発の予定であったが、強い南西の風で地吹雪ひどく、停滞。これでクレンゲンブルク湾滞在は三日間となった。

出発の準備は全部終了していたので、マッチ箱のような小さい小屋の中で、アザラシの皮下脂肪をストーブで燃やし、地図を広げる。暇なとき、地図を見ないと落ち着かないのだ。頭の中はつねにツンドラ地帯をいかに横切るかを考えているので、いくら地図を見ていても見あきない。

新しい犬たちは次第になつきはじめてもう逃げようとしない。今朝一頭の犬が鎖をはずしていたが、午後私を見つけると寄り添ってくる。昨年の一月末、グリーンランドで犬に逃げられ、死にそうな目にあったが、この犬たちはそんなことはしないだろう。やさしい言葉をかけ一頭一頭、頭をなでてやる。グリーンランドからきた古くからの犬たちが、私が新参犬を可愛がっているのを妬み、嫉妬の声でワンワンほえる。

## 一月十一日

昨日と同様、強い地吹雪だが、もう私にはこれ以上の停滞は許されない。カンテラをつけ出発の準備にとりかかった。

犬を橇につなぐのはいつも骨の折れる仕事である。新参の犬たちは慣れないので、橇につなぐとすぐ走り出そうとする。そこで、橇のうしろから紐をのばし、犬を止めておいた紐にむすんで橇が進まないようにしておく。最後の一頭を結び、犬を進行方向に向かせて、橇を止めてある紐をナイフで切る。とたんに橇はすべり出し、私はかろうじて紐をつかまえ橇にしがみつき乗り込むことができた。朝七時半に準備を始めたのに、出発は十時を過ぎていた。

地吹雪の風を横から受け、湾から上がって雪で埋まった谷をまっすぐ登る。ゆるやかな登りだが、荷をいっぱい積んだ橇はつきでた岩や小石の上に乗っかり、元気だった犬は三十分も経たぬうち、がっくりとスピードを落とし、それでも止まることなく登ってゆく。いくつもの小丘を越え、湖を渡って西南西にルートをとったところで、前方に二頭のカリブーを見つける。ライフルを持って橇からおりたが、どこからかクレンゲンブルクにいた四頭の野良犬が現われ、カリブーを追い払ってしまった。カチンときて、野良犬に威嚇射撃、人のいないクレンゲンブルクの野良犬は、わがチームの犬と仲間になり同行してくるようになったのだ。

二時間ほど走ったところで大きな湖に出た。橇をまだひいたことのない若い一頭の犬が湖氷のブルーアイスを恐ろしがり、転んでも自分で立つことができない。ついにあきらめてバンドをはずしてやった。

それにくらべて、コッパーマインからついてきたのを拾ったメスはよく働き、思わぬ拾いものという気がしてきた。だが、休むたびにリーダー犬のアンナがこのメス犬をいじめた。

犬を少し休め、地図を広げようとポケットに手をつっこんだが、ない。あわてて反対側のポケットを探したがない。落としてしまったのだ。大事な大事な地図を落とすとは……。引き返すことなど、このツンドラ地帯ではとてもできない。ケンブリッジベイからここまで地形も知らずやってきたのも全部あの地図のお蔭なのだ。

なんていうことをしてしまったのだ。

五十万分の一の地図がない今、残る百万分の一の地図で大まかな位置をつかむしかない。この百万分の一の地図も落としたら……そのとき私を待っているのは死だ。

## 一月十二日

午前八時半頃からテントを撤収し梱包を終え、犬をつなぎにかかった。二つにわけた犬のチームの曳綱のもつれを直し、まとめてつなぎ、べつの場所につないであるリーダー犬と黒犬を鎖からはずし、胴バンドがけをしていたときだった。一緒にいた犬たちが互いにケンカをはじめたので、あわててムチをとりだし、「オレッチ」(やめろ)と怒鳴った。犬たちはムチを恐れ、反対の方向へ曳綱を張って逃げようとした。とたんに、雪の下に埋めた棒から出ていた元紐がブツンと切れ、犬は曳綱をつけたまままいっせいに走り出した。「アイ、アイ」の声もむなしく、後もみずにみるみる視界から消え去ってしまった。

「ああ、犬に置き去りにされてしまった」

残ったアンナと黒犬がついて行こうと鎖を強く引っ張る。この二頭にまで行かれては俺は死んでしまう、と咄嗟《とっさ》に思い、棒を動かぬよう雪の中に強く止める。

ああ、コッパーマインから一〇〇キロ以上も離れたこんなツンドラの中で犬に逃げられてしまった。悲愴な気持ちが突き上げてくる。グリーンランドで犬に逃げられ途方にくれて以来、二度とあんなことがあってはならぬと注意を重ねてきたのに、また同じ失敗を冒したのだ。私は無性に腹立たしく、口惜しかった。どうしたらいいんだ、どうしょうもない。オロオロするだけだった。

たとえ一キロでも二キロでもよい、犬のあとを追ってみよう。ひょっとするとどこかの岩に曳綱をひっかけ、止まっているかもしれない。橇の上に目印の棒を立て、地図をポケットに入れ、残っていた仔犬を連れて出発した。

ツンドラの陸地は遠くまでなめらかな線をえがいて波打っているだけ、どこにも犬の姿は見えない。振り返ると橇の棒は丘の陰になって見えなくなりつつある。私のトレースは風に運ばれてくる雪によりすでに消えてしまっている。不安だ。下手をすると橇にも無事に帰れないかもしれない。ましてやコッパーマインまで歩いて無事に帰れる保証はない。悲愴な気持ちで犬の後を追う。仔犬は去っていった犬のトレースを嗅ぎながら、どんどん先へ進む。ここで仔犬にまで置き去りにされてはたまらない。口笛を吹いてよび戻す。歩く足もふらふらと定まらない。

そのとき、前方の雪をかぶった丘の斜面に黒い点が動くのを見つけた。不思議だ、犬はとっくに先に走り去ったはずだ。よく目をこすってみると、黒点は二点、三点と見えた。一キロ以上も離れていてはっきりしない。ひょっとするとと、思いっきり口笛を強く吹いてみた。「ヒューーッ、ヒューーッ」仔犬が黒点に向かって走り出した。黒点は次第に大きくなり、数も増えた。間違いない、わが犬たちだ。もどってきてくれたんだ。とびあがらんばかりに嬉しい。「おーい、ここだ、ここだ」ヒュ一ッ、ヒューーッと口笛を懸命に吹き、ここにいることを知らせる。三分もたたぬうちに犬たちは尾を振ってわが元に戻ってきてくれた。「よく帰ってきてくれた、ありがとう」一頭、一頭、頭をなでてやった。一頭も欠けていなかった。

ふたたび橇に戻って一頭一頭つないだ。たとえ今日は一キロも進めなくともよい。犬が逃げてしまった場合のことを思えば、何をいうことがあろう。

「さぁ、犬たち、今日は君ら自由に橇をひいてくれ、今日はムチをかけないからな。疲れたらいつでも休ませてやるよ」

心の中でそう呟き、午前十一時半、南の明るい空をバックに、丘をジグザグによけて走った。

湖を渡り、丘を越え、また湖に走り込んだとき、前方の丘の上に二頭のカリブーを見つけた。感づいた犬はいっせいに走り出す。今日こそは、と橇の上からライフルをとり出す。五〇〇メートル以内に接近しても、カリブーは丘の上でじっとわれわれの様子を見守っている。湖から丘へあがった急斜面で橇が上がらず、犬は止まった。

私は五発の弾を込めたライフルを持って橇を離れた。丘の上に出たが、カリブーはもういない。「残念、また逃げられてしまったか」と思い、さらに先に進む。ところが大きな露岩だと思っていたのが動く。カリブーだ。一〇〇メートルぐらいのところでこっちを見守っている。逃げられないうちにと、少し走り寄ると、大股で逃げ出した。あわてて引金を引く。これがものの見事に命中、カリブーはバタリと倒れた。喜んで走り寄っていくと近くにもう一頭見つけ、逃げるところを三発発射、そのうち最後に射った弾が首にあたった。

カリブー二頭の収穫に、今日の行動は中止、射った獲物を湖に下ろし、切り裂いて湯気の立ちのぼる温かい肉を犬に食べさせる。私もレバーをつまみ食いする。溶けかかったチョコレートを食べている感じで、なんともいえずうまい。犬も久しぶりのご馳走に一頭をすっかりたいらげ、満足そうで、一緒につないでもケンカもやらない。

他の一頭の皮を剥《は》いで肉をとり出したところ、皮の下にウジムシのような寄生虫がいっぱいくっついており、足から白い膿がどっと出たので捨てた。

私はカリブーの心臓をテントに持ち込み、久しぶりに鍋で煮て食べた。うまかった。テントの中で肉を煮て食べたのは初めてだ。

**一月十三日**

今朝もまた犬のトラブル。昨日食べさせたカリブーの足、頭などの残骸を、曳綱に巻きつけた犬、きれた紐に首のあたりまで巻き込まれ身動きのとれなくなった犬など、頭数が多いと、元気でよいが、そのコントロールには泣かされる。

昨日と同様、見渡すかぎり目標物のない、出発点と変わらぬ景色のなかをひたすら南西へ、北極海を目指して走る。途中、岩が雪の上にゴロゴロ出た地帯にさしかかる。前方は黒々とした岩場なので、一キロもいかないうちに引き返し、南にルートをとった。ガラ場から抜け、湖に出たので方向をふたたび南西に変え進路をとる。ブルーアイスの湖上を過ぎると今度はツンドラのコケ地帯に入り、綿の上でも走っているように橇のランナーが食い込み、犬は大苦戦だ。

昨日、三、四頭の犬に寄ってたかって噛みつかれた犬が、今日は歩けず、夕方とうとうバンドをはずした。テントを張った場所にも姿を見せない。元気な犬だったが、凍死するか、狼に食われるか、どっちかだろう。かわいそうだが仕方がない。クレンゲンブルク湾からついてきた野良犬を一頭つかまえ、胴バンドをつけたが嫌がり、橇をひきそうもない。そのうちに訓練してやろう。

今日は出発のとき、重かったアザラシの肉一袋を捨てた。二頭のカリブーを獲った経験から、これからもまた獲れるだろう、と見込んでのことだ。これで残る手持ちの食糧はあと五日分だ。カリブー狩りさえできれば、二週間かかろうが、三週間かかろうが、それほどおそれなくてもいいのだ。

計算では、明日あたりそろそろ北極海に出てもよい距離に達している。

# 負傷、零下五十一度、彷徨

## 一月十五日

ツンドラ地帯にかかって五日目、約一二〇キロを横断してやっと北極海に出た。石ころの多いツンドラに、毎日二回ずつ傷ついた橇のランナーをみがき、本当に参った。少しでも橇が早く進むには、疲れていようが、寒かろうが、滑りをよくしてやるのが、犬たちに対する私の義務だ。

昨日の夕方は、マイナス四十四度以下、鼻の頭が切れて落ちるのではないかと思われるくらいの寒さだった。カリブーの毛皮の手袋で何度も鼻汁をふくので手袋が凍りつき、それでまた鼻をふくと痛くてふけない。犬が疲れて昨日の夜はついに北極海に出られず、私もバテ気味だ。

ようやくツンドラを抜けてほっとしたのもつかのま、今度はいやな乱氷が立ちはだかっている。満月前の月夜の下で、長時間海氷を走ろうと思ったが、雲に月がかくれ乱氷が見えず、仕方なく四時半であったが行動を切り上げた。

乱氷対策に犬のつなぎ方を少し変えねばならない。テント場に着いてから、七時半までかかって一部の犬の曳綱をとりかえた。

夜、テント近くの氷が地震のように揺れる。一瞬、氷が割れたのかと、恐怖で胸がしめつけられた。この近辺は、いつも海水が露われているから外海に出てはいけない、というエスキモーの忠告を想い出した。

## 一月十六日

次から次へと立ちはだかる乱氷のブロックをさけているうちに、遠く沖合に出てしまっていた。沖に出るにしたがい、乱氷のブロックは小さくなり、橇が通りやすい。ところが、沖には海水の見えるクラックが立ちふさがり、その先には板状の新氷が錯綜《さくそう》している。

犬は声をかけるまでもなく、クラックの前で立ち止まる。鉄棒で新氷をたたいてみると、簡単に穴があく。厚さ五センチぐらいだろう。あわてて引き返す。とても橇を乗せることはできない。

　クラックに沿って雪のついた古氷の上を走ったが、こんどは背たけ以上もあるブロック地帯に入り、行手をはばまれる。橇を止め、かたわらのブロックによじ登ってあたりを見まわすと、このブロック群は五〇メートルぐらい続き、それから先は平坦な古氷である。陸沿いに行くにはどうしてもこのブロック群を横切らなければならない。

　しばらく犬を休めた後、それっとばかりリーダー犬を先頭に橇を突っ込んだ。が、五メートルも進まぬうちに、橇はブロックの間にはまりこみ、びくともしなくなった。棒を振って犬を追いたて、橇を押すが、一向に動かない。これがグリーンランド犬ばかりだと、みんなで力をあわせてひいてくれるが、カナダの犬は頭数ばかりで、いっこうに働かない。マイナス四十五度を越す大気の中で、傾いている橇を直そうと、身体中火を吹くほど汗をかく。

　どうしても進むことができないので、歩いて偵察にでかける。ところどころブロックとブロックの間がスノーブリッジ状になっていて、身体ごと落ち込んだり、足をすべらし頭を打ったりして、とてもいまの犬たちではここを越せないことがわかった。

橇の荷を下ろして空身にし、いったん橇を通してから、あとは自分の肩で荷をはこぶことを考えたが、疲労困憊の身にはとてもできそうもない。

仕方ない、思いきって橇が海水に落ちることを覚悟で新氷に乗り入れることにした。ブロックに落ち込んだ橇をテコで向きをかえ、乱氷帯から戻した。犬に鎖の一撃をとばし、合図を送るが、犬は悲鳴をあげ尻込みして新氷に乗り入れようとしない。リーダー犬を無理矢理送りこむ。橇を乗り入れると、一瞬亀裂が走り、ギシッといやな音がする。

いやがる犬を棒で叩きながら、一気に走り渡ることに成功、防寒衣を脱いだら、汗で濡れた髪の毛はたちまち針のように凍りつき、背中にかいた汗で防寒衣はカチンカチンになっていた。

あまり陸から離れすぎたため、陸沿いにルートをとろうと満月の下を犬の曳綱をもつらせながら進む。鼻の頭の皮膚が凍傷でただれ、わずかな風の動きも耳にしみて痛い。

ケンブリッジベイで手に入れた五頭の犬の最後に生き残った一頭のメス犬が、他のメス犬にケンカばかりふっかける。頭にきて、棒で叩いてやろうと思い、手を伸ばしたところ、右手首に噛みつかれ、滲みでた血が凍った。人間に手向うとはけしからん。強く折檻してやった。

もう一頭、クレンゲンブルクからついてきた野良犬がメス犬で、これが発情期を迎えているらしい。この犬をめぐってオス犬どもがハデにケンカする。走っている最中にも、メス犬にとびのって交尾をしようとする。犬は疲れきっているのだが、性の欲望はまたべつのようだ。

今日は乱氷に明け乱氷に暮れた一日。乱氷の中で橇を押しているとき長柄で打った左胸が痛い。

**一月十八日**

北極海の黒ずんだ多年氷が風で運ばれて海岸に密集している。氷のブロック帯をさけ、陸と海氷との間のカイング（棚氷）にルートをとった。

噛みついた犬をひどく叩いたところ、昨日の朝どこかへ逃げてしまった。

海岸から乱氷越しに黒いものが見え出した。オープンウォーター（氷のない海水）だ。アザラシがいないかと、橇をとめライフルを持って海水面に出てみた。薄く氷が張っている。じっと見つめてもアザラシはいないので引き返すと、犬が橇に積んでいた肉を寄ってたかって食べている。あわてて怒鳴りながら追い払ったが、すでに半分以上食べてしまったあとだった。肉はわずかにひとかたまり残すのみ。パウラトックまでまだ二〇〇キロ以上もある。なんとか餌を手に入れなければならない。陸の黒い岩が、カリブーに見えて仕方ない。

今日も胸が痛い。力が出ない。それに、昨夜アザラシをひっかける大きな釣り針で右手人差指をつき刺し、ふくれあがった第一関節がズキズキうずく。

**一月十九日**

昨日、犬に残った最後の餌を食べさせ、橇には装備のほか何も積んでいない。だが犬は橇をひこうとしない。大声をあげ、ムチを振るおうとすると、一昨日打った左胸がズキンと痛く、大声が出せない。やっと橇を進めると石の上を通り、ランナーを傷つける。

犬は一頭残らず疲れきっている。私は、セキをしても胸が痛いほどだ。急に弱気になった。この調子ではとてもパウラトックまで着けない。ここから二〇キロほどの近くにあるクリフトン岬の米軍レーダー基地に立ち寄り、そこで働くエスキモーからなんとか餌をもらうことにしよう。

よろよろ歩く犬にムチも振るえず、リーダー犬に小声で方向を指示するだけだ。肋骨にヒビでも入っているのか、もしそうなら医者に診てもらわなければならない。下手をすればこの旅はこれで中止せねばならないかもしれない。痛みがそんな恐怖を呼び起こすのだ。

しかし、と私は考え直した。病院に入ることになっても、エスキモーに犬をあずけ、一カ月以内に回復すればまた旅は続けられる。ここで旅を中止することなどとてもできない。何とか痛みがひいてくれ、と願う。犬を殺して餌にしながらパウラトックに行こうなどと考えたから、神様が私にバチを与えたのだろうか。

そんなことを橇の上で考えながら、四時間半かかってやっと基地のある浜にヨタとたどり着いた。橇を浜にとめ、丘の上に建つ基地にでかけ、所長に会った。

「グリーンランドから犬橇でやってきたんですが、ここで働くエスキモーからカリブーをわけてもらえないでしょうか」

「グリーンランドから、犬橇で？　本当か？」

信じられないような口ぶりだ。

ここでは二人のエスキモーが働いているが、二人ともカリブーは一頭ももっていない、とのこと。なんとか最寄りの村から手に入れたいのだが、というと、とにかく防寒衣を脱いでお茶でも飲め、と顔は凍傷で黒ずみ、ボロボロの恰好の私を基地の中に迎え入れてくれた。

胸の痛みのことは黙っていた。コッパーマインを出て十三日目、旅の様子を話すと驚いた顔をして聞いていた。

ここにはタクトヤクトックとケンブリッジベイから飛行機の連絡便が週一回ある。パウラトックには連絡できないとのことで、ケンブリッジベイで世話になったビル・ライヤーに連絡をとってもらった。ビルから、犬の食糧はなんとかしてやる、との連絡があり、私は次の飛行機が来るまで三日間、この基地で待つことになった。

所長はとても親切にしてくれる。犬の餌のことを心配してくれ、基地の残飯を犬に腹いっぱい食べさせてくれた。私も、犬の側にテントを張って泊まるのが本当なのだが、身体の調子が悪いので所長の言葉に甘え、基地の中に泊めてもらう。九カ月半ぶりで基地の中の熱いシャワーを浴びた。

飛行機が来るまでなんとか胸の痛みがひくことを祈る。実際、いまの私の身体はガタガタである。アレルギー症状でかゆくてたまらない。かくとふくれあがるので我慢しているが、夜中、寝ているうちに、知らぬあいだにひっかき傷をつくっている。コッパーマインでかかったインフルエンザで喉を痛め、まだセキが止まらない。手首には犬に噛まれた二カ所の牙の傷が残り、釣り針にひっかけた人差指は腫れあがって手が使えない。そして胸の痛み。まったく泣きたくなる。

夕食は、レタス、パセリなど新鮮な野菜とステーキ。恥も外聞もなく人の三倍も食べる。毎日カリブーの凍肉ばかり食べていた口には、野菜の味はなんともいえない。

米軍のレーダー基地は、ベーリング海峡を境にして、アラスカからカナダの北極海沿岸にかけて一〇〇マイルごとにある。ソ連圏からの非常事態に備える軍事上のレーダー網だが、ここに働く人たちはカナダの民間人であった。

## 一月二十一日

私の犬の餌がなくなったことがケンブリッジベイの警察に知れ、事態は私事ですまされなくなった。この一帯を管轄するタクトヤクトックの警察が、緊急にツインオッター機で五日分の凍魚を運んでくれることになった。

おりからの悪天候をついて飛行機はやってきたが、強風の中、一〇〇キロの餌をおろすや、すぐ引き返した。詳細はタクトヤクトックに到着後、報告することにした。ポリスの人たちの協力はありがたい。が、私はそれ以上に自分の力でパウラトックに入れなかった不甲斐なさが、つくづく悲しかった。

基地のスタッフの人たちは親切だ。所長のフランス系カナダ人、ローランド・バニエール氏はこのあたりの事情に詳しく、エスキモーとともにタクトヤクトックまでのルートのアドバイスをしてくれる。気象担当官は他の基地に連絡をとり、天気予報を知らせてくれる。レーダー官が、ペリー岬にいる日系二世のカナダ人将校を呼び出してくれ、久しぶりに日本語を聞いた。彼はタクトヤクトックに着いたら連絡するように言っていた。

## 一月二十二日

ローランドさんに見送られ、午前十時、夜明けとともに出発。犬は二日間の休養と、大量に食べた基地の残飯で疲労回復、元気で走る。だが、滞在中、拾ってきたメスの野良犬が発情、これをめぐってまたまたオス犬の闘争が絶えず、グリーンランドのチューレで手に入れ、飼主の名をとって〝アナウカ〟と呼んでいた犬が、全身至るところを噛まれて瀕死の重傷を負った。アナウカは橇はあまりひかなかったが元気な犬で、近寄るとペットのようにとびかかってじゃれて、愛嬌があった。名前を呼ぶと、いつも横目でみて尾を振っていた。アナウカのほかに、コッパーマインで買った二頭が足をひどくやられ、橇をひく元気がない。

これ以上メスの野良犬をチームのなかに入れておくと、負傷した犬が増えるばかりだ。仕方なく出発する際、基地に紐でつないで、瀕死のアナウカと共に残してきた。だが、しばらく行くと紐を切って追いかけてきた。またケンカが始まり、収拾がつかない。止めたくても胸が痛く大声が出ない。このメス犬がいる限り、パウラトックまでいけない。リーダー犬のアンナまで傷ついたら大変だ。やむなくライフルを野良犬に向け、引金をひいた。犬の闘争はおさまった。

ふたたび、橇を走らせたが、殺さないで解決する方法が他にあったのではないか、と次第に後悔が胸にこみあげてくる。犬だって人間と同じように生きる権利を持っている。神はもう犬を殺した私を救ってくれないであろう。

二日間の休養で弱まっていた胸の痛みが、橇の振動とともにぶり返す。もう少し様子を見てから出発するべきだった。やはりメス犬を殺したむくいだろうか。

午後三時、明るかったが行動を切りあげた。基地に滞在中、高級レストランで食べるようなご馳走ばかり口にしていたので、カリブーの凍肉がほとんど喉を通らなくなっていた。

**一月二十五日**

一昨日、五〇キロ走って、ここハウス岬までできたが、昨日、今日と猛烈な地吹雪でテントから一歩も出られず、犬は雪に埋もれ、どこにいるかわからない。

身体のコンディションは最悪だ。胸は痛く、アレルギーはなおらない。毎夜、寝るとき身体が温まると、シラミかノミにかまれたようにかゆく、気がいら立つ。何か寄生虫でも体内にいるのか。抗生物質しか持っていないので、なおしようがない。

ここまで来る間に、ライフルの望遠鏡《スコープ》をこわしてしまった。レンズのついた部分が折れている。グリーンランドで八万円出して買ったフィンランド・サーコ社製の高級ライフルだ。照準台もビスがゆるみどこかへいってしまったので、まったく役立たずになった。

もうひとつ持っているライフルはひとまわり大きい軍隊用だが、いくら的を定めても、一度として同じところに当たらない。それでも白熊やアザラシを射つ時には役に立つだろうと、グリーンランドから持ち続けている。

**一月二十六日**

地吹雪だが、これ以上停滞すると犬の餌が足りなくなる。雪で埋まった犬たちを掘り出し、出発。

陸を通れば近道になるが、地吹雪で視界がきかず、乱氷沿いに海岸をまわり込む。ダンレー湾の入口のライオン岬に来たとき、ようやく位置を確認、針のように突き出たハルクロ岬を通過、乱氷のブロック群は次第に小さくなり湾に入ったことを知らせていた。

午後五時、寒さにたまりかねテントに逃げ込む。鏡をのぞくと、鼻の頭と両頬に水疱ができていた。夜になって気温がドンドン下がっている。毛皮の防寒衣を着た上にシュラフをかぶっているが、自分の呼吸でシュラフの内側に霜が張り、身体を動かすたびにパラパラと雪のように顔にふりかかる。あまりの寒さに起きて石油コンロに火をつけようとしたが、その動作さえ寒くて思うようにいかない。

## 一月二十七日

昨夜はついに一睡もできず。朝七時、やっとの思いで石油コンロに火をつけお茶を飲む。冷蔵庫から脱け出たような気分だ。

九時出発、快晴だが猛烈に冷え込む。橇に乗っていても寒くてじっと座っていられない。顔を手袋で覆いながら、ときたま犬に声をかけるのが精一杯だ。鼻先、頬の凍傷は感覚がなく痛みは感じないが、顔でただれていない部分が、どうしようもなく痛い。そしてそれもだんだん感覚をなくしてゆき、痛い部分が顎の方へと移ってゆく。

顔の凍傷はそれほど恐れることはない。それより危険なのは、橇に横向きに座っていると襲ってくる足先の痛みだ。厳冬期、グランドジョラス北壁を登攀中に、仲間が手足の指を失った経験がある。足の指の凍傷は顔とちがい、血行が止まると回復がなく、下手をすると切断しなければならないことを知っている。

あわてて橇から下り、数をかぞえながら一〇〇歩走った。最初の五十歩は、身体は冷え、足がしびれたような感覚でつらいが、そのうちに足先の痛みがぶり返し、次第に温まってくる。しかし走っていると今度は鼻の中の毛が凍りつくので、一〇〇歩かぞえたところで橇にとび乗り、カリブーの手袋で顔を覆うということになる。

気温は午前九時でマイナス五十一度。この旅で経験した最低の記録である。私の寒暖計はマイナス六十度まで計れるが、かなりギリギリの目盛だ。

進路から少しはずれた東の方角に明りを確認、パウラトックの村だ。十時間、ひたすら走り続けて夕方七時、海岸に十五軒ばかり家の建つパウラトック部落に到着した。戸外があまり寒いせいか、人影が見えない。そのうち、腹の減った犬の吠える声をききつけてか、二人、三人と海岸へ下りてきた。

「グッドイヴニング」一人、一人と握手。私の前にいた年とった老人が、「どこから来た」とたずねるので、「グリーンランドから来た」というと、「どこから来た」

とまた問い返す。それで、「ケンブリッジベイから、犬橇で来た」というと、みんな驚いたようで、さらに人垣がふえた。

「どこかへ泊めてほしい」というが早いか、「わが家へ来い」と橇をとめてある前の家のエスキモーがいい、アッというまに橇を海岸から押し上げてくれた。

マイナス五十度を越える大気の中で風に吹きさらされた身体に雪の門をくぐらせ、家の中に入った。この家の主、モーセス・アンナオヨックの奥さんは、ムスクオックス（じゃこう牛）の凍肉を煮て、腹いっぱい食べさせてくれた。

乱氷で打った胸の痛みも、身体が温まると多少楽になった。パウラトックの無線で、南の町から医者を呼ぶ必要もなかろう。医者にかかることはこの旅の中止、失敗を意味するかもしれないのだ。自分の意志にかかわらず、病院に送り込まれたらおしまいだ。

夜、聞いていたラジオ放送が、マイナス五十五度を記録したと伝えていた。

**二月四日**

一月二十八日から約一週間、パウラトックに滞在している。ガタのきた私の体を回復させなければ先行きがおぼつかないと思い、思い切って休養することにしたのだ。幸いなことに胸の痛みは少しずつ回復に向かっている。

村人は、アークティックチャー、マス、毛皮をはいだキツネの肉、クジラの脂肪、カリブーの凍肉などをただでくれる。モーセスの弟のジョナサンは、夏場に獲ったアザラシを三頭もくれた。犬は毎日これらの肉を腹いっぱい食べ、痩せていた背骨に次第に肉がついてきた。私と同年齢ぐらいのジョナサンは、スノースクーターでカリブー狩りに連れていってくれた。ペリー半島で六頭のカリブーを射ちとめ、次の旅の食糧に備えた。

アンカレッジの出身で、昨年ここに赴任して来た学校の先生のキルビー氏が、役に立たぬ私のライフルを見て、自分のライフルから望遠鏡《スコープ》をはずし、プレゼントしてくれた。お礼の気持ちを込めて私は彼の学校へ行き、三十人ばかりの生徒の前で、私の旅について話をした。

人口一五〇人ばかりのこの村には、エスキモー共同組合の小さな店が一軒あるが、バターも売ってない。村人は、カリブー、クジラ、狼、キツネなどの狩猟をやって生計を立てている。親切な人たちであった。

## 二月五日

カリブー一頭、アザラシ二頭、それにウォボリーン（狼の一種）一頭、全部で五、六日分の食糧を積み、タクトヤクトックへ向け出発、いまや犬は減って十三頭である。

タクトヤクトックまで約五〇〇キロだが、中間のノースターベイにエスキモーのキャンプ地があるので、寄って餌を補強する予定だ。パウラトックを出て二時間、アルゴ湾に到着、スキー場ぐらいの緩やかな丘陵を登る手前で、突然、目の前を茶色い動物が横切った。犬をとめ、あわててライフルで射ちとったら、ブラウンフォックスだった。犬の餌がふえた。

標高七、八〇メートルほどの峠を過ぎると、西側に海とも思えるタッサリウック湖が広がっていた。湖沿いに一時間半ほど走らせ、ひょうたんのようにふくらんだ最後の地点をまわり込むと、行先に黒いかたまりがみえた。岩にしては黒すぎる。さてはカリブーの大群かと、橇を走らせると、黒いかたまりが帯のように横に広がったり縮んだりする。三十分ばかり犬は懸命に追うが、いっこうに近くならない。湖の端まで追いつめると、黒い群は立ちどまった。これでカリブーが、二、三頭は獲れそうだ。橇に積んである古いアザラシの肉を新しい肉に交換できる。私はいさんでライフルをとり出した。

ところが近寄ってみてギョッとした。黒い群の一頭一頭、みなインドの瘤牛《こぶうし》のように背中がふくらんでいる。カリブーではない、ムスクオックスの群だ。曲りくねった角をいっせいにこちらに向け、われわれの様子を見守っている。三十頭か四十頭いる。一頭として隊列から外れず、整然とこちらに向かって角を向け、襲いかかる態勢だ。あわてて犬を止める。

これではとても勝てっこない。恐る恐る橇の上から8ミリカメラをとり出し、まわし始める。身動きひとつしないで、じっとこちらを見守っている姿は、いまにも襲いかかってきそうに見える。もし襲われたらライフルを射つ間もなくやられるだろう。恐ろしくなって、橇の向きを変え、ライフルを四発続けざまに射ち放った。ムスクオックスの群は向きをかえ、陸の方に去っていった。

午後五時、そろそろテントを張らなければならない時間だが、ムスクオックスの群にキャンプ地を襲われるのが心配で、暗闇のなかをできるだけ遠くまで進み、午後六時半、小さな湖畔にテントを張る。まわりに犬を集め、ライフルを中に持ち込んだ。

## 二月六日

フランクリン湾まであと一〇キロ以内、今日中にペリー半島を横断、あとはスモーキングヒルの海岸沿いに走れば、ノーススターベイのエスキモー・キャンプ地に出られる。少々の悪天候でも、磁石を使えばよい、と安易に考えて吹雪の中を出発。磁石の南西に橇を向けた。このあたりでは、磁石の指す西と地図の西に四十五度の偏差があり、地図上の西に進むには、磁石の南西に進まなければならないのだ。

手あたり次第、小さい丘を横切り、どんどん進む。二時間ばかり走ったとき、大きな湖か、あるいは湾とも思われる端に出た。氷のプレッシャーがあり、小さな湖ではないことがわかる。だが、潮の干満による割れ目が見えず、湾ではないようだ。湾が現われないのでルートを南西から少し南へかえる。南（地図上の南西）に向かえばいずれは浜に出ることは間違いない、と思ったからだ。行手にかすかに太陽が顔を出し、南に向かっていることが確認できた。

丘の上で三十分ほど休み、丘の腹を横切りさらに一時間ほど走った。だがいっこうに海は現われてこない。それどころか湿地帯を抜け、小石の出た丘陵に橇は突っ込み、滑らず、犬は疲れきっている。湖も少なくなり、どんどん傾斜がきつくなる。橇を止め、一キロぐらい離れた丘の上に登って、行手を見ると、それから先はだんだん険しい山あいになって登っている。

海に出なければいけないのに山に登っているのだ。磁石を出して確かめたが間違っているとは思えなかった。しかし幅わずか二五キロの半島を二日かかっても横切れないのだ。南部の二〇〇メートル以上ある高い山稜地帯にまぎれ込んだのか。どこかにマグネット(荒磁帯)があり、磁石がべつのところを指しているのか。いずれにせよルートをはずしていることはたしかで、今日はこれで行動を中止し、視界がきく晴天を待って低地へ下り、海へ出ることに決めた。

明日もとへ戻るのは、トレースが消えていて難しいが、磁石で北へ方角をとれば帰れるだろう。二時間半のロス。犬の食糧は四日分、ノーススターベイまで順調にいっても四日はかかる。位置がつかめないのが不安で、テントの中に入っても憂鬱でしかたがなかった。

## 二月七日

引き返そうと下ったところ、やはりトレースを見失ってしまった。ペリー半島の北に寄りすぎていると思い、磁石の北北東（地図上の東北東）に下ったが、いっこうに平坦にならない。太陽がわずかに地吹雪の中に輪郭を現わしたので、晴れて視界がきくまで待って、行先を決めようと思ったが、ついに太陽が出ず、吹雪もおさまらない。

北北東にルートをとることは、地図上では東北東に向かうことになり、もし自分が南部山岳地帯に入り込んでいたら、フランクリン湾と正反対に向かっていることになる、これは賢明ではないと考えをかえ、西寄り（地図上の北西）にルートをとる。太陽を背にして、十二時から三時まで走らせた。やがて、ガラ場のない草付きの平坦な湖のあるツンドラに下った。これで半島基部の山岳地帯に入っていたことがわかった。

こんどは南南西（地図上の西南西）にルートをとる。大きな川にぶつかり、まわりにはいたるところにコブ状の丘がある地点に達した。とくに南には高い丘がある。変だと思い、犬を止め川に下って、水がどちらに流れているか調べるが、凍りついていてわからない。蛇行した洲のできぐあいで、磁石の南東から北西に下っていることがわかった。川幅は二、三メートルだが、両岸をえぐり蛇行しているので、湖から出ているただの水路ではない。山岳地帯から下っている川であろう。半島の中にはそのような川はあり得ない。すると、まだ現在位置は南部の丘陵地帯の下部、ということか。ますますわからなくなってきた。私は完全に迷ってしまったのだ。

あと一時間は犬を走らせようと思ったが、磁石が狂っているのに気がついたので、行動を切り上げた。

テントの中で方向探知器をとり出し、ダイヤルを回す。弱い電波を三つキャッチした。ひとつはイヌビック、もうひとつは一〇〇〇キロ離れたケンブリッジベイから、最後のひとつはわからない。タクトヤクトック、コッパーマイン、ホールマン、アイザッシェンなどからの発信ではないことはたしかだ。もしパウラトックからだとしたら、現在地は半島の基部から大陸の中に寄っていることになる。

方向探知器の結果からすると、地図上で磁石が指すべき北と、二個（普通の磁石と方向探知器についている磁石）持っている自分の磁石が指す北は大きな違いを示している。

二つの磁石は同じ動きをするので磁石自体が狂っているとは思われない。この近辺にマグネット（荒磁帯）があるか、それともまだこのあたりは磁極点から近く、磁石が正確に使えないのかもしれない。気を落ち着けて考えてみると、偏差の計算違いのような気もする。

磁石も視界もきかないので、どこをどう走っているのかつかめない。こうなったら、引き返すことだ。その方法を考える。イヌビックからの電波は確実につかめているので、電波に沿って反対に進めば、ネウラトックのあるダンレー湾に出るはずだ。

## 二月八日

パウラトックに引き返すべく、イヌビックからの電波より少し北側に方向を定める。

川を越え丘をよじ登り進む。大きな谷のある川の下に出たとき、古いドラム罐と流木を削った板切れを見つけた。かつてだれかが来たことのある証拠だ。丘に登って偵察するが、はるか遠くを眺めても延々と丘陵が続いているだけ、海水などどこにも見えない。

犬の食糧は三日分、これが切れたら弱い犬から共食いさせる。それでも人のいるところに着かなかったら、不用品を捨てて橇を軽くして歩いていく。いざとなったら橇も捨て、石油コンロとスノーナイフ、カリブーの毛皮をもって犬をつれて歩こう。

犬は十三頭、実際に働いているのは六、七頭。働かない犬を一日一頭殺して七日はもつとすれば、十日以上は橇がひける。それ以上は橇を捨て、残った犬を食べながら行けば十日以上は歩ける。この犬を連れてさえいれば、一カ月近くは生きていられる。

何はともあれ生き抜くことだ。ここで遭難しても、誰も救助にきてはくれない。川への下りに、犬たちはいっせいに走るが、登りになるとたちまち立ち止まり、もう歩けないと、こっちを向く。ムチを振るって橇を押しあげる。

もしカリブーが獲れれば、ゆとりをもって進ませてやるのだが、黒い露岩がカリブーに見えて仕方がない。もう一度ムスクオックスがいないものか。

どこを走っているか地図を広げても見当がつかず、今日もまた位置確認不可能か、となかばあきらめかけた。

ところが、とある湖を越えたところで一キロも走らないうちに広い氷原が見えた。対岸が見えない。大きな湖だと思い、地図をとり出しこれに当たるものをさがしたが、ない。半島の北に大きな湖があるが、それは五〇キロ以上も離れている。まさかそんなには進んではいない。とするとダンレー湾に出たのか。

橇を止め沿岸にかけ下り、氷を調べてみた。潮の干満でできる氷棚は見つからなかったが、氷のプレッシャーが見られた。やはり海氷である。

胸のつかえが一瞬にして下り、嬉しさがこみあげる。とにかくツンドラから脱け出たのだ。これで助かった。餓死することはない。あとは海岸沿いに引き返せばよいのだ。

ダンレー湾のどこかだと思い、地図で照合してみたがどうも違うようだ。フランクリン湾だと仮定すると、半島の西側にあるラントン湾にここの海岸が照合する。いま通過してきた川、丘、湖の状況にピタリと合う。もしそうだとすると、パウラトックに引き返すのに最低二日はかかる。前進して、人のいるノーススターベイまでは四、五日だ。食糧は三日分ある。

もしパウラトックに引き返すにしても、迷った半島が無事に越えられるかどうか。また、引き返せたにしても、狩りが盛んでない村だから、すぐに犬の食糧を入手することは不可能だ。自分でエスキモーを雇ってカリブー狩りに行かねばならない。犬を休ませ、狩りをして出なおしたら十日以上もかかる。それならいっそ、ノーススターベイに進もう。二、三日食糧なしでも、犬を進めた方が安全だ。私はそう決心して、橇を海氷に下ろし、ランナーに水を塗って凍らせた。

海に出ると天気はウソのように晴れ上がり、太陽が出た。海は晴れていても、山岳地帯は煙を巻いたようにガスがかかっている。

磁石が頼れないので、地図上に太陽の時間、角度を書き込んで進んだ。夕方スモーキングヒルから叩きつけるような強風で地吹雪が烈しくなった。

テントに入ってかじるカリブーの凍肉がうまい。この切羽詰まった三日間を憶い出しながらお茶をすする。目標物のないツンドラの横断は本当に恐ろしい。これからは安易に考えず、気をつけてやらねばならない。

## 斃れていく犬たち

### 二月十日

この二日間、徹底的に吹かれた。餌がないので停滞するわけにもいかず、猛烈な地吹雪の中、苦労してテントを撤収し、風に向かって這うように進んだ。スモーキングヒルの山腹をめざし、視界がきかないなかを、吹きおろす風をまともに受け、苦戦の連続だった。そして今日の昼頃、やや明るくなった正面に、スモーキングヒルの山腹が見えた。ルートのとり方が正しかったことが証明され、顔の痛さも忘れるほど嬉しかった。

午後五時、やっとスモーキングヒルの海岸に到着、あとは海岸に沿って北上すればいいのだ。海岸に下る急峻な岩壁のいたるところから煙が吹き出ている。火山なのだ。スモーキングヒルと命名した理由がやっとわかった。疲労で身体の自由がきかなくなった。テントを張る。犬たちに最後の小さなカリブーの肉の塊を食べさせる。さあこれからどうなるのか。

ルートに迷って、苦労した末に位置をつかんだと思い安心したら、こんどはひどい吹雪。吹雪がやみ、一難去って、さて次の難事はなにか。次はもっと厳しいなにかが待っているのだろう。アラスカまでどれだけの難事を突破しなければならないのか。

考え出すとキリがない。一日一日を生き抜いていくしか手がないのだ。石油コンロを強く焚き、お茶をわかす。こうして飲むお茶のうまさ、これは私にだけしかわからぬうまさなのだ。

**二月十一日**

スモーキングヒル海岸に出て北上、出発して一時間後、山腹を切って流れ出るデルタに入る。フランクリン湾に流れ込んでいるホートン川の河口であることを、地図で知る。

デルタを横切ると米軍基地の古い建物の残骸があった。さらに北上すると、北極海から強く押し出してきた氷でブロックの山ができている。海岸寄りの乱氷の中に橇を乗り入れ、しばらく行くと、厚さ一〇センチもない新しい薄い氷。あわてて引き返し、浜辺近くにやっとたどり着いたとき、目の前の急な山腹になにか黒いものが横切った。犬は急にスピードをあげ、雪の壁の下に橇を乗りあげる。黒いものが雪壁の途中で立ち止まったので、ライフルを一発、見事に命中した。四つん這いになって六、七〇メートルの雪壁を登ってみると、狼かと思いきや、ネコより少し大きい黒茶色のキツネであった。これでは食糧の足しにもならない。

持ち帰ると、たちまち犬が跡形もなく食べてしまった。

いまや犬は糞まで競って食べている。弱い犬が糞を出しかけると、他の犬が寄ってたかって尻から出るが早いか食べてしまう。もちろん、私の糞はケンブリッジベイ以来可愛がっている仔犬に独占させている。

乱氷に入ると、犬はとたんに元気をなくし、コッパーマインで手に入れた犬が一頭、酔ったようによろよろしはじめたかと思うと、パッタリ歩けなくなった。

橇に乗せる余裕もないので、バンドをはずし置き捨てる。本当は食糧がないので、殺して他の犬に食べさせたいのだが、とても殺す勇気はない。冷酷であることがこの旅を無事にやりとげる条件なのは重々わかっているが、苦労を共にしてきた犬を共食いさせることは、考えてはいても、実行できないのだ。六時半、行動を切り上げる。

今日は犬にやる餌はない。ひとかたまりのカリブーの足肉だけ。これは私の食糧だ。トランクの中にビスケットを四箱もっていたので、一頭に三枚ずつ食べさせた。テントのなかで一人凍肉を食べるのは、犬たちに気の毒で、なんとも堪えられないものだ。ノーススターベイまであと六〇キロぐらいだろう、人がいれば餌はなんとかなるだろう。あとひといきだ。

## 二月十二日

犬はものすごく空腹なのだろうが、そのわりには順調に走ってくれた。この分ではルートを間違えないかぎり、今日中にノーススターベイに着けるかもしれないと、内心、うれしくなる。

二十年ほど前この辺りで狩りをしていたパウラトックのフランクが、ノーススターベイへ抜ける台地へ登る谷を教えてくれたが、そんな谷は見当たらない。見過したのかと心配になる。

　出発して三時間後、壁を二つに割ったような急な谷が海岸に切れ込んでいるのを見つけた。橇がやっと通れるほどの谷だ。歩いて偵察してみたが、谷の最上部の丘に出るところに雪がハングして吹き溜っていて、通れない。枝状にわかれた他の支谷に入ってみると、急ではあったがなんとか押し上げれば橇は通れそうだ。他に適当な谷がなければここを通ろう、と見当をつけて、スモーキングヒルの半島の先に出てみることにした。

　ところが一時間も走らないうちに大きく入り込んだ谷をみつけた。フランクの言っていた、流木でつくった古い倒れかかった小屋がある。彼は、二十年も前のことだから、小屋はもうないかもしれないと言っていたが、ちゃんとあった。谷は広く緩やかで、三十分もしないうちに高度一〇〇メートルの台地の上に出た。そこから西に向かってツンドラの平坦な台地が続いていた。

　午後三時の太陽はノーススターベイの方角に大きく輝いている。

　四時からツンドラの中を走り始める。しばらくすると、弱った犬たちが急にスピードをあげた。前方になにかいるのだ。遠く起伏をなした丘の上に、黒いものを三つ見つける。カリブーだ。あわててライフルをとり出し、弾を込めた。

「おまえたちの餌だ。早く追え」犬に叫ぶ。われわれを見守っていたカリブーは二〇〇メートルぐらいに近づくと、あわてて逃げ始めた。犬は追う。少し離れるとカリブーは立ち止まってこちらをみる。そろそろ射程内だと思って、「アイ、アイ」と号命をかけるが、犬はいっこうに止まってくれない。ライフルを構えるが、橇の振動でまともに狙えない。何度目かに七、八〇メートルにまでせまったとき、カリブーは後ろも振り返らず、一目散に逃げてしまった。橇のスピードとは比べものにならないほど速い。犬はカリブーを逃がしてしまうと、とたんに走らなくなった。

ふたたび橇を西へ向け、ツンドラの横断にかかった。風は向かい風、太陽は南西の空に消え、次第にあたりは暗くなる。今日中にノーススターベイに着くことはできないとあきらめかけたとき、犬がまた何かを察知し、勢いよく走りだした。

どの犬も鼻を高く上げ、何かの匂いを嗅いでいる。なにか見つけたのか？　前方をうかがうが、暗くてなにも見えない。一段下がった川にどんどん走り下りていく。川の側にドラム罐があり、向こう側の台地には黒いものが見えた。小屋だ。

「ノーススターベイだ」

私は奇声を上げた。とうとう着いたのだ。午後七時、五軒の小屋が建つ部落にたどり着いた。

突然、暗闇から犬橇に乗った奇妙な恰好をした人間が現われたので、部落の人は目をまるくしている。凍傷で顔面がただれているボロボロの私をかわいそうに思ったのか、側の小屋の老人がすぐ家に入れてくれ、お茶とカリブーの肉をふるまってくれた。小屋は四メートル四方ばかりで、ベッドに石油ストーブがあるだけ。まだ新しかった。

私が小屋に入ると、みんなあとからついてきて、座る場所もない。ランプの明りの下でカリブーの防寒衣を脱ぐと、みんなじろじろ私の顔をのぞき込み、なんども同じ質問を繰り返す。

「おまえはエスキモーか」

私はそのたびに「ジャパニーズ・エスキモーだ」と答える。

**二月十三日**

今日から私は、顔じゅうにひげをはやしたボップ・チケシの家に泊めてもらうことになった。

ここノーススターベイには、昔エスキモーが住んでいたのだが、二十年ほど前から誰もいなくなり、昨年の夏、タクトヤクトックから五家族が移住してきたのだ。タクトヤクトックでは狩りができなくなったからだという。ここまでのルートをアドバイスしてくれたパウラトックのフランクの兄弟、フレッドとサンディもいた。

空腹の犬たちに、部落の人たちは自分たちのカリブーを分け与えてくれた。夜、ランプの下でここまでの旅の様子を地図を広げて話す。聞いている人たちはみな口々に、私のことを日本人ではなくエスキモーだという。

犬の餌がないのでカリブー狩りにいきたいというと、フランクの弟のフレッド(四十歳ばかり)がスノースクーターで連れていってくれることになった。私は疲れてふらふらであったが、犬の餌のことを思うとのんびり休んではいられない。滞在中の餌と、タクトヤクトックまでの食糧に、二、三頭のカリブーを確保しなければならない。

暖かい家で寝るのは何と幸せなことか。おかげで胸の痛みはとれ、左腕の力も少し入るようになった。よくもここまで無事に着けたものだ。犬たちに本当に感謝の気持ちが起こる。明日は新鮮なカリブーの肉を運んできてやるぞ。

さっきボップの家で年齢を聞かれ、昨日が私の三十五歳の誕生日であることに気がついた。この旅に出て二回目だ。みんなから、おめでとう、と握手を求められたが、もうそんな年齢《とし》になってしまったのかといやになる。まだやりたいことはいっぱいあるのに、こんなに年をとってはそう気軽にできない。三十五歳という年齢は、肉体的に決して若いとは言えないのだ。

南極大陸を犬橇で横断する夢。これは果たしてどうなるのか。自分の命の保証がない、極寒の孤独の旅にあって、いま南極を夢みる余裕はない。まずこの犬橇旅を無事に終えることだ。

**二月十六日**

ノーススターベイの部落には四日間滞在した。疲れた犬を休ませるためには、もう少し長くとどまりたかったが、アラスカの旅を思うと、のんびり休んでいる余裕もない。

出発にあたりボップの奥さんはパンを作ってもたせてくれた。ボップは昨日、白熊の肉を冷凍から溶かし、犬たちに食べさせてくれ、わが犬たちは初めて白熊の肉を口にした。グリーンランドなら、犬になどとても食べさせない。人間が食べる貴重な肉だ。

この部落の人たちはボッブをはじめ、一緒に狩りに行ったアンディ君、弟のバード君、ブレッド君、それにフレッドとサンディの兄弟、みんな親切な人たちであった。

ここで二頭の犬を手放した。いずれもコッパーマインで手に入れた犬である。一頭を狩りで世話になったアンディ君に、もう一頭を泊めてくれたボッブの子供にやった。

二頭とも橇をひかない犬だったが、殺すこともできず連れ歩いていた。一緒に行動するより、食糧の豊富なノーススターベイにいれば太って元気も回復し、幸せに生きることができるだろう。よいひきとり手があって安心した。

残る十頭の犬を橇につなぎ、「ヤー」と声をかけムチを振ると、犬は前へ進まず、肉の転がっている家の前に殺到し、ガツガツ食べ始める。毎日腹いっぱい食べさせたのにまだ足りないのだ。

陸からやっと海氷に犬を下ろし、見送ってくれる部落の人たちに手を振った。ここからタクトヤクトックまでは二〇〇キロ少々。リバプール湾のルートをとり、エスキモー湖に入ってタクトヤクトックに至るコースだ。北極海沿岸をとるコースもあるが、乱氷が予想され、いまの疲れた犬の状態では、とても無理だ。

ハローバイ湾を横切って対岸のメイトランド岬をまわり込んで、七時にテントを張る。犬は四日間の休養にもかかわらずまったく元気がない。

## 二月十八日

昨日、コンノットという名前をつけてペットのように可愛がっていた仔犬に胴バンドをつけ、チームに仲間入りさせた。いままで橇の後ろの長柄に紐でつないでおいたが、チームの中に入りたくて、懸命に紐をひく。まだ橇をひくには小さすぎると思ったが、試しに胴バンドをつけてひかせてみた。仔犬は喜んで、扇状につないである犬たちの間に入ると、母親のリーダー犬アンナの側に行きたがり、一所懸命引っ張る。

コンノットを加えて十頭の犬が十一頭になり、なんとなく、チームが活気づいた感じになる。しかし、やっぱり仔犬は仔犬だ。二時間もしないうちに力が抜け、曳綱をゆるめ、他の犬の間を歩きまわっていた。

今日はボス犬の黒犬が元気をなくしている。この犬が立ち止まるとスピードが格段に落ちる。

いまは十一頭のうち、まともに橇をひいているのは六頭だけだ。タクトヤクトックに入ったら四、五頭をとりかえる必要がある。

ニコルソン半島よりリバプール湾の海岸に沿って西進、朝のうちかかっていたガスは引いたが、風が冷たく顔が痛い。石油コンロに火をつけて水を作り、橇のランナーに塗る。ランナーの鉄板をはずし、板だけにしてやった方が、低温の中ではよく滑ると思うが、鉄板は釘で打ちつけてあるのでたやすくはずせない。なにかよい方法はないものかと、犬が苦戦しているのをみて、橇を後ろから押しながら考える。犬は歩くのが精いっぱいだ。

**二月十九日**

快晴、無気味なほど風がない。午前九時半、南東の空に太陽が大きく昇りはじめた。十時出発、平坦な海氷は堅雪で覆われ、橇は昨夜案じたほどのこともなく順調に滑る。三時間走って、視界のよくきく陽ざしの中で犬を一時間半にわたり休ませた。近くの、六、七〇メートルある台地に登って行先を偵察、タクトヤクトック半島の手前にあるはずのキャンベル島の位置がはっきりつかめない。少々、大まわりになるが湾を横切ってタクトヤクトック半島に着いた後、キャンベル島の間を抜け、西へルートをとるのが安全なようだ。

湾の横断にかかったところ、犬はいよいよ疲れ果てスピードががっくり落ちる。三十分もたたないうちに、コッパーマインで手に入れた毛の長い犬が、曳綱をゆるませたかと思うと、足をもつれさせながら、ばったり倒れてしまった。まだ太陽は高く、なんとか今日中にこの湾を横切っておきたいと思い、倒れた犬を橇に乗せてやった。とたんに他の犬たちはこっちを向いて橇をひこうとしなくなった。ムチを振り、橇を押しながら軟雪の中を行く。午後四時半、犬はもうこれ以上走れない状態になったので行動を中止した。まだタクトヤクトックまで一〇〇キロ以上もあるのに、犬は日に日に弱ってゆく。橇を押して歩いていたのでは何日かかるかわからない。

カナダとグリーンランドの旅の、決定的な違いは犬の力量だ。グリーンランドの犬は十一頭いればなんとか橇をひいてくれるが、カナダの犬は見かけはまるまる太っていても、橇をひくとなるとさっぱり力がない。餌を食べるときもノロノロして、いつもグリーンランドの犬に素早く食べられてしまう。前にものべたように、カナダの犬は大小便も走りながらできない。足を止めてする。グリーンランド犬はいくら棒で叩いても悲鳴をあげないが、カナダ犬は叱っただけでおじけづき、叩く前から悲鳴をあげる。ケンカに負けるような犬は橇も満足にひけないのだ。

今日休憩中、久しぶりにカメラをとり出したが、フィルムを巻きもどすレバーのネジが、橇の振動でゆるんでとんでしまって使えない。小型カメラも8ミリもバッテリーが冷えて作動しない。橇には8ミリカメラ三台、スチールカメラ二台を積んでいるが、一台も使用できない。旅のたしにならない機械など捨ててしまいたい。

## 二月二十日

昨夜、仔犬のコンノットが悲しそうな鳴き声をあげるのがテントの中から聞えた。二日ほど前からクンクン鳴いていたが、別に気にしていなかった。テントの横の空になった橇の上に乗って鳴いているので、「何が悲しいんだ」と、テントの中から声をかけた。

朝方、寝ている私の足の方が重く、モコモコ動くので何かと思ったら、コンノットがテントの外から足の上に乗っている。「これは俺のテントだ、足の上に乗ってはダメだよ」と、押しのけた。

出発するときテントから出てみると、マイナス四十度を越すというのに、コンノットは四つ足を伸ばして横たわっている。この寒いのに身を丸くせず寝ているとは元気、さすがはわが仔犬だと頼もしく思い、「足を伸ばして寝ていると凍傷になるぞ」と声をかけたが、知らぬ顔で反応を示さない。

いつもなら私がテントから出ると真っ先に寄り添ってくるのだが、今日は声をかけてもピクリともしない。変だと思い近づくと、目をパチクリさせるだけで顔も上げない。そっと身体を起こしてやったらバッタリ倒れた。驚いてすぐカリブーの毛皮をとり出し、くるんでやる。昨日まで、悲しそうな声をあげてはいたが、他の犬と同じように元気に餌を食べていた。その食べっぷりはとても病気には見えなかった。今日は停滞してコンノットの様子を見てやろうと一時思ったが、食糧はあと三日分、タクトヤクトックまで一〇〇キロ以上あるので、そうもしてはいられない。

天気は無風快晴、とくに今日のルートは視界がきかないと難しい。コンノットを毛皮にくるみ、落ちないように紐でゆわえ、なんとか回復してくれと祈りつつ出発した。

ときどきのぞいてみると、コンノットは大きく息をしている。目はすでに反応を示さなかった。

出発して一時間、午前十一時についに息をひきとった。胸がつぶれる思いがした。本当にまいった。せめて昨日からわかっていれば、暖かいテントの中で寝かせてやったのに……。

この仔犬のコンノットは、越夏中にアンナから生まれた六頭の仔犬のなかで、ただ一頭、残った犬だった。私の行くところにはいつもついてきて、餌がないときでも、このコンノットにだけは腹いっぱい食べさせて、他の犬が羨むほど可愛がっていたのだったが。

思えば、ケケッタ部落を出発してから、私は何頭の犬を死なせてきたことか。私の旅は、犬たちの犠牲の上に成り立ってきたのだ。エスキモーは、けっしてそのような考え方はしない。彼らにとっては、犬はあくまでも一種の家畜なのだ。犬の死は単純に経済的な損害にすぎない。しかし、私は犬についてはついにエスキモーのように割り切って考えることはできなかった。

たしかに、自分でもむごいと思うほど犬たちを酷使した。十分な食糧も与えず、ムチを振るい、棒で叩いた。そうするしか仕方がなかった。とくにグリーンランドを走っていたときは、犬が私のいうことを聞かず、逃走したりした。そんなとき、私は焦りと憎しみをストレートに犬たちにぶつけた。ほんとうに状況がきびしいときは、犬が犠牲になって死んでいっても、私は心に痛みを感じることはなかった。犬をそのように使わなければ、犬を犠牲にしなければ、私自身が生きてこられなかったのだ。

旅の行程が進み、アンナをはじめとする古顔の犬たちが私に馴れるにしたがって、私の犬のあつかい方ははっきりエスキモーとは違うものになってきた。だんだん、私が養っている家族というような感じになってきた。状況がきびしければやはり棒で叩いたけれども、それは憎しみをぶつけるのではなく、叱咤する、という気持ちを失わなかったと思う。

そんな私の気持ちをいっそう強めたのが、アンナが生んだコンノットの存在だった。エスキモー犬をペットにしてはならないことはわかりきっているが、私はその禁を破ってこの仔犬をペットのようにあつかってきた。コンノットは、私の気持ちを和ませ、また元気づけてくれた。極北のきびしい自然は、そのような私のわずかな甘えさえ許さなかった。

私は橇を止め、雪のふき溜りを見つけて小さな穴を掘った。コンノットを両手で抱いて、穴の中に置いた。しなびたような遺体に雪をかけ、その上にせめて何か墓のしるしを置きたかったが、板切れ一枚も持ってはいなかった。見通すかぎりの大氷原のなかで、私はできるだけ多くの雪をかきあつめて、五〇センチほどの土饅《どまん》頭《じゅう》をつくった。

犬を奴隷のように酷使し、その生命を犠牲にして自分の身を守っている。私はなんと残酷で非情な人間であることか。もう私には神の加護を求める資格もないのだ。

午後二時半、やっとリバプール湾の奥にあるタクトヤクトヤクトック半島にたどり着き休憩、一時間半休んだのち、キャンベル島とタクトヤクトック半島の間を走りはじめると、昨日歩けなくなった犬が、また足をもたつかせ、よろよろしたと思ったら倒れてしまった。少し休ませて歩かせるが、また倒れて二度と起きあがる元気もなく、かわいそうだが置き去りにした。

夕方にはさらに、コッパーマインで買った一頭の犬が、よろけはじめ歩けなくなった。仕方なく橇に乗せてやった。ボスの黒犬は相変らず調子が悪そうだった。タクトヤクトックを前にして次々に犬が脱落していく。私はもう橇に乗っていることができず、後ろから押さねばならない。

## 二月二十一日

朝、テントから出ても、かけ寄ってくる仔犬の姿がなく、寂しい思いに胸をつかれた。

細長い半島を二つ横切りエスキモー湖へ入るあたりまで、橇はなんとか順調に走っていたが、湖上を進むうち二頭の犬が続けざまにバタバタと倒れてしまった。タクトヤクトックまで一〇〇キロ以内、なんとか連れていってやろうと橇に乗せてやる。とたんに橇は動かなくなる。懸命に橇を押すが、冷たい向かい風をうけ難行苦行。午後三時半、ついに力尽きて行動を打ち切った。

倒れた犬二頭を橇から下ろしたところ、一頭が口から泡を吹きだしたかと思うと、あっけなく息を引きとった。

ところが、私がテントを張り雪のブロックを切っているときだった。空腹で怒り狂ったグリーンランド犬たちが、死んだ犬にいっせいにおどりかかり、むさぼり食い始めた。私には手の下しようがない。アンナと二頭のコッパーマインの犬だけは、逃げるように曳綱をいっぱい伸ばして隅に身を寄せ、この光景を見守っている。死んだ犬は、毛皮と背骨、足、頭を残し、たちまち食べ尽されてしまった。おぞましく寒気を覚える光景だった。もし私の身体の自由がきかなくなったら、空腹の犬はたちまち私を食べてしまうのだろうか。

いまや、コッパーマインで買った七頭のうち残るのは二頭だけ、それも一頭は倒れかけている。

それにしてもグリーンランド犬はなんと強いことか。二年間も橇をひきつづけ、寒さにも飢えにも耐え抜いてきているのだ。

## 二月二十二日

タクトヤクトックまであと三〇キロほどに近づいた。瀕死の犬を橇に乗せ七頭で出発、晴天だが気温はマイナス三十四度と寒い。橇に乗せた犬は途中から少し元気になり、歩きたがるので橇から下ろす。自分の足で歩いてくれるだけでも、他の犬の負担にならずありがたい。

ボスの黒犬は相変わらず元気がない。いつも曳綱をたるませている。六頭の犬は背中を曲げ懸命にひいているが、スピードが出ない。私が橇に乗ろうものならたちまちストップしてしまう。

パウラトックを出てから九日間、連日の行動、ノーススターベイでのわずか三日の休養に、犬は疲れを回復させる暇がないのかもしれない。毎日毎日、次から次へと倒れていく。足が前に出なくなり、厳しい寒さに抵抗がなくなり、凍死していく。これではタクトヤクトックで新しく犬を手に入れても、それからさきアラスカまで犬橇の旅を続けることができるのか心配になる。

犬の調子は最悪だが、私の身体はすっかりよくなった。胸の痛みはとまり、咳をしてもそれほどこたえなくなった。

## 二月二十三日

今朝また一頭の犬が死んでいた。これで犬のチームは七頭になった。

ボスの黒犬の具合はさらに悪くなり、立つこともできず、鼻から血を出し、ペニスを凍傷でひどく爛《ただ》らせている。このオス犬は、ボス犬だけあって、これまでに発情したメス犬たちを全部犯してきた。アンナ、ケンブリッジベイのメス犬、コッパーマインのメス犬、パウラトックのメスの仔犬。その結果ペニスを使い過ぎ凍傷にかかったようだ。いつも放尿するとき悲鳴を上げていた。カリブーの毛皮をかけ、橇に乗せてやる。今日は橇に腰かけることもできず、出発から到着まで橇を押し続ける。途中二回の休みにも橇をひっくり返し、水を塗る。まったく休むひまがない。一日中、橇を押しながら歩いたのは今日が初めてだ。防寒衣の中は汗が流れ、脱ぐとたちまち凍りつき、十分も我慢できない。

なんとかして今日中にタクトヤクトックに着きたいが、犬も私も疲れ果てている。いくつも点在する湖水を渡り、西へ向けて橇を進めるが、いっこうに人家は見えてこない。それでも犬は何か物音を察知するのか、耳を立てている。八時間行動したら、犬はもうなにを言っても反応なく私も疲れ果て、ここで止まった。

ボスの黒犬に、カリブーの凍肉をこまかく切って食べさせようとしたが、寄せつけず、わずかにヨロヨロと立って小便をするだけだ。テントの中に入れてやりたいが、そのスペースもない。雪に穴を掘り、毛皮を敷いて寝かせ、その上にビニールシートをかけてやる。ときたま苦しそうにうなる。明朝までもたないかもしれない。家族同様の犬が、どんどん欠けてゆく。こんな悲しいことがあろうか。アラスカまで犬橇旅を続ける気力が消えてしまいそうだ。

たった一人の犬橇の旅、マイナス四十度の寒気のなかで橇を押し、クタクタになって汗をかく。生きるか死ぬかの苦闘のなかで、この苦しさが、忘れ得ない憶い出を作ってくれるのだと自分に言いきかせながら耐える。今この現在は一生忘れられない過去をつくっているのだ。

**二月二十四日**

昨夜ビーコン電波をキャッチ。タクトヤクトックからの電波は、ボリュームを下げてもはっきり入ってきた。今日はなんとしてでもタクトヤクトックに着きたいと、いつもより早く九時前にはテントから出た。昨夜、暖かくして寝かせてやった黒犬は、鼻から血を流しながらもかろうじて生きていた。回復の見込みはなさそうだ。犬の食糧も昨日で終った。もうなにも与えるものがない。

黒犬を橇に乗せ、十時半出発。いまや私も犬の一員、後ろから押さねばならない。一〇〇歩も歩くと疲労困憊、汗をかくが、身体は依然として寒さを感じる。押す手を休めると、犬は後ろを振り返り、たちまち止まってしまう。橇を置いて歩いた方が早いが、疲れきった犬を捨てるわけにはいかない。

ツンドラの中の湖を渡り、小さなビンゴ（椀状の小丘）の側を通る。タクトヤクトックの町が見えないかと、ビンゴの上に登って西の方を見るが、なにも見えず、ガッカリして下りる。

二回目の休憩のあとでは、六頭あわせた犬の力は、私一人が押す力にも及ばなくなっていた。今日もまたタクトヤクトックに着けないかとあきらめかけていたところ、丘をまわりこんだ前方に、急に、白いドームが現われた。

「オーイ、見ろ、タクトに着いたぞ、あそこにおまえたちの餌がある。頑張ってくれ」

犬に大声でいい聞かせる。だが、何キロか先の白いドームはなかなか近づかない。私の力もすぐに尽き果て、ドームを見ながら休憩をとる。

タクトヤクトックの町の家が見えはじめてから、犬は急に勢いづき、最後の力をふりしぼり、気が狂ったように橇をひき出した。午後五時半、レーダードームのある米軍基地の横を通って、カナダ最後の町、タクトヤクトックに着いた。

ポリスに到着したことを報告、紹介してもらった六十歳になるエスキモー、エディ・グルーバンはすぐ私の犬を家の裏につなぎ、カリブーの肉を食べさせてくれた。かわいそうなことに、橇の上に乗せた黒犬が到着後まもなく息を引きとった。どうすることもできず、町のはずれに運んで捨てた。これで私の犬は六頭になった。仔犬とこのボス犬の死は忘れることができないだろう。黒犬は、グリーンランド出発点のケケッタから、ボス犬として元気に橇をひいてくれた。この犬が力を抜くと橇のスピードが落ちるほどだった。これでケケッタからの犬はアンナだけになってしまった。ケンブリッジベイを出て二カ月半、この間に十四頭の犬を失った。ほとんどが疲労凍死だ。

無事タクトヤクトックに到着したものの、可愛がっていた元気な犬たちを次々になくし、これからさき、どうなるのか。考えると胸がふさがるようだ。とにかく、暖かい家の中でぐっすり眠ろう。明日はまた明日のことだ。

# 第四章　最後の旅——アラスカへ

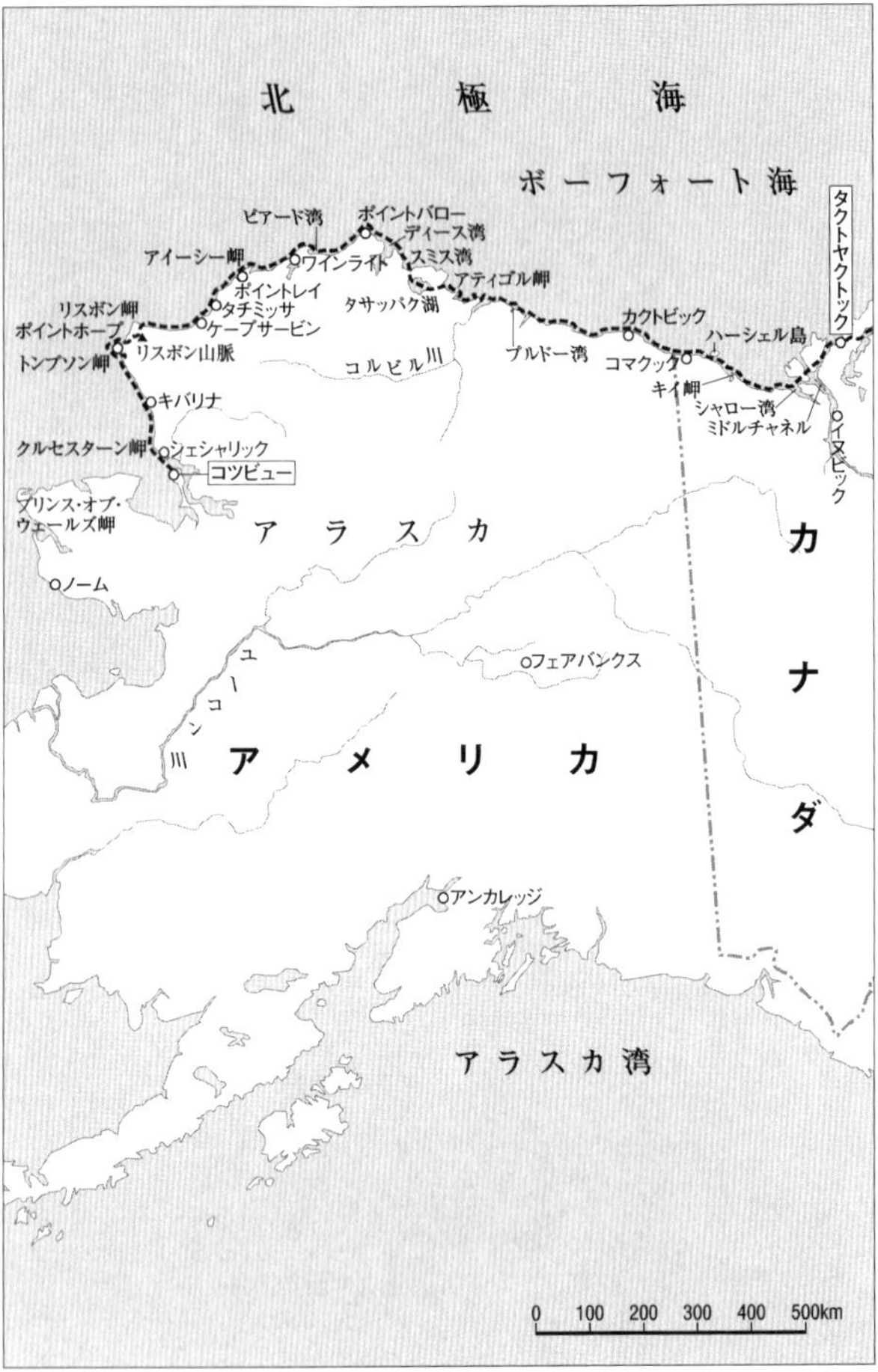
北極海
ボーフォート海
タクトヤクトック
ポイントバロー
ピアード湾
ディース湾
スミス湾
アイーシー岬
ワインライト
アティゴル岬
ポイントレイ
タサッパク湖
リスボン岬
タチミッサ
ポイントホープ
ケープサービン
カクトビック
ハーシェル島
リスボン山脈
トンプソン岬
コルビル川
プルドー湾
コマクック
キイ岬
シャロー湾
ミドルチャネル
キバリナ
イヌビック
クルセスターン岬
シェシャリック
コツビュー
プリンス・オブ・ウェールズ岬
アラスカ
カナダ
ノーム
フェアバンクス
ユーコン川
アメリカ
アンカレッジ
アラスカ湾
0 100 200 300 400 500km

## 国境の上にテントを張る

### 二月二十五日～三月六日

タクトヤクトックに辛うじて着くことができたが、犬たちに多くの犠牲を出して心は暗く憂鬱だった。可愛がっていた仔犬やボスの黒犬の死を思うと、気が滅入った。一つの山場を越えると、心身ともに疲れ果てるせいか、どうせまた前進しなくてはならないとわかっていても、いやそれがわかっているだけに、何だかやりきれないような気持ちになるのだ。これだけ長い時間旅をつづけながら、いまだにそういう心の起伏をどうすることもできない。

そんなとき、残るアラスカへの旅の意欲をかきたててくれたのが、エディ・グルーバンであった。

「君の旅は、いままでエスキモーも白人も誰もやったことのない長い旅だ。しかも一人だ。ぜひあとひと息がんばってアラスカまでやり通せよ」ドッグ・チームが壊滅状態なのだと意気消沈する私に、彼は「私が何とか必要なだけ捜してやろう」といってくれるのだった。

エディは、カナダ・エスキモーの中でも彼の右に出る者はいないというほどの成功者だった。マッケンジーデルタに石油と天然ガスの開発が進む現在、エディ・グルーバン・トランスポート社を経営、大々的に事業をやっている。忙しい身でありながら、エディは私のために、タクトヤクトックで犬を持っているエスキモーに次々に当たり、橇のひけそうな元気な犬を捜してくれ、彼の斡旋《あっせん》で四頭を手に入れることができた。一頭五〇ドルというのは、使いものにならぬ犬がまじっている可能性を考えると高いと思ったが、それがここの相場ならチームを立て直すためにはやむを得ない。

エディは、別に自分で捜した一頭をプレゼントしてくれた。

エディ・グルーバンの家は、白人の家のように応接間や台所、寝室がきれいに飾られた家ではなかった。古い木造の家に中古のキャンピングカーをつけ足して住んでいる。それも、奥さんのアリスと息子、末娘、他に娘夫婦とその子と一緒に暮らしているので、三部屋しかない木造家屋はいっぱいである。質素な家だが、それでも事業をやっているだけあって、十畳ほどの居間は、雇っているトラックの運転手や来客と、人の出入りが激しい。タクトヤクトック滞在中、私はこのエディの家に泊めてもらったのだが、居場所もないほどであった。

エディも奥さんのアリスも、エスキモーには珍しく酒を飲まない。二人は仕事好きで、じっとしていることを好まない。エディが成功したのも、アルコールを口にしないためかもしれない。

二十五年ほど前、エディはこの村でハンターとして暮らしていた。流木で作った小屋が数軒あるだけのこの村で、エスキモーたちは犬橇を持ち、冬場には、付近一帯にキツネの罠を仕掛けて捕獲し、その毛皮を売って生活していた。

二十五年前の冬はキツネがよく罠にかかり、エディはひと冬に二五〇匹もの毛皮を手にし、それをイヌビックに売りに行った。毛皮の代金の上に借金をして、当時のエスキモーは誰も持っていなかったエンジン付きの大型のスノーキャット（雪上車）を買い入れた。このスノーキャットで冬場の毛皮輸送をほとんど独占して利益を上げ、さらにスノーキャットの台数を増やし、夏場用のトラックも買った。そのうちに南から白人やエスキモーが入ってきて、道路建設、新築工事のための輸送が増えてきた。近年ではプルドー湾の油田発見以来、タクトヤクトックに隣接するマッケンジーデルタの石油調査が始まって急激に仕事が増えた。現在、この町に船の停泊できるドックを新設する仕事で、毎日エディのダンプカーが氷の上を走っている。

明日ここを出発しようという五日の夜だった。村の集会所でエスキモーとダンスを楽しんでエディの家に帰った。ハッと気がつき、アラスカに入る前に済ませておかなければならない大事な仕事を思い出した。犬たちのジステンパーと狂犬病の予防注射はポリスで終えていたのだが、アメリカ移民局への入国通知を出していなかったのだ。移民官のいない北極海沿岸からアラスカへ入国するのだから、どうしても事前に知らせておく必要があった。

犬の予防注射の証明は今日取ってきた。入国のビザは観光ビザだがすでに持っている。金もアラスカの旅に必要な資金はある。生命保険にも入っている。すべて必要なものはそろっている。――ということを通知する手紙を書かなければいけないのである。

しかし、英語では日本語のようにすらすらとは書けない。朝方までかかってやっと書き上げたが、タイプで打たなければならない。結局書式として完成できずに出発を一日延期した。

タイプがないのでエディに相談すると、彼はここの地方役所で働く自分の娘のところへ私をつれていった。彼の娘に文章を直してもらったうえでタイプに打ってもらい、入国通知の手紙は六日の午後、やっとでき上がった。

タクトヤクトックから次の村カクトビックまで食糧のデポなしには行けないと判断し、途中のハーシェル島に住むボブ・マッケンジーのところへ食糧をデポする仕事も、すでに終えてある。これでアラスカへの旅の準備はすべて完了した。

**三月七日**

快晴。気温はマイナス三十一度。

正午、エディの家族に送られ、二週間滞在したタクトヤクトックの村を出発した。新手の五頭の犬を加え、計十一頭になった犬の一頭一頭を曳綱で橇につなぎ、放射状に展開させる。さあ出発だというときに、新しく買った犬の一頭が胴バンドを切って逃げてしまった。三十分ほどして元飼主のエスキモーが、逃げた犬をつかまえ、ひいてきてくれた。

今度こそ出発だ。

ところが「ヤー」と号令をかけても、タクトヤクトックの犬は先に進まない。それどころか、てんでんばらばらに自分の家の方に逃げ戻ろうとする。エスキモーたちに協力してもらって、どうにか橇をクマリット湾の海氷まで出す。

ふたたび「ヤー」。リーダー犬のアンナを先頭にタクトヤクトックまで橇をひいてきたわが犬たちはいっせいに走り出す。だがタクトヤクトックの新米たちは前にいくどころか、後ろ向きに橇をひっぱり、曳綱をランナーの下にひっかけてしまう。胴バンドをつけて橇をひいたことのない奴らなので、どうしようもない。いくらムチを振るって誘導しようとしても、いっこうにらちがあかない。

どうにか村を離れたものの、出発のとき胴バンドを切って逃亡を企てた犬が、今度はどう工夫したのか胴バンドをたくみにはずし、一目散に今来たルートを家の方へ逃げ帰ってしまった。橇をとめてつれ戻すこともできず、五〇ドルまんまと逃がしてしまう。ある程度は覚悟していたが、出発早々に、買い入れた犬の一頭がふいになるとは、まったく驚いた。残るは十頭。それでも、タクトヤクトックからイヌビックへの冬季ルートとなっている氷上に橇を乗り入れた後、犬たちは新米もふくめ元気に走ってくれた。

午後八時、マッケンジー川の河口に到着。

出発のとき、新米の犬たちの整理にとりまぎれて、いろいろと世話になったエディの家族に十分なお礼の挨拶もしていなかったことに気がついた。カナダ最後の村タクトヤクトックを出ていよいよ最後のアラスカへの旅が始まったわけだが、もし旅がうまくいき、エディに会う機会があったら、アラスカではどんな旅をしたか話してあげたい。奥さんのアリスにも。

**三月八日**

テント・サイトを十時に出発。マッケンジー川の氷上、イヌビックへの冬季ルートを走る。

途中、開発の進むマッケンジーデルタらしく、オイル会社のブルドーザーやダンプカーに会う。犬はそのたびに驚いて止まり、運転手はわれわれを見て珍しそうに車を止めた。

夕方、エッソのオイル基地のあるトヌヌックに着く。ここからイヌビックへの冬季ルートとわかれる。行動時間九時間、五〇キロ走った。

## 三月十日

マッケンジー川のミドルチャネル支流から、シェル石油の基地を作るとき拓《ひら》いた氷上ルートをとり、シャロー湾に出た。冷たい微風が顔に当たり、鼻先が凍てるように痛かった。だが、太陽の位置は高く、風を手で防ぎながら顔を陽ざしに向けると暖かい。春がすぐ近くにきている感じだ。シャロー湾へ出るあたりのミドルチャネルの支流付近は、丈の高いブッシュがしげり、何種類かの鳥がいた。雷鳥がいた。ツグミのような小鳥も飛んでいた。

シャロー湾を横切るように西進するが、雪深く、難航。ウェストチャネルの入口に着いたところでテントを張る。

タクトヤクトックの犬はまったく怠け者だ。他の犬たちの負担になるばかりで、長時間の行動ができない。今日も太陽の高い午後五時半に行動を打ち切らねばならなかった。橇をひいたのは四時間半で、決して長い時間ではないのだが。

昨日トヌヌックからミドルチャネルの下流付近の幕営地点まで橇をひいていたとき、タクトヤクトックの一頭が足をもつれさせはじめた。今日もその一頭が、歩かせようとしてもヨタヨタして五〇メートルと歩けず、殺すに殺せず橇に乗せたままだった。これから先、犬を手に入れることはできない。大事にして極力働いてもらわなければならないのだ。休むたびに橇を裏返し、ランナーに水をぬり、滑りをよくする面倒な作業をする。犬のためを考えてやってやることが、私自身のためにもなるのだ。

タクトヤクトックの犬は、手に入れたときはこれまで旅をしてきた六頭の犬と比べものにならぬほど元気だったが、いざ橇をひかせてみると犬が変わったように元気をなくした。初日にはケンカをしても圧倒的に強かったのが、四日目の今日にはもうケンカをする元気もないほどだ。

この先、食糧をデポしてあるハーシェル島まで一六〇キロ、一頭たりとも失うことはできない。

## 三月十一日

今朝はガスがたち込め視界がきかぬため、わずかにかすんで見える太陽の位置から方角を割り出し、北西にルートをとった。出発は十時。ショールウォーター湾の海氷上を進んだが、雪が深く、場所によっては橇の床まで没するほどの深さだ。

昨日調子の悪かった犬が今日も歩けず、橇に乗せた。七、八歳以上の老犬である。歩かせると、後足の方が膝下だけで這うような走り方をして、すぐへたばってしまう。

かわりにイグルーリックの犬（イグルーと命名）が頑張っている。タクトヤクトックでボス犬が死んでからは、この犬がチームのボス犬になっている。ケンカでもグリーンランドの犬を圧倒し貫禄十分だ。橇をひいても他の犬の二倍以上の力を出しているだろう。

午後四時過ぎ、湾の氷のプレッシャーを横切り、二回目の休みをとっていると、うすくなったガスの彼方にアザラシを発見した。マイナス三十二度と気温もだいぶ暖かくなってきたので早くも海氷上に姿を見せ始めたのかと、ライフルの望遠鏡《スコープ》でのぞいた。アザラシは頭を上げずに海氷の上に黒く横たわっている。

ライフルを手に、アザラシのいるプレッシャーの反対側にまわり、体をかくして接近した。アザラシへの距離は見た目よりもかなり遠く、プレッシャーの陰を一キロばかり前進しなければならなかった。ようやくアザラシから一〇〇メートルほどの地点までできて、プレッシャーの陰に着いた。これ以上は体をかくせる障害物がないので進めない。しかたなくプレッシャーの上にライフルをすえてのぞく。いぜんとしてアザラシは寝そべっていて頭を上げようともしない。

もしこのアザラシが獲れたら、今日はここで行動中止だ。いや、場合によっては明日も犬のために休養をとってやってもいい。それに私もアザラシの新鮮なレバーが食いたい。何とかしてアザラシを仕留めたい。私は緊張した。

犬の餌は、ホワイトフィッシュ、カリブーの凍肉、ナマズに似た魚の各一日分、計三日分しかない。食糧をデポしてあるハーシェル島まではここからたぶん三日でいけるだろうが、それでも一二〇ないし一三〇キロある。犬が元気をなくしているから三日以上かかるかもしれない。しかし、このアザラシさえ獲れれば話は別だ。

そう思って銃を構え、アザラシが頭を上げるのを待つ。胴がかなり大きく、頭と胴が続いて見えるほど肥っている。普通のアザラシではなく、大型のヒゲアザラシだ。これなら四、五日分の犬の餌になるぞ、と胸算用しながら、私はじっと機をうかがった。

いくら待っても頭を上げないので業を煮やし、慎重に頭の部分をねらい、引金をひいた。

弾が命中したのか、アザラシは身動きしない。「獲った、獲ったぞ」叫びながら、氷のプレッシャーを走り越え、アザラシに突進した。ところが近寄って見ると、アザラシと思っていたものは、川から押し流されてきた黒ずんだただの氷のブロックだった。両端がアザラシの頭のようにとがり、尾の部分が小さく分かれていた。時計を見たら、このバカバカしい〝アザラシ獲り〟に一時間以上も費やしてしまっていた。

夕方、ガスの晴れ間があり、大陸の山脈が見えた。午後六時半、シングル岬に着き、行動を中止した。

テントに入り、ラジウス（石油コンロ）に点火するとき、この三、四日の気温の変化に気づいた。ラジウスは点火する際、バーナーを温めるためバーナーの周囲にセットされた受け皿にアルコールをたらすのだが、そのアルコールの火つきがこのところよくなったのだ。気温はマイナス三十度余りあるが、数日前まではアルコールにマッチを近づけても、いっこうに燃えつかなかったのに、今日はすぐ着火した。日照時間も長くなっている。もうすぐ白夜の春がやってくる。

### 三月十二日

朝九時、DEW・LINE（早期警報線）のレーダー基地の沖合に張ったテントを出ると、空は晴れわたり、蜃気楼で大陸の海岸線が衝立《ついたて》をたてたように浮き上がって見えた。気温は三月に入って初めてのマイナス四十一度。皮手袋だけでは手が冷たい。カリブーの毛皮と毛糸の手袋を二重につけた。

十時、出発。海岸線に平行して沖合を進んだ。氷の上の雪が厚い。そのうえ例の犬を橇に乗せているので心配したが、犬たちは思いのほか元気よくひいてくれる。出発して一時間半ほど行くと、急に橇がゴトゴト音をたてはじめ、気がつくと小石の上を走っていた。何だろうと思ったら、海抜一メートルもないエスケープレリーフ島の上を通過しているのだった。幅一〇〇メートルほどの細長いこの島を横断した後、橇をとめ、ランナーにやすりをかけ、水をぬりつけた。

このあとノンストップで二時間走った。犬は疲れ、深雪地帯に突入し、橇を押さなければならないほどになった。犬を休ませ、ランナーに新しく水をぬろうとしたところ、橇の後部にパーカを結びつけておいた紐がほどけていた。気がつかぬうちに途中で落としたのだ。これは痛かった。

この後半の犬橇旅のためケンブリッジベイで作った暖かいカリブーの毛皮のパーカで、フードの周りには白い狼の毛皮を普通のものの倍の大きさにつけた特製のものだった。ケンブリッジベイ以来、タクトヤクトックまでは毎日着用していたのだが、タクトヤクトックからはエディ・グルーバンがくれた布製のパーカを着ていたのだ。引き返そうかとも思ったが、犬の疲れ果てた様子を見ると、あきらめざるを得なかった。

午後七時、キング岬手前でテントを張った。犬にカリブーの凍肉とクジラの脂肪を与える。犬の食糧は残すところ凍魚一日分となった。

**三月十三日**

朝方、空は晴れ上がっていたが、次第にガスがかかり、視界がきかなくなった。

十時の出発に犬は疲れを忘れたかのように深い雪の中をよく走ってくれる。橇の重量は二〇〇キロ弱。タクトヤクトゥックから毎日のように橇の上に乗っていた犬も、今日は珍しく自分で歩いた。

出発後間もなく、キング岬で橇をとめ、海岸の山に登って行先を偵察した。タクトヤクトゥックのエディに、キング岬とキイ岬の間の海上は乱氷が多いから陸のルートをとったほうがよいとアドバイスを受けていた。

山の上から見ると、乱氷は海岸近くまで迫っているものの、乱氷と海岸の間には平坦な海氷がある。距離的に近い海氷のルートをとることに決めた。北極海の多年氷が氷山になっているところもあったが、通過できそうだった。

今日は風が強く、北西からの風をまともに受けた。エディのくれた布地のパーカを着ているが、首から上が寒く、昨日落としたカリブーのパーカのことを思い出し、口惜しい思いをした。

五時ごろ、細長く突き出た半島のキイ岬に出た。岬の先は、風が強く吹き抜けると見え、雪は吹きとび、風で洗われた堅い雪が氷の上に波状の模様を描いてドリフティングスノーをなしている。強風のため先に進むのは無理だった。この風は犬にも相当こたえるだろうと思い、犬をつないだ後、犬のそばにそれぞれ堅い雪を掘り出し、風よけの穴を寝場所につくってやった。一頭だけはその穴に入ったが、他の九頭は人の気も知らぬげに吹きさらしに寝ている。犬たちの入らなかった雪穴はまたたく間に地吹雪で埋まった。

日記をつけている今も、テントはバタバタと激しく音をたてている。犬の餌も使い果たしたから、明日はどうしてもハーシェル島に着かなければならない。明日の好天を願う。

**三月十四日**

いつものように八時に起床。昨日からの風はいっこうに衰えていなかった。強風がテントを揺さぶり、朝のお茶をわかす石油コンロの炎が消えそうになるほどだ。

食糧をデポしてあるハーシェル島まで五〇キロある。何としても今日中にハーシェル島に到着しなければならない。地吹雪の吹き荒れる中、橇をスタートさせた。犬は歩調をそろえて走り出したが、強い向かい風にたちまち顔をそらし、向きを変えてしまう。方向をリードするムチも、正面からの風にあおられ、犬の尾まで届かず、たびたび私の体にまきついてしまう。これでは無理だ。犬が方向を変えるたびに、私は橇からおり、リーダー犬の横に走っていって方向を定めた。

ハーシェル島の方角は西南西だ。太陽の輪郭がわずかに明るいが、視界はきかない。西風によって生じたドリフティングスノーで私は方角を判断した。橇の上の私もむろん正面を向いていられない。凄まじい風に刻々と体温を奪われ、手足、顎が刺すようにいたい。

出発のときから、今日は海岸線沿いに遠まわりするよりも、一直線に最短距離をとってハーシェル島をめざそうと決めていた。しかし、視界がないから、ハーシェル島を見過ごし、外海の北極海に出てしまう心配があった。私は心もち陸側に進路をふりつつ、橇をあやつった。

午後七時、ハーシェル島東岸にあるボブ・マッケンジーの家にたどり着いた。私はタクトヤクトックを出発する前、ここにエディ・グルーバンのくれたカリブー、クジラ、カモなどの食糧を飛行機でデポしておいたのだ。

ボブは、カナダ西部のハドソン湾で生まれた白人だが、飛行機のパイロットとしてこのマッケンジーデルタにやってきて、ここのエスキモーと結婚し、アラスカ国境に近い誰も住まないこのハーシェル島に流木で家を建て、そのままハンターとして生活している変わり者である。奥さんのエリザベスとの間に二女がある。ボブは変わり者には違いないが、強風をついてやってきた私を迎え入れ、当然のことのように泊めてもてなしてくれた。日頃の孤独が、かえって旅人をやさしくもてなさせるのだろうか。

**三月十五日〜三月十八日**

今日十八日まで、ハーシェル島に入った日から四日四晩、地吹雪が荒れ狂った。海岸の平地に建てられたボブの家のまわりは風が吹き抜け、砂地さえ出ていたが、隙間から吹き込む雪で入口の戸の内側に山のような吹き溜りができ、たびたび雪かきをしなければならなかった。雪の舞い込む中を完全防寒装備で行なう除雪作業は、半日仕事だった。

家の前につないでおいた犬は丸くうずくまっていたが、その風下に背丈以上の吹き溜りができていたので、つなぎとめているロープを移動してやった。

この悪天候にハーシェル島の手前で見舞われていたとしたらと考えると、ゾッとする。恐らく身動きもできず、犬たちは食糧なしで吹雪に耐えたとしても、橇をひく余力はなかったことだろう。

昼になって風がおさまった。太陽ものぞいた。明日は出発だ。ウソのような晴天を喜びながら、雪に埋まった橇を掘り出していると、ボブが来て、もう四、五日滞在をした方がよいといった。「犬は四日間休んだといっても、今まで毎日食べさせていたものは、この強風の中で身を守るエネルギーに使い果たしているはずだ。走るためのエネルギーはまったく貯えられていないよ」

犬の毛の中にまで入りこんだ雪を払い落としてやっていると、ボブのいうとおり、犬の背中にゴツゴツと骨が出て当たるのがわかった。ボブの獲った白熊の肉を毎日ご馳走になっていたのに、少しも太ってはいなかった。

しかし、私にはほとんど時間の余裕がないのだ。春になれば海氷が溶ける。目的地に達する前に二度目の夏を迎えることはできない。それは金銭的にも不可能である。痩せこけた犬で長い旅をする危険をアドバイスしてくれるボブの気持ちはありがたかったが、多少の無理もやむを得ないのだ。

私の気持ちが変わらないのを知ると、奥さんのエリザベスは私の白熊の服のほころびを縫ってくれたり、罐につめたクジラの脂肪や手ずから焼いたパンなどをくれた。ボブは、私の橇に制動装置がないといって、鉄棒をまげて自分で作ったアンカーをくれた。なかでもありがたかったのは、犬の足袋用に使うようにといってアザラシの毛皮をもらったことだった。

「キャンバス製の足袋だと一日ともたないが、このアザラシのスキンを使えば、この春の間はもつはずだよ」

あとはデポしておいた七、八日分の食糧を橇に積むばかりだ。準備はすっかりできあがった。

**三月十九日**

午前十一時半出発。行動を起こすにふさわしい好天だった。東からの微風。向かい風に悩まされる心配もない。犬は四日間強風の中にさらされ十分に疲れがとれていないらしかったが、さいわい昨日までの強風が海氷から雪を吹きとばしていて、橇は快調に進んだ。

午後、東風が強まってきたので、橇の後ろにポールをセットして四角錘のテントを傘のように広げた。この〝帆〟が奇効を発揮した。〝帆〟を広げてからは、橇は犬三、四頭分の力を加え、さらに快調に走った。

夜中の十一時、米軍のレーダー基地のあるコマクックに到着。白いドームとバックネットのようなレーダーがたつ基地の近くの海氷にテントを張りかけていたとき、背の低い一人のエスキモーがやってきて、

「こんなところでテントを張らないで、うちに来いよ」

という。男はラーシングウェル・シンガトックといい、レーダー基地で働くただ一人のエスキモーだった。私は犬をしっかりつなぎ、シュラフだけを持って彼の家に行くことにした。

今日頑張って十二時間近く行動して、カナダに二十三あるという米軍のレーダー基地のうち最も西にあるこのコマクックまで入ったのは、ここの基地からタクトヤクトックのポリスに連絡するためである。ここからアラスカとの国境まで約三〇キロ、国境にはポリスも税関もない。出国証明のスタンプはすでにカナダ最後の町タクトヤクトックでもらっているが、カナダのポリスは出国の正確な日時を知りたい

といっていた。その約束を果たすためである。

## 三月二十日

「アラスカに入る前にもう一日ここでゆっくり休養してゆきな」とシンガトック夫婦はしきりに私にすすめてくれた。基地の除雪ブルドーザーの運転などをしているラーシングウェルは、基地にエスキモーの仲間がいないため、顔かたちの似ている私に親近感を持ったのかもしれない。私も昨日の行動が予定以上にはかどったので、彼らのすすめを喜んで受けた。

ラーシングウェルは私の犬に食べさせるのだといって白熊の凍肉を家の中に入れて暖め、ほぐしてくれた。この白熊は半月ほど前、家の前につないでおいた犬を殺して窓の下で食べているところを五メートルの至近距離で射殺したものだという。ハンター以外白熊を殺すことは政府から禁止されているが、ハンターではない彼にも言い分があった。

「わが家の犬を殺し、人間に危害を加えようとする白熊など、危険で生かしてはおけないよ」

毛皮と頭は政府の役人がきて持ち帰った。

白熊の肉を犬に食わせるのはもったいないと私がいうと、奥さんのアッダは白熊のモモ肉を骨ごと切り取って私たちに焼いてくれた。ラーシングウェルと私は塩をつけて「ママット、ママット」（うまい、うまい）と、食べた。私があまりうまいというので、臭いが強すぎるから自分は口にしないというアッダは、残った肉を紙にくるみ、これからの旅で食べなさいと私にくれるのだった。

このほかにも、ラーシングウェルは自分の足には少し小さいといって、南から取り寄せたまま一度も履いていない革靴をくれた。「日本に帰るとき、カミック（毛皮のエスキモー靴）を履いては帰れないだろう」と。また旅の途中でパーカを落としたという昨夜の話を心配していて、着古しであったがマスクラット（ネズミの一種）の毛皮のコートもくれた。

エスキモーの気前のよさは他に類のないほどだ。私の長い旅の成功を祈ってくれてのことと思うが、私には彼らの親切にお返しするものは何もない。

午後、基地に行き、電話を借りてタクトヤクトックのポリスに明日二十一日にカナダを出国する旨を連絡した。

土曜日だというので基地のバーで少し酒を飲んでくるといって出かけたラーシングウェルは、夜中にかなり酔いしれて帰ってきた。

**三月二十一日**

午後一時半に出発。ラーシングウェルのところで白熊の肉を腹いっぱいご馳走になった犬たちは、北極海の青ずんだ多年氷と新氷の入りまじる乱氷の中を、いつもより速い時速一〇キロ以上のスピードで元気に走ってくれた。

陽光がキラキラと強く輝いている。風は西の向かい風で顔が切られるように痛い。左手には、海岸から二〇キロ近く南に入った内陸にブルックス山脈の三〇〇〇メートル級の高峰が、うっすらと霞みがかって見える。

橇のスピードが速いのと向かい風とで、顔を横にそむけながら海氷上を橇を走らせていたところ、突然、左手の平坦なツンドラに一メートルほどの塔を発見。橇をとめ、そばへ行ってみると、それがカナダとアメリカの国境を示す塔であった。四角錘の青銅の塔と片側に「CANADA」、反対側には「UNITED STATES OF AMERICA」の文字が刻み込まれている。午後六時きっかりであった。コマクックを出て四時間半しかたっていない。

グリーンランド、カナダ、アラスカの三カ国にわたる旅の約九〇〇〇キロを私は走り抜いたのだ。あと残されたのはアラスカ三〇〇〇キロの旅だけだ。グリーンランドからベーリング海峡までの旅に三年を予定していたが、その計画も、これまでの行程から考えて一年短縮できるだろう。

国境をまたぐようにしてテントを張った。半分はカナダ領に半分はアメリカ領に入っている。一列につないだ十頭の犬も、五頭がすでにアメリカに入国し、残り五頭はカナダでこれからの出国を待っている。

# アラスカのエスキモーたち

## 三月二十二日

いよいよアラスカの旅が始まった。いつもより出発を一時間遅らせて、太陽が水平線を離れ、昇りはじめる午前十一時に出発。西から吹きつける風はマイナス三十三度とは思えないほど、冷たく痛い。ハーシェル島に向かったとき受けた顔の凍傷は、いまだに墨をぬったように黒ずみ、向かい風を受けるたびに広がっていく。

国境を出て一時間、デマーケイション湾のはずれに達した。湾口の低い丘の上に古い無人小屋が一軒ポツンとたっている。遠く南の方に高い山並みを望みながら、デマーケイション湾を横切り、北極海の波によって生成された細長い砂の島・アイシーリーフ島の外海側を走る。島は防波堤のように大陸に平行して何キロにもわたって続いている。乱氷がひどくなったころ、島の上に古い丸太小屋を見つけ、橇を島の内海側に入れ、テントを張った。

今日の犬の食事はクジラの脂肪をまぜたコーンミールだ。海岸に打ち上げられた流木を集めて火をつけ、一〇ガロンのドラム罐の蓋を鉈で切って作った鍋で雪を溶かし水を沸騰させた後、コーンミールを入れて煮込む。タクトヤクトックで、あるエスキモーから、凍った肉だけを与えていては体がいじけるので、ときどき温かいものを食べさせるように忠告されていたのだ。

## 三月二十三日

今日の氷の状態はケンブリッジベイを出て以来最高だった。痩せこけた犬も力いっぱい橇をひいてくれる。タクトヤクトックの犬もコッパーマインで手に入れた犬に比べれば橇のひき方が力強い。一時は橇の上に乗せていた犬も、今ではどうにか曳綱をたるませずに走っている。

途中犬を休ませているとき、犬の足の裏側の皮がすり減って薄くなり、いまにも出血しそうになっているのに気がついた。グリーンランドの犬がとくにひどい。アンナの足の状態は一月と持ちそうにない。もし穴でもあいて出血したら、犬はたちまち歩けなくなってしまう。ハーシェル島のボブがくれたアザラシの皮を足袋に履かせてもあまり効果がないかもしれない。昨年よりも早く足袋を履かせないと犬をダメにしてしまう。心配だ。

午後六時、グリフィン岬の手前で橇をとめる。今日は四時間半の行動で六、七〇キロ走った。アラスカ最初の村カクトビックまで約六〇キロ、コマクックから五日を予定していたが、今日の出来でいえば、一日短縮して四日で明日には着けそうだ。

昨日コーンミールを使い果たしたので、今日はカリブーの凍肉を全部与えた。それでもまだ橇にはクジラの肉と脂肪二日分が積んである。ケンブリッジベイを出発してからというもの、いくたび餌なしで犬を走らせてきたことか。犬の食糧を確保できる次の目的地までの距離を長くとりすぎてきたのではないだろうか。タクトヤクトックからここまでは、犬たちも頑張ってくれて予定を上まわるペースでこなしてきたのだから、明日天候が悪ければ一日くらい休養してもよい。

現在の不安はカクトビックでの犬の食糧確保だ。カクトビックを出ればポイントバローまでエスキモー部落はない。途中にプルドー湾の石油基地があるが、エスキモーのハンターはいないので、是が非でもカクトビックでポイントバローまでの犬の食糧を確保しなければならないのだ。

**三月二十四日**

地吹雪。アラスカ最初の村を目前にして停滞。

昨夕から次第に西風が強まり、夜中、犬たちは冷たい風をもろに受け悲鳴を上げていた。今朝太陽は昇ったが、吹きつける風は衰えず、犬は体を雪に埋もれさせたまま身動きひとつしない。

ハーシェル島に入る日にも、今日のような猛烈な西の向かい風に橇を走らせて顔面を凍傷にやられた。しかし今日はカクトビック行きを無理矢理決行する理由がないのだ。ペースも早かったし、犬の食糧も一日分の予備がある。そして何よりもここで犬に無理をさせ死なせては、旅の続行それ自体が不可能になる。

しかし私の心の中に不安が広がる。ハーシェル島に悪天をついてたどり着いたとき、地吹雪は四日間も荒れ狂い、もしこの荒天に食糧もなく幕営していたらと考えて慄然としたことがあった。食糧は残っているといっても一日分だ。何日もこの悪天が続いたら……。あるいは地吹雪をついてでも私はカクトビック行きを決行すべきだったのかもしれない。

**三月二十五日**

午前四時前に目がさめた。アラスカ最初の村に今日入るのだと思って気が高ぶっていたのかもしれない。シュラフのチャックを開け、テントの中を温めようと石油コンロに点火して夜の明けるのを待った。天気は、昨夜の危惧を吹き飛ばすような快晴だ。

わかした湯で手と顔を洗った。今日は、カナダともグリーンランドとも異なるアラスカ・エスキモーに会うのだ。洗顔して残った水をランナーにぬりつけ、九時に出発。風に洗われた堅雪に橇は快調に滑り、出発後二時間で、バーター島のレーダー基地の塔が水平線に見え始めた。

「カクトビックだ」と思わず心の中で叫んだ。

バーター島に近づくに従い、レーダー基地の横に、雪に埋まったバラックのような木造家屋が見えてくる。家から二人、三人と人が出てくる。家の前にはスノーモービルがある。

部落近くの最後の平坦な海氷にさしかかると、犬はスピードを上げた。すると見ていた部落の人影がスノーモービルに乗って私の方に走ってくる。二台、三台。私が犬橇を部落の海岸につけると、橇のまわりに二、三十人の人垣ができた。カナダと変わらぬエスキモーだ。女は狼の毛皮のフードに布地の長いパーカを着ている。

一人の老人に「ハロー」と握手を求めると、集まった村中の男衆女衆そして子供たちがいっせいに「ハロー」と手をさしのべてきた。よごれた手を洗っておいて本当によかったと思った。私が例によって「グリーンランドから来た」というと、彼らは「ワァー」と驚きの声を上げた。エスキモーの中には、8ミリや小型カメラで私の到着風景を撮っている者がいた。いままでは私の方がエスキモーを写すのが常だったが、このアラスカでは反対になった。

エスキモーの若者たちに手伝ってもらい、犬を海岸に繋いだ後、アーチェ・ブラウアーというエスキモーの老人の家にお茶に招《よ》ばれた。

アーチェ・ブラウアーは「さあ温かいお茶を飲め」と妻にお茶をつがせながら私に尋ねた。

「泊まる場所はどうするね」

「体は汚れていますが、どこかエスキモーの家に泊まりたいのです」

「もし俺の家でよければ、ここで寝てもいいよ」

私は即座に「物置でいいから泊めてほしい」と頼んだ。敷物が敷いてある家の中はカミック、衣類、食糧などが散らばり、汚れている。カナダ・エスキモーの家と少しも変わらない。しかし、私は清潔な家よりも汚れた家の方が気が楽なのだ。

疲れた犬には、アーチェ・ブラウアーが永久凍土《ツンドラ》の地下室からカモの凍肉をとり出してきて、一羽ずつ食べさせてくれた。アラスカ・エスキモーも、旅人をもろ手を挙げて迎え入れてくれる点では、グリーンランド、カナダと変わらないのだった。

**三月二十六日〜三月二十九日**

人口一〇〇人たらずのエスキモーばかりのカクトビック村にはポリスも税関吏もいず、村はずれのレーダー基地に、パスポートと書類（私と犬の注射証明書、タクトヤクトックよりアメリカ移民局へ送っておいた入国通知のコピーなど）を持って、アメリカに入国したことを基地の司令官に報告しにいった。私のアメリカ入国はカナダ最後の町タクトヤクトックからアメリカ移民局に通知しておいた。すでに移民局から基地に連絡が入っていて、犬橇の入国を許し、手続きはアンカレッジでせよということであった。犬と装備は何のチェックも受けずにすんだ。

滞在中は毎夜のように、アーチェ・ブラウアーの家に集まる村の老若男女と一緒になってドラムダンスを楽しんだ。白髪頭の老人たちが胡坐《あぐら》をかいて、アザラシの皮を張ったウチワ太鼓を裏側から叩きながら大声で「ヤー、ヤー、ヤー」とエスキモーソングを歌う。その中には、カナダから来ている老夫婦もいた。楽器はそのウチワ型の太鼓だけ、歌詞も多くは「ヤー」の繰り返しだが、うまく抑揚をつけて歌うので面白い。女衆、子供たちがその太鼓に合わせて踊る。私も仲間に入って踊った。阿波踊りの要領でリズムに合わせて手足を動かしていればいい。みんなが大声で「ヤー、ヤー、ヤー」と歌い踊るので、踊りを知らない私もつい雰囲気に吸い込まれるように踊りまくった。

この時間は、私にとって、厳しく苦しい旅のこと一切を忘れさせてくれる楽しいひとときであった。タクトヤクトックを前にして次々に犬を犠牲にした悲しい記憶も、一時《いっとき》ながら忘れることができた。

踊りが終ると決まって夜食で腹ごしらえをして、それから帰っていく。基地で手に入れたであろう酒に酔った若い娘にからまれたりして、寝つくのは朝方の三時、四時であった。

カクトビックでは、グリーンランドやカナダとちがい、犬に食べさせるだけの肉がなかった。アーチェ・ブラウアーをはじめ村人たちは自分の食べ残した生肉をくれたりしたが、この先の旅に持参するほどの量はなかった。私は犬の餌を生肉からトウモロコシの挽粉のスープに切り換えることにした。

村の店でコーンミールを買い、一〇ガロンのドラム罐を手に入れ、コーンミールにアザラシやクジラの脂肪を加えて煮たスープを犬に食べさせてみた。肉に比べて栄養価が低いといっても、肉が手に入らない以上、やむを得ない。このコーンスープの餌は、昔、西部カナダやこのアラスカでは獲物がないときに犬に与えられる主要な食糧だった。このことを、五十歳を越すアーチェ・ブラウアーのような老人は知っているが、スノースクーターを乗りまわすエスキモーの若者は知らなかった。

## 三月三十日

出発の朝、ブラウアーの息子たちや村人は、橇に積荷してくれたり、犬の曳綱を橇につけたりするのを手伝ってくれた。橇には新しく一〇ガロンのドラム罐とコーンミールを積んだ。犬の食糧としては、ブラウアーのくれたカリブー、カモ、魚などの凍肉の他に、クジラとアザラシの脂肪、コーンミール等、ざっと一五〇キログラム、ポイントバローまでの二週間分だ。橇の総重量は二五〇キロになった。

村人への挨拶も終え、犬を誘導しようとしたとき、突然、犬たちが走り出し、私は犬の曳綱に足をはらわれ転倒してしまった。あわてて橇の前にのびる曳綱をつかみ、ひきずられながら「アイー、アイー」と勇み走る犬をやっとのことで止めた。すんでのところで橇にひき殺されるところであった。エスキモーたちは走り寄ってきて「だいじょうぶか、ケガはないか」と私を助け起こしてくれる。少し頭を打ったが、そんな傷よりも、私には、エスキモーたちの目の前でとんだミスをしたことの方が恥ずかしかった。

十時、心配する彼らに手を振って、一路、北極海沿岸を西へ向かった。気温がマイナス三十度を割ったせいか、カナダと比べると橇の滑りがよい。犬も四日間休養した後だけに、コンスタントに時速一〇キロ以上で走ってくれた。

午後五時、海岸から数キロ離れた沖に海抜一メートルとない低い細長い島を見つけ、テントを張る。島の海岸線に打ち上げられている流木を集めて火を燃やし、犬の餌に温かいコーンスープを作ってやった。

**三月三十一日**

朝八時半出発。キャンプ地から東風を背に受けて北極海の海氷を一直線に橇を走らせる。海氷は堅雪で覆われ、順調に進む。

途中沖合に出すぎたと思ったので、ドリフティングスノーを切りながら陸寄りにルートをとった。気がつくとコケの生えたツンドラを走っていた。ブルックス山脈の山裾が平坦なツンドラとなり、それが海岸線までのびてきて雪をかぶっているため、海と陸の境がはっきりしないのだ。

陸から離れようとルートを真北にとった。しばらく進むと、前方に黒い点々が見え出した。海氷の上に打ち上げられた流木であった。海氷に出て安心したものの、この辺りは航行の目標となる乱氷や多年氷がなく、海氷と陸の見分けがつけられない。

午後二時半、流木のある場所を見つけ、橇をとめる。

流木はてごろな燃料になる。大きな根株を土台にして、集めた流木を燃やし、一〇ガロンのドラム罐に雪を溶かして湯をわかす。その中にクジラの脂肪とカリブーの後足の肉を切りくだいて煮込む。薪《まき》集めに三十分、火を燃やし水が沸騰するまでに一時間、煮込みに一時間かかる。このあと、犬が食べられるまで冷ますのに二時間、合計五時間はかかる。カリブー射ちも大変だが、こういう犬の餌作りも骨が折れる。

今日は残念なことに、三日分のアザラシの皮下脂肪を落としてしまった。橇の前に積んでおいたのだが、出発して二時間半をノンストップで走ってから気がついた。これはカクトビックを出るときに、カナダから移住してきた老夫婦がくれたものだった。

**四月一日**

昨日キャンプ・サイトの位置がはっきりつかめなかったが、今日の行動でサンスピット島を見つけ、確認できた。

サンスピット島に沿って西へ、正確には北西に進む。ドリフティングスノーを斜めに切って前進するが、波状になった雪を上下して走るのは犬にとって大変な負担だ。いつもより走行時間を短縮し、二時間で一時間の休憩をとってやる。

アラスカに入ってからの犬の餌はコーンミールばかりで、肉を食うのとちがって力が出ないらしく、波状の雪に息を切らし苦戦している犬を見るとかわいそうになる。

休憩を切り上げ、再び出発。壊れかかった家のある岬をまわり込んだとき、犬が何かを嗅ぎつけた。耳をたて、軟雪にもかかわらず出発のとき以上の勢いで、ほとんど高度のない細長い島の方へ走っていこうとする。空はよく晴れ上がっているのだが、モヤがかかって視界はあまりよくない。そのモヤの中、犬が向かおうとしている平坦な島に黒い点を四つ、五つ見つける。岩か、流木かと思ったが、すぐカリブーであることがわかった。一キロ以上離れている。黒点が動くと犬もその方向に走る。

五〇〇メートルほどまで近づいたとき、カリブーは逃げ始めた。私はライフルをとり出したいのだが、犬が懸命にカリブーを追うため橇が揺れてその暇がない。カリブーは一〇〇メートルばかり走っては止まり、こちらを見ている。全部で六頭、うち一頭は子どもだ。犬が追うとカリブーは時速三五キロほどのスピードで逃げる。犬は十頭とはいえ、重い橇をひいているので、すぐひき離される。するとカリブーはストップする。うまい具合にカリブーが逃げる方向は、われわれが橇を進めている方向だった。

何度かカリブーの近くまで迫るのだが、「アイ」と号令をかけても犬が止まらないので、仕方なく橇の上に腹這いになり、弾を四発つめてあるライフルをとりだし、予備の弾二十発をポケットにつめた。コケの露出する島に乗り入れ、橇のスピードが落ちたところで、アンカーを下ろした。

ライフルを手に、島の向こう側に逃げたカリブーを歩いて追った。島の反対側の海氷にいたカリブーは私を見て逃げたが、島の上に一頭だけ残っていた。一〇〇メートルの距離で射ったが、命中せず、カリブーは走り出す。しかし私の周りをうろつくだけで逃げ去ろうとしない。再びライフルの望遠鏡にカリブーの胸が入った瞬間、引金をひいた。命中した。しかし倒れないので三発目を射つ。どうっとカリブーは倒れた。

見つけてから仕留めるまで三十分を要した。午後二時だった。

今日の行動はこのフラックマン島で中止。獲ったカリブーは、自分用の食糧と今後の予備のために後足二本を別にし、残りは全部犬たちに食わせてやった。コッパーマイン以来、獲りたてのカリブーの肉にありついていない犬たちは、六、七〇キロはあるカリブーを残さず平らげてしまった。足についた血を舐め、満足そうだ。耳をたらし、丸くなって寝ている犬たちを見て私も安心した。これで明日の活力がついただろう。

もう一頭獲れていれば明日の行動を中止し、休養にあててもよかったのだが、ポイントバローまでの不足ぎみの手持ちの食糧では、明日、行動することもやむを得ない。

**四月二日**

フラックマン島から西進を続けた。今日も、見わたす限り平坦で目標物の全くない海氷に橇を走らせた。知らぬ間に陸地に上がっていたり、砂洲《さす》のような小島を横切ったりする。流木というのは海岸線に打ち上げられているのだから、流木のあるところを目安に海岸を見つけようと考え、橇を走らせた。

途中、ドラム罐らしきものを遠くに発見、これは少し北に寄り過ぎたなと思い、コースを修正しようとしたところ、そのドラム罐だと思ったものが動いた。ライフルの望遠鏡をのぞくと、カリブーが三頭いる。食糧は十日分以上あるし、犬にも昨日新鮮なカリブーの肉を獲ってやったばかりだったので、見逃してやってもよいと思った。しかし、運の悪いカリブーのやつは、休んでいるわれわれの方に次第に近づいてくる。

とにかく射程内に入ったら射ってやろうと待ちかまえていると、失敗は考えられないほどの射程内に入った。地表に生えたコケを食べるのをやめ頭を上げたカリブーに引金を引いた。カリブーは前足から倒れた。

まだ午前十時であったが、思わぬ獲物があったのでここにテントを張ることにした。出発してから二五キロ走った。朝、マイナス二十九度だった気温は、午後一時にはマイナス二十度に上昇。カリブーに満腹した犬たちは四肢を伸ばして寝ころがっていた。

**四月三日**

二日続けてカリブーに飽食した犬たちは快調に走り、ガスのたちこめる中、ドリフティングスノーに頼って湾をいくつか横切る。

約六〇キロ走った午後五時頃、プルドー湾の手前の岬にエスキモーが使っていたと思われる古い小屋を見つけ、テントを張った。

流木で作った小屋は、ツンドラのコケを積み重ねて壁にしてある。一世紀以上前のものであろう。屋根は落ち、雪をかぶっている。壊れかかった小屋から木をひき抜き、それを燃料に犬の餌のスープを作った。

犬に食事を与え終った九時過ぎ、二時間前に太陽の沈んだ暗闇の中、水平線の上に星が輝くように灯りがともっているのが見えた。夕焼けのように空を明るく染めている。日中には何の色彩もないこの荒涼としたツンドラを、夜とともに美しくいろどっているのはプルドーベイ石油基地のライトだろう。明日はプルドーベイだ。

## 四月四日

海氷の張りつめたプルドー湾の横断にかかって私は目をみはった。海岸の至るところに、また、満潮時には水面下に沈んでしまいそうな湾内の小島にまで、鉄組みのやぐらが立ち並び、氷の上ではヘルメットをかぶった人たちが働いている。海氷にはスケートリンクのような弾丸道路が走り、巨大な雪上車が往来している。石油基地の建設作業が着々と進んでいるのだ。

このプルドーベイで掘り出された石油は、アラスカ大陸を横断して太平洋岸のバルディーズまで、約一三〇〇キロをパイプラインで送り出される。その量は一日一二〇万バーレルが予定されているという。

植物も生えない灼《や》けつくような砂漠のアラビヤが、石油の発見で姿を変えたように、この人も住めない酷寒の北極海沿岸も、石油開発で大きく変わりつつある。アラスカはゴールドラッシュからオイルショックに変わった。それと同時にエスキモーたちも変わった。ナイフとフォークを使い、飛行機にも乗る。エスキモーを、いまだにイグルーに住み生肉を食べる民族だと考えるのは、大きな間違いだ。それは日本のゲイシャ・ガールと同じ程度の認識なのだ。

**四月五日**

プルドーベイから六、七〇キロ西のオリクトックに向かう。今日は途中見つけた石油調査の車のトレースをたどった。

気温がマイナス二十度を割る日中は、とても暖かく感じられる。いよいよ春がやってきたのだ。防寒衣を脱ぎ、皮手袋一枚でも寒くない。つい一週間前まで冷たくて顔をしかめていたのがウソのようだ。午後五時、オリクトック着。

## 四月六日

今日も海岸沿いに残る車のトレースをたどった。

オリクトックから三〇キロ近く進んだコルビル川の河口で、付近一帯の石油調査をやっている石油調査会社の一団に出会った。雪上車に連結した十輌以上の橇つきのワゴン車やブルドーザー、コンプレッサーのようなバイブレーター車など、小さな部落がひとつできるほどの車があり、海氷上に南北に電燈線のようなコードを敷いて、バイブレーター車が振動波で地下の石油の探査をしている。

私はポイントバローまでのルートの様子をこの調査団の人に尋ねにいったら、ルートについては誰も知らなかったかわりに、食堂車で昼食をご馳走になった。

連結したワゴン車には調査機械一式のほかに、ベッド、食堂、シャワーとあらゆる生活用具がそろっていた。

ルートの様子は、コルビル川のデルタにあるアナチリック島に人が住んでいるというので、そこに訊きにいってみたら、ジミー・ヘンドリクスとマークの二家族が住んでいた。

マークとジミーは、春と秋には客を飛行機で狩場に運び、ムース、カリブー、ブラウンベアーなどの狩りのガイドをし、冬にはキツネ狩りのハンターをして暮らしている。彼らは、飛行場と小型飛行機三機、格納車を共有し、住む家、地下冷凍室をそれぞれ持っている。屋外にある地下冷凍室の隣には、驚いたことに温室と家畜小屋があった。夏場につかわれるガラス張りの温室には、肥えたデルタの上にキャベツ、白菜、ネギなどの野菜が青々と大きく育ってそれが凍結してそのままの姿を残している。家畜小屋にはヤギが三頭飼われていた。北極海の沿岸に野菜が育ち、家畜が飼われているなどとは、まったく思いもよらないことだった。多分、世界最北の温室であろう。ジミーの父親が二十五年前に山岳地帯の氷河などに客を案内するブッシュ・パイロットとしてやって来て住み始めた土地だという。

私はマークの家に泊めてもらい、犬にはジミーが獲ったホワイトフィッシュを与えた。

**四月七日**

九時出発。出発にあたり、ジミーは、薪になる流木がひろえないかもしれないといって、一日分の犬の食糧にホワイトフィッシュ一〇キログラムをくれた。

カクトビックを出て今日で九日目。休みなしの行動に犬は疲れがたまっている。デルタは雪が深く、橇は潜る。午後四時半、テントを張った。

**四月八日**

朝晴れていた天気が急変し、橇をスタートさせたころには地吹雪になった。吹きだまりのできた海氷に橇は難航。

今日は進路を海岸沿いの海氷から内陸へ向けた。海岸伝いに行くと、安全だがかなりの遠まわりになる。犬の状態を考えて近道を選んだのだ。

アティゴル岬から奥深い入江に入ったところで、カリブーの群を見つけた。海氷に近い陸に橇をとめ、私一人でカリブーに近づいていこうとすると、犬の奴らが後ろから私を出し抜いてはカリブーの群を追っぱらってしまう。一時間も追いかけまわしたが、一頭も仕留めることができず、ついにあきらめた。私一人で接近して射てば獲れるのに、私の制止を聞かない犬たちのお陰でカリブーを逃がしたのだ。アンナもリーダーのくせに、カリブーを見つけると少しも主人の合図に従ってくれない。

午後四時半、タサッパク湖入口の入江に設営。犬たちの餌は、低栄養のコーンミールだ。カリブーが獲れれば、私はコーンミールを作る手間が省けるし、お前たちも栄養がとれるのに。

**四月九日**

海氷から内陸のタサッパク湖に入るところで、二度にわたりカリブーの群を発見。疲れてもう歩けないというような走り方をしていた犬たちも、カリブーを発見すると、突然生き返ったように走り出す。昨日と同様、私がいくら「アイ、アイ」と合図をしても、犬はとまってくれない。

ハーシェル島のボブ・マッケンジーがくれたアンカーで止めようとしたが、うまくいかない。この丸鈎《まるかぎ》形のアンカー(長さ約五〇センチ、重さ約四キロ)はつねに橇後部のトランクの上に置いて、橇を止めるときにはすぐおろせるようにしてあるのだが、鈎が片側にしかついていないため、どうしても鈎のない側にひっくり返ったりして、今日のように急なブレーキをかけるときには少しも役立たない。しかも雪に食い込ませるためにはその上に体重を乗せなければならないから、両手はライフルをとり出すどころか、長柄にしっかりとつかまっていなければならないということになる。——こんなことをしているうちにカリブーは逃げてしまった。

一キロばかり行ったところで、またもやカリブーを見つけた。犬に感づかれないうちに、と思って橇をとめ、ライフルの望遠鏡をのぞいていたら、リーダーのアンナが私の気配からカリブーに気づき、走り出した。橇をとめようと両足をアンカーに乗せて制動をかけていたら、橇の長柄に結んであるそのロープが切れてしまった。アンカーを捨ててカリブーを必死に追ったが、見失った。二日続けての失敗に、放り出したままのアンカーを取りに戻る気持ちも重かった。

午後五時、タサッパク湖の北岸の湖氷にテントを張る。

朝は冷たい西風であったが、夕方になって太陽が翳《かげ》り出し、東風に変わった。明日からまた荒れそうな感じだ。犬の食糧は、今日虎の子のカリブーの後足を与えてしまったから、スープにする餌四日分しか残っていない。明日はたとえ天気が悪くても、この湖から北極海へ出なければならない。スープを煮てやろうと思っても、湖では薪にする流木がないのだ。

ポイントバローまで約二〇〇キロ。三、四日の行程だ。

## 四月十日

毎日つづけてきた出発前のランナーの水塗りを、ここ数日休んでいる。急に気温が上昇し、水を塗らなくても橇はよく走るようになった。今日はマイナス二十度を割って十九度。昨夜の予感があたって、東寄りの地吹雪だが、気温が高いので生温かい感じがした。

視界のきかない地吹雪の中、南西にルートをとった。風とドリフティングスノーを頼りに二時間後、湖の西岸に出ると、カリブーを数頭見つけた。しかし今日も接近と逃走の繰り返しで逃がしてしまう。

湖から北極海へ抜けようとするツンドラで、また、ガスの中にカリブーを見つけたが、あとひと息というところでこれまた失敗。昔のエスキモーたちは、犬橇に乗りながらよくカリブーが獲れたものだ。まして、私はサーコ222のライフルを射程が短いなどと不満に思っているが、昔のエスキモーは弓矢で狩りをしていたのだ。

午後四時過ぎ、北極海に出た。この辺はツンドラと海の高低がほとんど同じなので、視界がきかないと、位置の確認ができない。かろうじて流木があるので北極海だとわかった。多分スミス湾のどこかだろう。

## 四月十一日

ポイントバローに向けて出発の予定で、朝六時起床、七時テント撤収。今日は昨日とちがい雲一点ない快晴。これなら視界もよく、入りくんだスミス湾をまっすぐに横切って走ることができる。マイナス二十一度、無風。防寒衣もいらない。

橇の積荷を終え、犬をつなぎにかかったところ、犬がツンドラの方向に耳を立て、鼻を上げて何かを嗅ぎ出した。見るとツンドラの遙かかなたに黒いものが見える。三頭、カリブーだ。もし獲れれば今日は休養にしてやろうと、ライフルをかついで接近していったが、一キロと近づかないうちに逃げられる。

ふたたび出発しようとしていたとき、今度は別の方向にカリブーの群が見えた。よし、今日は出発はとりやめ、カリブー狩りだ。積み込んだ荷物を下ろし、ライフル、ナイフ、ヤスリだけを乗せた橇で、今日こそは、と意気込んで狩りに出かけた。しかし、カリブーの群は方々に見えるのだが、射程内に入らないうちに逃げてしまう。「もう少しだ、走れ、走れ」と犬を追いたてカリブーに追いつこうとするが、カリブーは右に左にカーブしながら、飛び逃げてしまう。

十二時過ぎ、一頭の収穫もなく荷物のところへ戻った。犬は、荷を積載した橇をひいたときよりも疲れがひどい。

太陽が燦々《さんさん》と照る昼間から、火を燃やして犬にスープをつくってやった。ツンドラのかなたに、さんざんなめられたカリブーの姿を見ながら、肉のないコーンスープをつくるのは、舌うちしたくなるほど口惜しかった。

**四月十二日**

モヤがたちこめ、太陽が薄く輪郭を現わしている。視界はよくないが、ドリフティングスノーで方向を定め、海岸線に沿わずに湾の中をがむしゃらに突っ切る。四時間後、一キロの狂いもなく対岸のオイルシープ岬に出た。その後、海岸に沿って西進、午後四時過ぎ、海岸に打ち上げられた流木を見つけ、行動を切り上げる。今日は約五〇キロを走り、ポイントバローまであと六、七〇キロと迫った。カクトビックを出て今日で二週間目。連日の行動の上、与える餌は栄養分の貧しいコーンスープばかりで、犬は痩せ衰えている。しかし、一昨年の十二月、グリーンランドで犬を寄せ集めてチームを作り、この長い旅に出発した当時、コツビューに達しなければせめてポイントバローまででもよいと思っていた、そのポイントバローが六〇キロ先、すぐそこにあるのだ。

**四月十三日**

電燈の明りが星のようにキラキラ輝くポイントバローに夜中の十一時三十分、やっと到着した。二つの大きな明りの集落の間のなるべく暗い所に橇を止めて、明りを見ると目が急にうるんだようになり、焦点が合わない。疲労で視力が衰えて物が二重三重に見え、すぐ近くにある家すらはっきり見えない。材木の積んである陰に犬をつなぎ、テントを張った。

家々は寝静まり、人影は見えない。箱のような家から電燈の明りがもれている。その家の前に車がある。たぶん白人の家だろう。汚れきった私のような人間がノコノコ入っていくところではない。ときたま車のライトが走り抜ける。

人に会いたい、人の顔が見たいという気持ちが湧き出してきた。それならば、エスキモーの家を捜せばよいのだが、明るいところを汚れた恰好で歩きまわり、人の見世物になるのはいやであった。興味本位に話しかけられ、カメラを向けられるのがおちである。ポイントバロー到着に夜中を選び、明りの少ない所に橇を止めたのも、それを避けるためだった。

私は残しておいたカリブーの凍肉にクジラの脂肪をつけて食べた。犬は昨夜コーンスープを食べたきりだ。しかも今日は、湿り気の多いボタ雪の新雪の中を十四時間もの間、橇をひいてくれた。夕方になり晴れ上がってからは、ポイントバローの明りを目ざしてまっすぐに走ってきた。犬は疲れながらも明りと臭いで知ってか、最後の力をふりしぼって走ってくれた。しかし、その犬をねぎらってやる餌もなく、一個残ったコーンミールでスープを作ろうにも薪さえ見つからない有様なのだ。餌にもありつけぬ犬を前に、自分だけカリブーの肉を食うのは、まったく気のひけることだ。明日、エスキモーから餌をもらってやるからな、と私は口にした肉を胃に押し込んだ。

テントに入ったら、十四時間以上の行動に疲れ果て靴を脱ぐのも面倒で、着のみ着のままで寝こんでしまった。

## 四月十四日〜四月十八日

ポイントバローに着いた翌朝、テントの外に出て驚いた。「政府所有地につき司令官の許可なく基地内に入構することを禁ず」という看板が目に入った。何の基地か確かめるゆとりもなく、あわてて、テントを撤収した。

町のはずれまで橇をひいてきたとき、家の前にクジラとカリブーの肉を積んである家を見つけた。肉を買おうとしてその家の主人と話をしているうちに、「グリーンランドから来た」と犬橇旅を説明すると、「それならうちへ来い、肉はやるよ」といってくれた。ネイト・ニヤッコといい、クジラ獲りの親方をしているエスキモーだった。

しばらくして奥さんのセディ・ニヤッコが帰ってきた。セディは私の顔をじっと見て、私に会ったことがあるといいだしたが、当方にはまったく記憶がない。聞けば、私がカクトビックを出発した日、私は知らなかったのだが、酒に酔ってよその家を壊した男の裁判が開かれることになっていた。アラスカ北部のノーススロープ地域（ポイントバローもカクトビックも含まれる）の地方裁判官であるセディ・ニヤッコがこの裁判を担当していたので、彼女はポイントバローからカクトビックに赴いて、そこで出発する私を見たのだという。私が出発に際してみんなの前でヘマをやらかしたのを見ていたといって、彼女は笑った。さらに驚いたことに、彼女は私が泊まっていたアーチェ・ブラウアーの家で、私の寝ていたベッドに寝たのだという。実は、アーチェ・ブラウアーは彼女の甥に当たるのだった。

犬にひかれて転倒したヘマを見られたのは恥ずかしかったが、前から彼女と知り合っているような親しみを覚えた。


四日間の滞在中、ニヤッコ夫婦は痩せこけた私の犬を休養させ、太らせるため、人間同様三食、カリブー、クジラ、アザラシなどを腹いっぱい食べさせてくれた。アラスカのエスキモーの中でも社会的地位の最も高い一人であるセディ・ニヤッコは、他のエスキモーの女衆と同じように縫いものの上手な人だった。出発の前には、これから気温も暖かくなりアザラシ狩りもできるようになるからといって、アザラシ獲り用に白衣を縫ってくれた。

私は、ポイントバローの町を散歩するよりも、毎夜セディからエスキモーの昔物語を聞くほうが楽しかった。

# 一万二〇〇〇キロを走り抜く

**四月十九日**

ポイントバローで五日間の休養をとり、最終目的地のコツビューへ向けて出発。乱氷が打ちあげられている海岸沿いに、風でできた雪の波を切りながら橇は進む。ノンストップで四時間あまり犬を走らせたところで休憩、テントを張ってお茶を飲む。

突然、犬たちがけたたましく吠えはじめた。テントから外をのぞいた。七〇メートルほど前方に白熊がいる！　ゆっくりとではあるが、こちらへ向けて歩いてくる。あわててテントからとび出し、ライフルをとり出して威嚇に一発射った。白熊はちょっと立ち止まったが、すぐまたこちらへ向かって歩き出す。すでにその距離は五〇メートルほどだ。犬たちはとびかかろうと激しく吠え、曳綱がピーンと張っている。続けざまに二発、三発、四発と威嚇射撃をするが、白熊はいっこうに動じる様子もなく近づいてくる。

空になったライフルに弾を込めようとするが、あわてているので弾がうまく入らない。テントの中に手袋を置き忘れていて、かじかんだ手が思うように動かない。ヒザがガタガタふるえた。白熊はどんどん近寄ってきて、犬から三メートルぐらいのところで、うろついている。私は橇の横に身を寄せて、ようやく弾を込め終ったライフルを構え、白熊に照準をあわせ、もし犬に襲いかかったら、ただちに射ち殺そうと、引金に指をかけスコープをのぞく。

リーダーのアンナは他の犬より曳綱が二メートル長いので、すでに白熊に届く距離にいる。だが、アンナは白熊を恐れて後ずさりしながら、他の犬と同じ距離をとって吠えている。白熊は犬のまわりをうろつき、いっこうに立ち去ろうとしない。子牛ほどの大きさだ。

十分間ぐらいそうしていただろう。激しく吠える犬に手を出せないとみえ、白熊は乱氷の中に去っていった。その間、私はかなりうろたえていたようだ。

やれやれひと安心と、テントに入ってお茶を飲んでいるとまた犬が激しく吠えはじめた。二十分も経っていない。また白熊がのっそり乱氷の中から現われたのだ。こんどは多少、気分的にゆとりがあり、8ミリをとり出してまわし始めた。左手にライフルを持ち、右手の8ミリで犬に吠えられている白熊を撮る。一ロールまわしたところで、こんどはカメラをとり出し大急ぎでシャッターを切った。しかし、やはりあわてていたのだろう、シャッタースピードを一〇〇〇分の一で切ったつもりだったが、あとで六十分の一で切っていたことがわかった。

だが、いくら犬が吠えても白熊は立ち去らない。これは危ない、よほど空腹なのだ。

昨年の九月、カナダで会った白熊は発砲するとあわてて逃げた。犬があとを追うと、白熊は懸命に逃げたものだ。だがこの白熊はいくら犬に吠えられても逃げようとしない。そのうち数頭の犬が、白熊がまだうろついているにもかかわらず、吠えるのに疲れてノンビリし出した。危ないと思って、今度は白熊の頭付近をめがけて、五発続けて射った。ようやく白熊は後退しはじめ、乱氷の中に消えた。

約二十分の緊迫した時間だった。

またやってこられると厄介なので、大急ぎでテントを畳んで出発した。

太陽が水平線に沈まないうちに橇をとめ、テントを張り、まわりを犬でかため、ライフルをテントの中に持ち込み、側に置いて寝た。白熊がやってきたのは、橇に積んでおいたアザラシがお目当てなのだ。夏場に獲ったアザラシの脂肪が溶け、強い臭気を発する。白熊はアザラシを常食としているので、この匂いをかいで風下からやってきたのだ。

**四月二十五日**

ポイントバロー出発後、五日かかって、まずは無事にポイントレイに着いた。

今日は犬の休養日と決め、ポイントレイの村から三キロほど離れた米軍のレーダー基地にこれから通過する予定のケープリスボンの氷の状態を尋ねにいく。基地の所長はケープリスボンにある米軍基地に連絡をとり、氷の状態を問い合わせてくれた。

槍のように突き出た岬の先端にあるケープリスボンは、急な岩礁をなし、強い風と海流のため氷が薄く、春先になると風で氷が沖に流され、海水面が現われるということを、ポイントレイのエスキモー、ワーレン・ニヤッコから聞いたのだ。もしケープリスボンが凍っていなければ、山越えしてポイントホープに入らなければならない。

米軍基地の情報によると、岬の海水は凍っているが、先端の近くにクラックが走り、海水が出ているという。場合によっては通れるかもしれないが、春を迎えた薄い氷は危険である。いちおう山越えの覚悟をする。山越えは、岬の手前から左に折れ七〇〇メートルほど登り、ポイントホープの近くに下る谷沿いのルートだ。果たしてうまくゆくかどうかわからないが、いずれにしても終点コツビューを前にしての大きな、しかし最後の難関だろう。

基地で久しぶりにシャワーを使わせてもらい、昼食をご馳走になる。夕食はニヤッコの家で食べる。メニューは昨年獲った生のクジラの皮《マッタ》であった。犬にはニヤッコの妻、デッカが生肉の残りを煮て食べさせてくれた。犬が煮たのを食べ、われわれが生肉を食う。あべこべだ。これからポイントホープまでの約六日間の食糧は、ニヤッコのくれたアザラシ二頭と、カリブーの肉、一三〇キロ、約八日分ある。

## 四月二十八日

ポイントレイの村を出発してこの二日間、私の橇は一日平均約六〇キロ、比較的順調に走った。今朝は昨日からの強い南風が止まず、地吹雪がひどいのでいったん停滞と決めた。だが、テントの中にじっとしていると、コツビューを前にして私はいてもたってもいられぬような気持ちになり、九時半、強風をついて出発した。

山から吹きおろす強い風は、海岸近くの氷の上の雪をとばし、青氷が現われている。その上を進むが、風で橇が横にすべる。強風のときは海岸の氷が沖に押し出されるので、なるべく沿岸を通るように、エスキモーからアドバイスされていたのを想い出す。だが沿岸は氷のガレキがいっぱいで通れない。海岸を離れて走っていると、いまにも氷が割れそうだ。気温マイナス八度と生温かく、地吹雪もそれほど冷たく感じない。

午後六時過ぎケープリスボンが見えた。夕方になって少し視界がきくようになったので、吹雪越しによく見ると、雲が海の上を覆っている、多分海氷が開いているのだろう。犬橇では通れそうもない。私は山越えをすることに決め、アルガトック湖の沿岸にテントを張った。

## 四月二十九日

朝、梱包しているとき麻袋がひとつなくなっているのに気がついた。昨日、強風の中で、テントをかぶって休んでいたとき、吹きとばされたか、置き忘れたかしたのだろう。中には白熊の靴、カリブーの手袋などが入っていた。ひき返すこともできず諦めた。昨日は気がつかなかった。長旅も終りに近づき、自分では緊張しているつもりでも、やはり思考力と注意力がおとろえていることを思い知った。

海氷を背にして、リスボン山脈から下っているアルガトック谷に取り付いた。傾斜は緩く、昨日の風で雪がしまっているので、犬は疲れているのにもかかわらず、順調に登っていく。二〇〇メートルほど登って台地に出た。目の前に黒々としたリスボンの峰が連なる。どこに橇の越えられるルートがあるのか、五十万分の一の地図ではハッキリつかめない。かつて山越えしたことのあるニヤッコが言っていた乗《のっ》越《こ》す目印の山や峠にあたるものはいくらでもある。結局、地図にたよって、ナサック峰とハムレット峰の鞍部を越えることにするが、その二峰が、どれにあたるのかわからない。私は方向探知機をとり出し、リスボン岬の方角をキャッチし、地図の方向を定め、それらしき鞍部をめがけて登った。遠くから見ると緩やかな雪の谷であったが、入ってみると三十度以上の傾斜があった。私は橇を押し一時間ほど苦戦して鞍部に達した。ところが向こう側を見るとさらに分水嶺が走り、そこに広い大きな谷が入っている。間違えて山越えをしていたのだ。

こんどは、その大きな谷をめがけて下り、鞍部を登りつめ、まちがいなく強風で地肌の出た峠に一時間半かけて達した。途中何度もカリブーの群を見かけた。

峠からアカラリック川上流の深い谷を下る。しばらくすると広い河原に出た。気温は零度に上昇、河原の雪は溶け、ネコヤナギの芽が出かかっている。軟かい残雪に橇を走らせていると、ひっきりなしに行手をマスクラットが横切る。犬は追いかけかみつき、十頭で奪いあいする。雷鳥がグーグー喉をならして行き交う。六羽ばかり射ちとる。

峠に出るまでは、無事に山越えできるかどうかで緊張し、犬も満足に休ませなかったが、河原に出れば、もうルートを見失うこともない。私はのんびりした気分になって、8ミリをとり出し回しはじめ、逃げ去るカリブーの群や雷鳥やマスクラットを撮りながら、これから行くコツビュー付近の海氷の状態を想った。ここよりさらに南のコツビューでは、海氷が溶けているのではないか、それが心配だ。

途中で二組のエスキモーの夫婦に会った。二台のスノースクーターに乗り、ポイントホープからカリブー狩りにやってきたという。テルモス（魔法瓶）から温かいコーヒーを出し、クジラの肉と一緒にご馳走してくれた。グリーンランドから来た、というと目を丸くして驚いていた。これから先の状況を訊ねてみると、ポイントホープでは氷が割れてクジラ獲りが始まっている、コツビューまでの氷の状態はわからないということだった。

夜九時過ぎ、乱氷のある海岸に出る。ポイントホープまであと約三〇キロだが、今日はここでテントを張る。

**四月三十日**

午後一時に出発して、四時半にポイントホープに着いた。生暖かい南の風が吹き、天気は雨、気温は正午にはプラス四度にも上昇した。ポイントバローを出発したときマイナス十五度だったのが、十日ほどの間に十九度も上がった。このぶんだとコツビューに着く前に氷が溶けてしまうのではないか。心配になってエスキモーにコツビューの氷の状態を訊きに出かけたが、大丈夫だとのことで安心する。

この村はどことなく冷たい感じがする。犬を休養させるため滞在する予定だったが、変更して明日出発することに決めた。しかし、村のはずれにテントを張ったところ、一人のエスキモーに呼びとめられ、クジラの皮《マッタ》をご馳走になった。また、犬の餌にカリブー一頭ももらった。冷たい感じがすると思ったのは、私の甘えからくる間違いだったようだ。

**五月一日、二日**

ここポイントホープでは、すでに四月上旬からクジラ獲りが始まっていた。突き出した岬の先端にあるこの村には、村中いたるところにクジラの骨が転がり、丸太ほどのあばら骨があちこち立ててある。村の人はほとんどがクジラ獲りに出かけ、残っているのは老人と子供だけだ。休養せずに出発する予定だったが、人のいない村では旅に必要な物資も調達できず、やむなく数日滞在することにした。

ボンヤリしていてもしようがないので、橇に乗せてもらい狩場に出かける。村から五キロほど離れた岬のあたりは、乱氷帯の外側に黒々とした海水面が開いていた。ここが狩場である。沿岸にテントを張り、ヒゲアザラシの皮で作ったボート（ウミアック）を浮かべクジラ獲りをするのだ。

ポイントホープには十三のクジラ組があり、一組はだいたい十三名ほどで構成され、それぞれの組ごとにウミアックを持っている。

南から北へのぼってくるクジラを見つけるため、二十四時間、交替で見張っている。女子衆はテントに入り流木や鯨油を燃料にして、お茶をわかし食事を用意する。背たけ以上もある大きな乱氷群の間に、いたるところにテントが張られ、モクモクと煙が上っている。

私が訪れた組は、親子、兄弟、孫など一族十三名で構成されていた。行くとすぐに親方がセイウチの肉とマッタを食べさせてくれた。親方は、昨日クジラに銛を射ち込んだが逃げられてしまったと語り、新しい銛を二梃用意しているところだった。海水の側に橇を止め、その上にアザラシ、カリブーなどの毛皮を敷き、のんびり寝ているものもいる。橇の前には、いつでも射てるように、ライフル、ショットガンなどが十梃ほど並べてあった。沖合に目をやると、大きな乱氷でできた島が、潮流に運ばれ流されてゆく。クジラはベーリング海峡から氷が溶けた北極海へのぼってくるのだ。

みんなで話をしていると、近くで、ダーンとダイナマイトの発破をかけたようなものすごい音がした。耳を澄ませると、こんどは機関車の汽笛に似たピーッという音が聞こえる。

親方はすぐ立ちあがって、氷のへりで寝ていた若者たちを起こした。そしてウミアックに赤い浮袋を積み込んで漕ぎ出した。八人一組、他の五人はカリブーの毛皮をかぶって寝ている。親方は艫《とも》に座って櫂《かい》で舵をとっている。すでに他のウミアックも流氷の近くに待機し、海中から踊りあがってくるクジラを待ちうけている。

ここまで橇に乗せて連れてきてくれたエスキモー協同組合店のマネージャー、チャーリーが、海岸に立ってライフルのスコープをのぞきこみ、この光景を見ている。

私はウミアックが漕ぎ出す海岸に立って、クジラが浮上してくるときの呼吸音を聞いていた。さっきの発破のような音はクジラが浮かびあがる音で、機関車の汽笛のような音はクジラが海上に出て呼吸している音だったのだ。いたるところでクジラの呼吸音を聞く。おそらく五キロ離れているだろうか、そのクジラの声も聞こえてくる。

すぐ近くにドドーンという音と共にクジラが浮上した。一隻のウミアックがまっしぐらに突進して、黒いクジラの背に銛をたたき込んだ。銛の中には火薬が入っており、射ち込んだあと爆発するようになっている。すぐ、ゴーンという鈍いこもった大きな音が聞こえる。黒い巨体がウミアックを転覆させんばかりの波をたてての たうちまわる音だ。他のウミアックが次々と漕ぎよせて銛を射ち込み、やがてクジラは大きな音と共に動かなくなった。

射ちとめられたクジラは十三隻のウミアックで運ばれ、乱氷群の沿岸にクジラを待つ男衆、女衆、子供たちが三、四十人、群がり集まる。あちこちのテントから歓声があがった。今年に入って獲れた二頭目のクジラにみんな喜んでいるのだ。

氷の沿岸に曳き寄せられたクジラは、まず二つにわかれた尾が切りとられた。これは最初に銛を射ち込んだものがとる。尾だけがスノースクーターで、最初に銛を射ち込んだ組の親方の家に運ばれた。クジラの陸揚げ作業が始まった。氷に穴が掘られ、滑車が二つ固定される。各組から、先に平たいナイフのような刃をつけた、ナギナタ状の刃物をかついだエスキモーたちが集まる。クジラを仕留めた組の親方のテントでは、女子衆がドラム罐を改造したストーブに火をたき、海に浮かぶクジラの皮を一片切りとり、煮込み始める。クジラの尾に綱を結び、滑車に通す。こうして引き揚げの準備が完了すると、女子衆は集まった人たちに、ドーナッツと煮込んだマッタをふるまう。外来者であった私もお相伴《しょうばん》にあずかった。食べ終ると六、七十人の男たちは子供を含めて、みんないっせいに綱にとりつき引っ張り始めた。

各組の親方は、カリブーの毛皮を敷いた長椅子に座り、その作業を見ている。

クジラは氷の上に揚げられた。その長さは約一二メートル、胴は人間の背たけより高い。頭ばかりでかくて胴が短い。口がむやみに大きい。歯がないボーヘッドクジラだ。ここのエスキモーは、ボーヘッドクジラをガジャロワ、白い小型のクジラをバルガと呼んでいた。グリーンランドでは、小型のクジラはすべてガジャロワと呼んでいた。ブラシのようなヒレが、口の中にある。これはオキアミを常食としているこのクジラの歯の代わりである。重量は一〇〇トン以上あるようだ。これでも、エスキモーたちが言うにはまだ小さい方だという。

午後四時過ぎに銛を射ち込まれたクジラは、夜十時をまわったころ陸揚げされ、朝までかかって解体された。解体されたクジラは十三に分けられ、それぞれの組が持ち帰る。

翌日も六頭のクジラが射ちとめられた。結局、私が三日間ポイントホープに滞在している間に、八頭のクジラが揚がった。昨年は全部で七頭しか獲れなかったのに、今年はすでに昨年を上まわる八頭も揚がったというので、エスキモーはみなニコニコ顔で、夜も眠れぬ忙しさだ。ポイントバローやコツビュー、キバリナなどからも若者がくじら獲りの応援に来ていた。

クジラ獲りのシーズンは、四月と五月の二カ月間だけ。わずかな機会にこの珍しい漁を見物できたのは幸いだった。

村に帰ると六十歳を過ぎた老女が犬に餌をやっている。じっと見ていたら、お茶を飲みに来ないかと、家に迎え入れてくれた。ビスケットを齧《かじ》りお茶を飲みながら旅の話をしていると、私の独り旅にひどく感心し、これから先、氷が溶けかかると犬が足を痛めるだろうと、ぼろ布を出して、犬の足袋を四十足縫ってくれた。私がお礼にタバコを二ケースさし出すと、クジラをもっていきなさい、と獲りたてのクジラの皮と肉をくれた。オムニックという名の、親切なおばあさんだった。

## 五月三日、四日

昨日からポイントホープのエスキモー、ビーリのアドバイスに従って、日中の行動を夜に切りかえた。雪が軟らかい日中は休んで、雪の堅くなる夜走るのだ。

夜九時出発。コースは海岸沿いにケープトンプソンまで約六五キロ、ポイントホープのウィーン航空で働くニックは、海氷が薄くかつ乱氷で、強い南風が吹く岬を回るよりも、辛いだろうが山越えをした方がいいとすすめてくれた。他の人も同意見だった。その忠告を受け入れて山越えにかかったのだが、雪がほとんど見当たらない。雪どころか山麓のツンドラには青い草が芽を出しかけていた。

やむを得ず危険な岬の海氷に橇を入れた。気温は夜になってもプラス二度と暖かい。水びたしの乱氷の間を走らせると、水は橇の床の上まで届く深さで、ときどき犬の足がたたなくなる。

それでも水は淡水だから、海に落ち込む危険はない。これは昨年の今ごろ、ケンブリッジベイに入るあたりの旅で経験ずみだ。

乱氷にひっかけた犬の曳綱を外すため、氷の上におりると膝まで水につかる。四日朝八時、やっと岬を回り込んで、山から下っている谷あいに出た。太陽が昇り始めて気温はさらに上がり、疲れきった犬は途中獲った雷鳥の肉を与えても食べようともしない。

**五月五日**

午前二時出発。

軟らかい雪に犬の足はもぐり、曳綱をひっきりなしに乱氷にひっかけるので、グリーンランド・スタイルの扇状のつなぎ方を、カナダや西部アラスカでやっているスタイルの二列縦隊にかえてみる。走っている間は、あまり足がもぐらず順調だが、一頭が大小便にたちどまったり、他の犬とケンカを始めるとたちまち曳綱がもつれてしまうので、またもとの扇状に戻した。つなぎ直している間に、二頭の犬が逃げ出し、一頭は戻ってきたが、一頭（タクトヤクトックの犬）はとうとう戻って来なかった。

十四時間走って夕方六時、キバリナの村に入った。一日十四時間走ったのはグリーンランド以来初めてだ。

「コングラチュレーション、ドッグ・スレッジ、サクセス」（犬橇の成功おめでとう）

スノースクーターに乗ったエスキモーの若者が握手を求める。私がグリーンランドから来たことを新聞で知っているのだ。

「一人で犬橇でアラスカまで走って幾ら貰える?」という質問には驚いた。そういえば、アンカレッジ—ノーム間では毎年犬橇レースがあり、賞金が三〇〇〇ドルとか一万ドルとか聞いたことがある。グリーンランドでは犬橇が狩猟をはじめとする生活の足であるのに対し、スノースクーターの普及しているカナダ、アラスカではスポーツと考えられているのだ。

犬もカナダで買った犬は体格はいいが、橇の経験がないためひくことを嫌がる。生まれながらに労働犬として鍛えられるグリーンランド産とは、おなじハスキー犬でも天地の開きがあった。

エスキモーのローレンス・セイジュ夫婦の家に泊めてもらう。コツビューまで一〇〇~一二〇キロ、この先にはもう村がない。水びたしの氷上を走るのは辛いが、もう生命の危険はないのだ。途中逃げ出した犬は、とうとう戻って来なかった。

それればかりか橇に積んでいたシュラフも落としているのに気づいた。余りの寒さに二枚のシュラフを重ねて使っていたのだが、内側は一九六九年秋、日本エベレスト登山隊が偵察のときに使ったもの、外側のは一九七一年エベレスト国際隊に参加したとき支給されたアメリカ製、どっちも汚れてはいたが安心して使える温かいシュラフだった。探しに戻ろうにも、水びたしの海氷の上で来たルートをたどりなおすのは不可能であり、あきらめることにしたが、二日前にも白熊の靴を落としており、注意力が散漫になっている。

疲れきって鼾《いびき》をかいている犬の足の裏をみると、昨年夏のようにとがった氷で切ってはいないが、今にも破れそうに腫《は》れている。明日からは足袋を履かせよう。

**五月六日**

ポイントホープのオムニック婆さんの作ってくれた犬の足袋を九頭の犬の前足だけに履かせる。正午に出発。昨日までとちがって乱氷のない平坦な海氷を橇は快調に進んだが、溶け残って針のようになった氷に、足袋を履かせていても大半の犬が足の裏を切ってしまった。

夜十時、クルセスターン岬でテントを張る。コツビューまであと五〇キロ、強行すれば一日でも到達できる距離だ。アラスカはおろか、カナダにすら着けるかどうか疑問だった旅の前半を思えば夢のようだ。

シュラフの代わりに毛布をかぶって寝ると少し寒いが、眠れないのは寒さのためではなく、興奮しているせいだろう。

**五月七日**

午前十時出発。午後六時、クルセスターン岬の突端・シェシャリックの陸地に、この旅最後のテントを張った。クジラの白骨が砂浜に転がっていた。

コッツビューまであと一五キロ、今日中に入ろうと思えば入れたのだが、水平線上にうっすらとコッツビューの灯りを見た途端、この灯りを一晩しみじみとテントの中から見たいと思ったのだ。

一年半、一万二〇〇〇キロにおよぶ一人旅がいま終ろうとしている。太陽が沈み、白夜の薄明りの中で、コッツビューの灯が輝きだした。この光景を、橇の上で、テントの中で何度心に描いたことか。それがいま紛れもない現実として私の前にある。しかし、それでもこの光景を確かな現実として受けとめられない部分が頭のどこかにあって、私は頰をつねってみた。凍傷のあとが鈍く痛んだ。私はいくぶん感傷的になりながら、長かった一人旅を思い出してみた。さまざまなシーンが、前後の脈絡もなく、次から次へと脳裡にうかんでは消えた。

旅は、猛烈なアルバイトを強いられた内陸氷床越えから始まった。まだ順化していない私の体に、マイナス三十度を越す寒さが骨の髄までこたえた。エスキモー部落から六〇キロ以上も離れた氷原のただ中で、犬たちに逃げられ、茫然自失した。あのとき、もしアンナが五頭の犬を連れて戻ってきてくれなかったら、果たして私は生きて還れただろうか。海上の新氷が割れて橇を海中に落としたときも、私は危機一髪のところにいたのだ。

何度私はこの旅を中断しようと思ったことだろう。そのたびに、もう一日だけ、もう一日だけ前進してみようと自分にいいきかせた。一日、一日をなんとか乗り切るのが精一杯だった。もうこんなことは、二度とやりたくない、と思いつづけた。私も犬も、ぼろ布のように疲れ果てて、エスキモーの部落から部落へとたどり着いた。

エスキモーは、消耗しきった私に、熱い肉入りスープを、犬たちには新鮮なアザラシを腹いっぱい食べさせてくれた。そして何よりも、私を自分たちの仲間として迎えてくれ、極地の旅の恐ろしさを知らぬ私に、ここで生き抜くための知恵と技術を親切に教えてくれた。人なつこく、お人好しで、そのくせ独特のプライドをもったエスキモーたちの顔が一人一人うかんできた。その顔は、みな陽気に笑っていた。笑いながら、私がとうとうアラスカのゴールにまでたどり着いたことを祝福してくれているかのようだった。

そして、橇をひいてくれた犬たち。私はテントから出て、長い長い旅の最後の餌を犬たちに与えた。もうムチで叩いたりはしないよ、ありがとう、ほんとうに疲れたろう。おまえたちの仲間を、途中で何頭か死なせ、置き去りにしてきてしまったが、おかげで私は生きてゴールにたどり着いた。そのときどきは自分の身を守ることで必死だったため、心にとめておけなかった一頭一頭の犬たちの姿が不思議にありありとよみがえってきた。

私はふたたびテントの中に戻り、石油コンロでお湯をわかし、一杯の紅茶をいれた。ビスケットをかじり、お茶をすすった。この石油コンロともずいぶん長いつき合いだった。最後のひとっ走りの前に、少し眠っておこう。

## 五月八日　曇のち晴れ

砂浜に張ったテントをたたみ、橇に積んで最後の紐をかけた。

ムチを手に持つと犬たちはすぐに立ちあがり、私の後についてきた。足の痛みと疲れで、ここ数日、朝になっても起き上がろうとしなかった犬たちなのに、旅の終りが近いことを本能で知ったのだろう。一頭一頭にオムニック婆さんの縫ってくれた足袋を履かせた。今日のためにとっておいたわけではないのだが、ちょうど九足残っていた。

「ヤー」と声をかけると九頭は勢いよく走りだした。積荷は装備だけで、空身同様の橇は、まるでスケートのように走る。昨日までは時速一〇キロがやっとだったのに、今日は一五キロ以上は出ているだろう。昨日までびっこをひいていたタクトヤクトックの犬までが、翔《と》ぶように走る。私は犬たちに向かって橇の上からわれ知らず叫んだ。「オーイ、もうすぐそこだぞ、急がなくていいんだ、ゆっくり、ゆっくり走れ。明日からは、もう走らなくていいんだぞ、いつまでも休めるんだ。ホーレ、ホーレ、町だ、コツビューの町だ。やっと着いたんだ、ゴールまで来たんだ。ゆっくり、ゆっくり走れ」

アンナがちらりとふりむいたが、他の犬たちは耳をピクリと動かしただけで、気が狂ったように疾駆した。

コツビューのタワーが見える。体育館のような大きな建物が見える。石油タンクが見える。家々の煙は、風のない空にまっすぐにたちのぼっている。家の前に人が見える。その人影がこっちに向かって駆けてくる。

午後十二時四十分、私と九頭の犬はコツビューの海岸に到着した。集まっていた人びとは、口々に「おめでとう」「コングラチュレーション」と叫び、手を差し出してくれた。私は、一人一人の手を強く握り返した。それから私はうずくまっているアンナを抱きかかえた。「終ったよ、おまえには、もう長い長い休暇があるだけだよ」

——しかし、私は？　私にはそんなに長い休暇があるだろうか。たぶんそうはいかないことを、私はぼんやりと予感した。私にとって、終りはまた始まりなのだ。

# あとがき

コツビュー到着と同時に九頭の犬は四頭をのぞき、それぞれエスキモーに引きとられていった。私としては、私を無事にコツビューまで運んでくれた犬たちに対して感謝の気持ちでいっぱいであり、ともに苦行に耐えた犬たちとわかれるのはつらかった。私の家族となった犬たちをそばに置いて、旅が終った後も旅の気持ちを憶いかえしたいという私のエゴイズムから、日本は極地犬にとって決して安住の地ではないとわかっていながら、出発から到着まで全コースを完走したアンナと、親身になって私の世話をしてくれたシオラパルクのイヌートソア老夫婦から譲りうけたイヌートソア兄弟、カナダから加わったイグルーの四頭を日本に連れかえった。

帰国後、比較的気温の低い北海道旭川の旭山動物園にアンナとイヌートソア二号を、帯広の動物園にはイグルーとイヌートソア一号を引きとってもらった。八月四日、そのアンナがイヌートソア（一号）との間に四頭の仔犬を生んだ。私の孫が生まれたような心境である。

私がこの旅を思いたったのは、一九七二年から七三年にかけて一年間グリーンランド最北のポーラー・エスキモーと生活し、極地の生活技術、犬橇、狩猟の技術を学び、グリーンランド北西海岸三〇〇〇キロの犬橇旅行を単独で終えて帰国した後であった。南極を犬橇で走りたいということから、極地の生活と犬橇の技術を学ぶためにポーラー・エスキモーの中に入っていったのであったが、三〇〇〇キロの旅をやった後、南極にはとてもまだ技術的に未熟であると考え、グリーンランドの犬橇による一周を思いついた。グリーンランド南部の冬季氷結しない海域については、北極圏あたりで内陸氷床を横断することによって迂回するというものであった。北極点を犬橇で横断したイギリス隊の隊長ウォーリー・ハーバードがポーラー・エスキモーのムービー・フィルムを撮りにきていて、彼もグリーンランドの北半分を犬橇で、南半分をボートで一周したいなどといっていた。アメリカ空軍、イギリス海軍のサポートを受け、北極点を一年もかけて横断した彼に対抗しようとして、極地の技術の未熟な私はとても彼には及ばないと思った反面、誰もやっていないグリーンランド一周はやりがいがあることだと思った。ポーラー・エスキモーとの生活が終った後、帰国する前、コペンハーゲンで資料集めにグリーンランド省、グリーンランド航空などを調べまわった。その結果、犬橇旅が狩猟にたよらざるを得ないにもかかわらず、北東岸が国立公園に指定されるというので、いっさいの狩猟が禁止となることを知って、一周計画は断念した。これにかわって、カナダのエルズミア島近くまで橇でエスキモーとセイウチ狩りに出たとき、あるいはモリサックに住む老エスキモーのカービヤソアから、一九二一年から二四年にかけ、彼がデンマークの遠征隊のクヌッド・ラスムッセンの案内役としてカナダからアラスカまでを犬橇で走った当時の話を聞いたとき、「俺もこのグリーンランドからアラスカまでの旅をやってみたい」と夢みたことがあったが、この夢がふくらんでいった。

グリーンランド北西海岸の三〇〇〇キロを単独でやることができたのだから、アラスカまでだってできないことはない。同じやるからには、犬橇の可能な西海岸の氷結の南限から始め、犬橇でエスキモー部落を渡り、アラスカのベーリング海峡までの一万二〇〇〇キロを完成させよう。そして極地に住むエスキモーにもできるだけ接してこようと思った。

三年計画を立てた。が、結果は二冬をかけて一年半で終った。

旅が無事に終った現在、さあ次の南極をやろうという気持ちよりも、北極海沿岸を半周できたのだから、これをさらに、ベーリング海峡をわたってシベリヤの北極海沿岸をヨーロッパまで抜けて北極海一周を完成させたいという気持ちが強く浮かび上がってきている。

グリーンランド沿岸に点在する氷山、海氷、また北極海に氷山のようなブルーの色で浮いている多年氷、一メートル以上もある厚い氷がテトラポッドのように乱立する乱氷帯、そしてマイナス四十度を越す寒さの中でも氷の張らない海水域があったが、それぞれ、興味の対象になってきている。また、北極海沿岸に住む同じエスキモーでも、グリーンランド、カナダ、アラスカでは文化が大きく違う。グリーンランドの中でも、北と南では言葉についても熊本弁と東北弁以上に違っているようであった。これらの北極海沿岸の自然、人、動物に対して、半周を終えた現在、いっそう強い興味を持つのである。

この他にも、北極点の単独犬橇往復などの夢を持っているが、どこまで自分の意志をのばしてゆけるか全くわからない。

これらの夢のすべてが自分の気持ちをかりたて、私の心の中に強く胎動しているのである。そういう夢の一つだけでも、自分のやれる範囲で二年以内ぐらいになんとか実現したい。それは、科学者のように、人のために貢献しようという気持ちなどではない。極地犬を日本に連れかえったのと同じように、ただ自分の気持ちを満足させたいためのものである。いいかえるなら、それはだれしもがもつ冒険心であり、あえていえば、人それぞれが生きるうえで、それぞれに合った型で試みている冒険と同じだと思う。

最後に、この旅を完成するためにお世話になった方々に心からお礼を申し上げます。

# 解説　植村さんの時代と北極圏

山崎哲秀

近年、地球温暖により北極海の海氷が失われつつあるという。それに伴って、船舶の航行の可能性が高まり、北極海航路が注目を浴びている。と同時にまた、北極海海底に以前から確認されていた地下資源（油田や天然ガスなど）の開発がさらに進むのではないかと、政治的、経済的な側面からも北極熱は高まる一方だ。その熱だけでも、北極の氷が溶けてしまうのではないかと思ってしまう。我が国においても取り沙汰されている尖閣諸島のように、領土権、領海権問題をもはらんでいるのが現在の北極海だ。

大航海時代、北極海域の資源については欧米諸国により、鯨が乱獲された時代があったが（生活用の燃料となる油だけを取り、肉はすべて捨てられていたという）、同時に一五〇〇〜一八〇〇年代はイギリスやオランダといった国々が中心になって、北極海航路開拓が試みられた時代でもあった。北東航路（ロシア沿岸）、北西航路（カナダからアラスカ沿岸）である。ヨーロッパからアジアへの近道、貿易航路が探し求められていたわけであるが、まだ空白地帯だったその頃の北極海の地図を埋めていくように、多くの国が航路探査に挑んでいった。国の予算で未知の北極探検が出来るとは、なんとも羨ましい時代でもあり、私もそんな時代に生まれて極地を志したかったと思ってしまう。

北極開拓時代のなかで犠牲はつきものだった。当時では解明されていなかった壊血病（一九〇〇年代になり、ようやくビタミンC不足が引き起こす病気と突き止められた）が、探検家たちの体を蝕み、また分厚く海を覆った氷に行く手を阻まれて、探検の要であった船舶を寄せつけず遭難に追い込まれていった。やがて最初に注目された北東航路航行は断念され、現実的な航路には至らなかった。一五〇〇～一六〇〇年代まで続いた北東航路開拓が放棄されたのち、一八〇〇年代に入ると北極海航路開拓熱が再び湧き上がった。この時注目されたのが北西航路であるが、そのなかで北極探検史上最大の遭難、として語り継がれているのが、一八四五～一八五〇年のイギリス・フランクリン隊一三〇人全員の遭難死であった。

この遭難については植村直己さんも、「フランクリンはなぜ近くにいたエスキモーに助けを求めなかったか（本文引用）」と本書でふれているが、これにはエスキモー民族をリスペクトし、犬ぞりを操る私もまったく共通した想いを抱いている。さらに踏み込んで言わせてもらえば、「フランクリン隊はエスキモー民族を人間とは思っていなかった」。

彼らのその誤ったプライドが、私にはフランクリン隊遭難の謎の解決の糸口に思える。植村さんが抱いているこの感情は、実際にエスキモー民族と生活を共にし、彼らの極地で生き延びていく生命力を目の当たりにしてこそ生まれる共感だと思う。

こうして長年にわたってフランクリン隊の捜索が行なわれたが、その結果としてカナダ北極・北東部域の地図の空白地帯が埋められていくことになった。

やがて「犬ぞり」が極地探検で幅広く利用される時代がやってくる。北極点に人類で初めて到達したピアリー隊は、ふんだんにエスキモー民族のサポートを受け、犬ぞりという移動手段を積極的に取り入れた。画期的な極地での活動による北極点到達であった。北極の探検時代は、ピアリーの極点到達以降、冒険時代に突入したと個人的には思う。

さて、私が高校生時代に影響を受けた植村直己さんであるが、彼もまた一九七〇年代に「エスキモー民族の犬ぞり」というスタイルを極地での活動手段に取り入れ、北極冒険に挑んでいった。グリーンランド北西部地域のシオラパルク村で一年近くの越冬生活を経て、犬ぞり技術、生活技術を学んだのである（『極北に駆ける』参照）。植村さんが犬ぞり技術を習得したこの地域は、エスキモー民族文化が時代とともにどんどん失われていくアラスカやカナダの北極圏とは違って、四十年以上を経た現在においても、根強く犬ぞり文化が残されている。そうした犬ぞり技術習得後、植村さんの最初の本格的な北極冒険が本書『北極圏一万二〇〇〇キロ』で、まさに先に述べた北西航路にあたる大部分の同じルートを犬ぞりで旅するのである。

一万二〇〇〇キロにおよぶルート上の核心部は、グリーンランド最奥のシオラパルク村からカナダ北極圏グレイスフィヨルド、リゾリュート、そしてケンブリッジベイに至る三三〇〇キロの道程だ。これは大航海時代の核心部ともいえる。当時の船舶では、ランカスター海峡からリゾリュート周辺を航行し、そしてケンブリッジベイへ至る分厚い海氷を容易には突破できなかった。なかでも犬ぞり旅の核心部は、グリーンランドからカナダ・エルズミア島を隔てるスミス海峡横断だと思う。スミス海峡は、学術的にはノースウォーターといい、海流が早すぎて冬でも海が結氷しないことで知られている。そんな海峡をエスキモーの人たちは、誰に教わったわけでもなく自然の節理を知っていて、満月と新月前後の潮汐《ちょうせき》が大きい時期は避け、潮の流れが比較的に落ち着くころ凍る新氷を見極めて先祖代々通行してきた。犬ぞりのエキスパートである彼らでさえ相当な熟練が必要で、いつ流出するかもしれない薄氷を渡るのだから、命がけであることは言うまでもない。それを植村さんは、犬ぞりを始めてまだ間もない段階で誰の助けもなく渡ってしまった。

南極点単独行を実現するための、犬ぞり技術の向上と極地の自然への順応という目標をもって行なったこの北極圏一万二〇〇〇キロの旅は、のちに植村さんが達成した北極点単独行、グリーンランド縦断単独行、そして計画中だった南極点単独行以上にハイレベルな冒険であると言えるだろう。植村さんがこの旅で実践したスタイルは、「究極の冒険」といっても過言ではない。それは、私も同じくエスキモー・スタイルの犬ぞりを駆使して北極で活動しているからこそ、より実感できることかもしれない。今後、グリーンランドからアラスカに至る犬ぞり一万二〇〇〇キロの旅を、単独で、しかもたった二シーズンで達成させる冒険家はいないであろう。

ただ率直に言わせていただくと、この旅は、必ずしも緻密な準備のもとに行なわれたものではないような気がする。まだこのころは若さの勢いで、なりふり構わず突き進めた時代だったのではないだろうか。だからこそ究極の冒険であり、この著書を読んでいると、植村さんが放つ独特な冒険の世界に惹き込まれ、あとには自分も同じ旅を達成した気分になれるのかもしれない。

どこが究極の冒険なのであろうか——。まず四十年前と現在では貨幣価値が違っているといっても、植村さんが立てた予算は、二シーズンで六〇〇〇万円という「格安」なものであった。北極圏における犬ぞりの遠征には莫大な費用がかかることを知っている私は、それがまず最初にくる脅威であった。また現在のようにＧＰＳや衛星電話などといった通信機器は普及しておらず、簡単に位置を確認する術もなく、救援を呼ぶことすらできない時代に、地図だけを頼りに全行程を走破してしまったのだ。しかもたった一人で。予算を節約せざるを得ないため、明日食べる自分の食糧さえもままならず、餌不足で餓死していく犬も続出した。なお、旅行中に犬が倒れていく要因のほとんどは、餌が完全に不足していたことと、シーズン最初の犬をいきなり走らせたことにあったと思う。

いずれにしろ、自分の命をどんどん追いつめながらも、一つひとつの課題をクリアしていく植村直己さんは、いったいどんな強靭な精神の持ち主だったのだろう。極限の生死のなかで、決してあきらめることなく、粘り強く対処できる人だったに違いない。残念ながら直接、お会いする機会はなかったのだが、一度はお話を聞いてみたかった。

四十年を経て随分と北極の環境が移り変わってしまい、北極海氷上での活動は以前より困難になってきている。スミス海峡は、温暖化の影響から近年は薄氷の凍結すらままならず、二〇〇〇年以降、地元のエスキモーの人々でさえ犬ぞりでは渡れていない。またカナダ・リゾリュートの前に広がるバロー海峡も、植村さんは五月中旬という暖かな遅い季節にすんなりと縦断しているが、近年は冬季もほぼ毎年、海氷が定着せずに動いていて簡単には通行ができなくなった。

北極圏での行動を難しくしているのは、近年の自然環境だけではない。カナダの北極圏では、当時以上に犬ぞり文化が廃れ、エスキモー犬の確保も難しい。犬をむやみに死なせてしまうと、間違いなく動物保護団体からバッシングを受けることになるだろうし、エスキモー民族からの非難も免れない時代になっている。動物保護の観点からは、狩猟を続けながらする、つまり犬の餌を確保しながら実践する犬ぞりの旅がますます難しくなった時代でもある。一方的にメディアが伝える白熊絶滅の危機は、実際のところ以前よりも増えているというのがエスキモーの猟師や私たち北極にたずさわる者たちの感じ方である。

以上のように、現代では北極での活動スタイルが大きく変わってきたが、それでも植村さんなら『北極圏一万二〇〇〇キロ』の冒険を、その時代の環境にうまく合わせながらやってのけてしまうだろう。そう感じるくらい、植村さんの北極での活動センスは抜群のものがあり、真似のできないものがある。

植村さんが北極で活躍できた時代、そして現代も未来も、いつまでも北極が豊かで美しい自然のままあり続けてほしいと祈るばかりである。

（二〇一三年十一月、グリーンランド・シオラパルク村にて。極地探検家）

＊本書は一九七九年七月、文藝春秋より刊行された文春文庫『北極圏一万二千キロ』を底本といたしました。
＊今日の人権意識に照らして考えた場合、不適切と思われる語句や表現がありますが、本著作の時代背景とその文学的価値に鑑み、そのまま掲載してあります。

# 北極圏一万二〇〇〇キロ

二〇一四年二月五日　初版第一刷発行
二〇二四年二月一日　初版第六刷発行

著　者　植村直己
発行人　川崎深雪
発行所　株式会社　山と溪谷社
郵便番号　一〇一－〇〇五一
東京都千代田区神田神保町一丁目一〇五番地
https://www.yamakei.co.jp/

■乱丁・落丁、及び内容に関するお問合せ先
山と溪谷社自動応答サービス　電話〇三－六七四四－一九〇〇
受付時間／十一時～十六時（土日、祝日を除く）
メールもご利用ください。
【乱丁・落丁】service@yamakei.co.jp　【内容】info@yamakei.co.jp
■書店・取次様からのご注文先
山と溪谷社受注センター　電話〇四八－四五八－三四五五
ファクス〇四八－四二一－〇五一三
■書店・取次様からのご注文以外のお問合せ先　eigyo@yamakei.co.jp

デザイン　岡本一宣デザイン事務所
印刷・製本　大日本印刷株式会社
定価はカバーに表示してあります


Printed in Japan ISBN978-4-635-04769-2